戦略で分析する古戦史2

保元の乱・平治の乱

海上知明

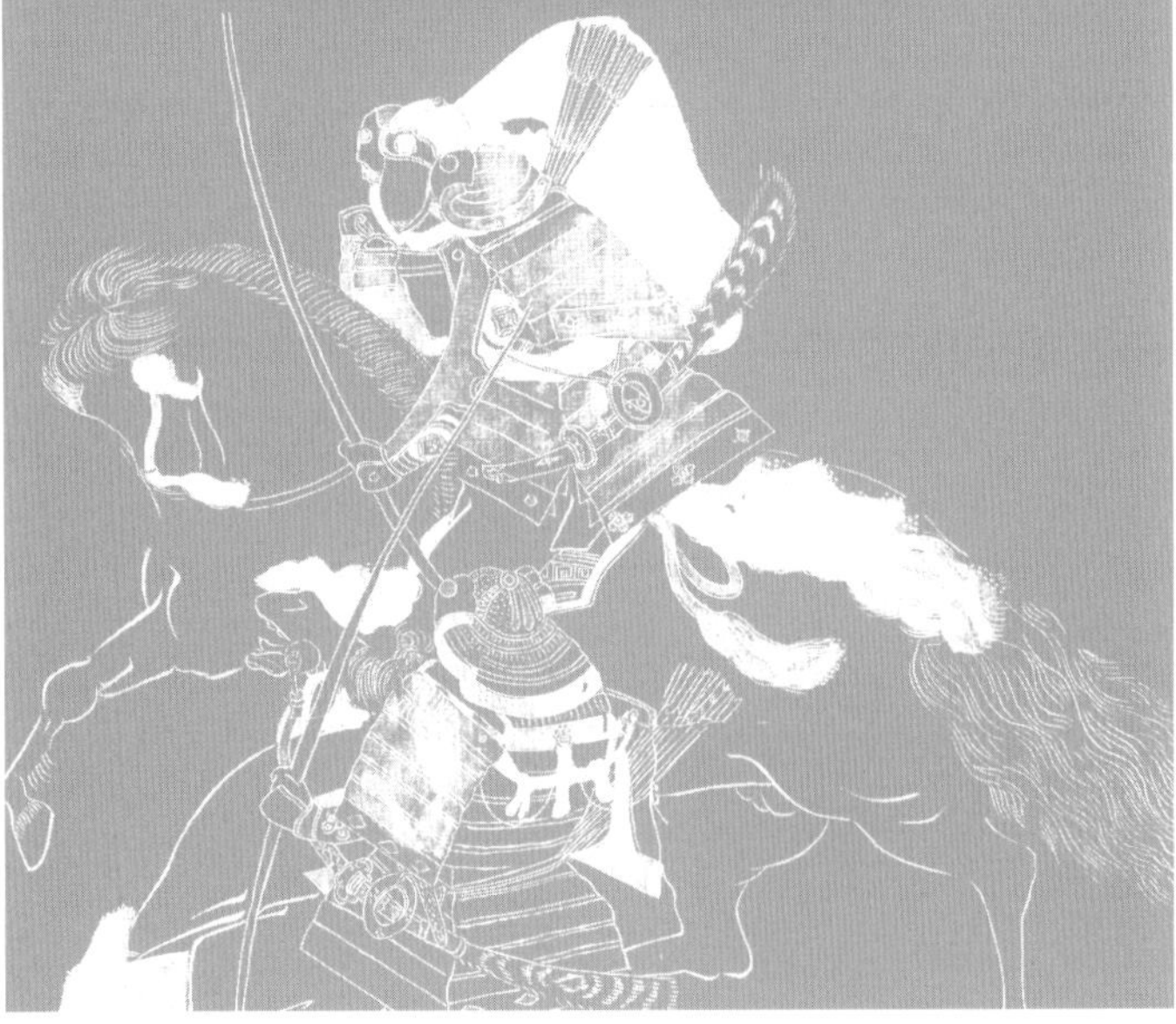

原書房

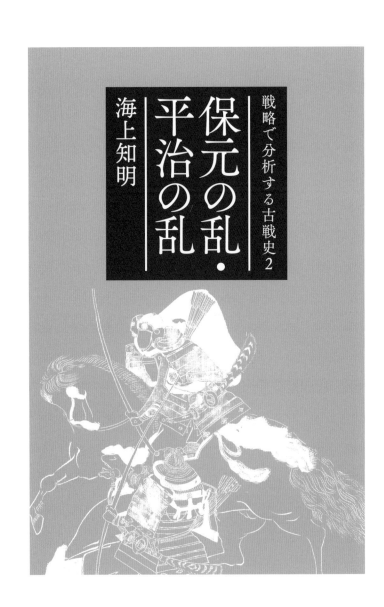

戦略で分析する古戦史 2　保元の乱・平治の乱

❖目次

第2章　「保元の乱」

第3章　「平治の乱」

はじめに

「合戦絵巻」という言葉がある。日本文学の一分野である軍記物語を題材とした絵画のことである。甲冑に身を固めた武者が、彩り鮮やかな旗のたなびく中雄々しくも戦う姿が美しく描かれている。この「合戦絵巻」に題材を提供した戦に「保元の乱」と「平治の乱」とがある。「平治の乱」は「平治物語絵巻」として一部はボストン美術館に所蔵され、一部は国宝として日本に残っている。この絵巻にもなる華麗な「保元の乱」と「平治の乱」を社会科学の視点で分析するとどうなるだろうか。

「保元の乱」は古代最後の内戦であったのに対し、「平治の乱」は明確な叛乱であった（二条天皇黒幕説や後白河院黒幕説もあるが）。「保元の乱」と「平治の乱」とは別個の合戦でありながら、研究書などでは「保元の乱・平治の乱」と一緒に扱われることが多い。二つの合戦は社会を変動させるにあたって連続性を持っているからである。「保元の乱」は古代の終わりを象徴する合戦、片や「平治の乱」は新しい時代を作り上げた合戦であり、大きく社会を変動させる一連の流れの中にあった。覇権循環論で言う国際戦争に等しい意味合いが「保元の乱」と「平治の乱」とに見られる。時代の変革期といっても、それ以前には新しい時代がどのようになるかは複数の可能性があった。旧来の勢力も立て直しと時代に合わせた組織の再編成を図っていたが二つの兵乱がその可能性を潰した。摂関家の再整備は「保元の乱」で挫折し、院政の整備は信西の死により未完に終わり、代わって平清盛による武家政治が歴史の中に姿を現すのである。システムの変更ということで二つの兵乱は一続きになっている。しかし、戦略や戦術、あるいは大戦略といった視点で分析していくと、この二つの合戦はまったく性質を異にしている。

こうした古戦史の分析において問題となるのは、史料の少なさである。「保元の乱」はそれでも同時代の貴族の日記や、伝聞をもとにまとめた『愚管抄』などとの対比をもとにすれば不足は補える。問題は「平治の乱」について一級史料が少ないことである。これを分析していくには軍記物語の利用しかない。軍記物語とは多くが鎌倉時代から室町時代にかけて書かれた文学作品であるから厳密な意味で史料でないことは一目瞭然である。文学であるために叙情的な側面や仏教的色彩が多々見られ、それゆえに歴史的資料としては高く評価されない傾向がうかがえる。そのためか「保元の乱」と「平治の乱」について書かれている本の圧倒的多数が、往々にして「保元の乱」の方にその紙幅を割いている。しかし、純粋に文官である信西が指揮した「保元の乱」の鎮圧よりも、大政治家にして名将である「万能の巨人」平清盛が指揮した「平治の乱」の鎮圧の方が、戦略的事例の宝庫である。

古い時代の戦史を軍事的視点で研究していこうとする時には、「軍記物語」以外に史料が見あたらない合戦も多いのであり、そこに踏み切らなくては分析が留まってしまう。「平治の乱」も、その例外ではない。『保元物語』、『平治物語』といった軍記物語は、ある史実に様々なフィクションを加え、さらに一部の史実を物語の主旨に従って修正した「物語」で、言ってみれば歴史小説である。厳密な意味で史料とはなりえないのは明白であるが、軍記物語にも利用法はある。『保元物語』でも『平治物語』でも、諸本を読み比べ、共通している大きな骨格をつかむこと、差異については、多様な風評などから、異なった情報が出回っていたと考えること、その上で読んでいけば、社会科学の視点では大いに利用できるのである。それは利用するためのツールを持っているからである。

社会科学とは社会の中の諸現象に法則性を見出すものであるが、その法則性の一つに戦略論がある。戦略理論家が様々な戦史を貫く原則・法則として戦略論を導きだし、今度はその戦略法則をもって他の戦史の分析を行うことができるのである。戦略理論家が見出した法則性が、他の戦史にも見出せるか、どれほどに適用できるのか、史実との検証とは異なった形で検証していけるのである。

こうして登場した原則・法則を演繹的に軍記物語に当てはめてみた時、それはまったく異なった様相を見せてくれる。文学という外皮を取り払い、そこに貫かれる原則・法則と隠された史実が姿を現すのである。同時に「保元の乱」と「平治の乱」も、軍記物語が語る華麗な絵巻物から、戦略的妥当性が検証され、その視点からの評価がクローズアップされてくる。そうすると、軍記物語の著者の意図を離れ、著者から絶賛されていた者が批判の対象になったり、時には愚者となったり、あるいは悪い書き方で貫かれた者が絶賛の対象となる見事な戦略を立てた人物へと評価一変し様変わりするのである。

もともとは誰かの日記であり、平家全盛期に既に登場しながらも、鎌倉時代になり、清盛の評価を落とす形になった軍記物語各種ではあるが、いかなその名文をもってしても、背後に横たわる戦略と戦術までをも消し去ることはできない。戦いは、勇猛奮戦しつつも「味方に利あらずして」負けるのではなく、戦略と戦術が劣っていたから負けるのである。源為朝であれ、悪源太義平であれ、個人の奮戦などは、戦局を左右するものではないのだ。

そして結論的に言えば「平治の乱」を鎮圧した平清盛の手法こそは、史上もっとも完成された戦い方であるように思える。普遍性を有した戦略書として東西の双璧をなす『孫子』と『戦争論』の視点から見ても、もっとも完璧な形を取っているからである。同時に『孫子』と『戦争論』は、見解の相違をもっているものとして、マイケル・ハンデル（1942–2001）などによって整合性を整える試みがなされているが、「平治の乱」鎮圧という合戦を通して、平清盛という政治にも軍事にも秀でた「万能の巨人」がとった動きの中に、『孫子』と『戦争論』がどのような整合性を持っているかが示されるのであった。

ただ、この完璧さの中での清盛の唯一の落ち度は、ニコロ・マキァヴェリ（1469–1527）が『君主論』、第三章「複合的君主権について」で述べている、滅ぼした敵の血脈を絶てという指摘への違背にあったのであり、ここからは社会科学の奥深さも感じさせられる。

なお、本書では伊勢平氏の中の平正盛から六代御前までの清盛の血統を「平家」、陽成源氏の中で河内国に地盤を持っていた一派からの派生を「河内源氏」と称している。

第1章　軍記物語の利用法

1——軍記物語と史料の問題

現在は戦争についての記録も多く、かなり正確な情報がある場合が多いが、戦争というものは軍事機密事項が含まれているため外部秘も多い。まして正式な記録もないような古戦史について、確実な史実にのみ頼ろうとすると、わかっているのは合戦が行われた事実だけということも少なくない。兵数や日時などが伝わっていたとしても正確かどうかは不明である。合戦の経緯などわからないことだらけだから、戦略や戦術についての分析をしようとするならば否応なく軍記物語の活用に踏み切らざるを得ない。軍記物語には合戦の状況が記されているからである。

しかし軍記物語は史実ではない。文学作品の一分野であり、その多くは鎌倉時代から室町時代にかけて書かれている。最初の軍記物語は、平安時代に成立した平将門を描いた『将門記』であるが、軍記物語は記録ではなく、ノンフィクションとフィクションを織り交ぜたような文学となっている。今日の感覚で言えば時代小説・歴史小説に近いものである。文学であるために叙情的な側面や仏教的色彩が多々見られ、説話的要素も多く、イデオロギー的な側面も大きい。内容的に創作も多い。それゆえに歴史的資料としては高く評価されない傾向が見られ、特に近年では完全に無視される場合すら出てきているが、逆に江戸時代までは史料として扱われ、戦後になっても一時期の歴史記述においては軍記物語の筆先をもとに史論がなされたこともあった。

現代の戦国史研究においては、明治時代の田中義成博士（1860–1919）による否定的評価もあって、『甲陽軍鑑』は魔物であるから触れてはいけないという指針もあるそうだ。しかし良質な史料が断片的にしかない状態では、不足している部分を単なる推測で埋めるよりも、なんらかの根拠によって書かれた軍記物語で推論する方がはるかに現実的な対応になる。それに合戦の内容などが、軍記物語なしで分析できるのかという問題もある。多くの歴史書において、合戦の推移については無視される傾向があるが、これは戦略や戦術を分析することが放棄されているのに等しい。これでは歴史から軍事的教訓を得ることなどできない。「保元の乱」、「平治の乱」についても当てはまることである。では軍記物語利用に踏み切る際の注意点は何だろうか。それは文学的な装飾や脚色などを取り払わなければならないということである。

「保元の乱」、「平治の乱」について書かれた軍記物語にはそれぞれ『保元物語』と『平治物語』

がある。これに『平家物語』と『承久記』を加えたものが「四部合戦状」と呼ばれている。これらに対し、一般に史料的価値としては『吾妻鑑』などの評価が高い。鎌倉幕府の正式な記録であるから、フィクション織り交ぜの軍記物語よりも確かな内容だと思われるのであろう。

しかし『保元物語』、『平治物語』、『平家物語』などは成立時期から見て『吾妻鑑』などよりも古く、むしろ『吾妻鑑』の記述が軍記物語に負うところは大であり、参考にしたり引用したりという部分はかなりある。たとえば源義経の生い立ちなどは、ほとんど『平治物語』の記述をそのまま使っているようなのだ。単なる同時代性から言えば、『保元物語』、『平治物語』、『平家物語』の方が上である。しかも『吾妻鑑』は勝者がまとめた記録だから、敗者に対して客観性など期待できない。

『吾妻鑑』よりもはるかに優れているのは貴族などがつけていた日記類である。これは最上級の史料であるが、それでも問題は残る。貴族の日記は同時代性だけでなく、主観は入るかもしれないが事実について記しているのだから史料性が高い。しかしそうした一次史料、あるいは一等史料・二等史料でさえも風聞をもとにした内容が多く見られる。合戦については「その時」、「その場で」、「その人が」の三要素が揃うことは少ない。一次史料だ一等史料だからといって信憑性が高い一級史料と言ってしまうことは、事実かどうかの観点からは疑問なのである。

そのために史料性は低いが軍記物語も活用せざるをえなくなってくる。創作部分も多い軍記物語であるが、歴史分析から導かれた法則性を当てはめてみると表層的な誤差レベルのことはあっても、骨格的なこと、大筋はつかみとることができる。そして軍記物語はその骨格的なこと、大筋に肉付けした物語とも考えられるのである。最初の軍記物語とされる『将門記』などは史料不足の不備を埋めるために大いに活用されている。しかし読み取らなければならないのは単なる史実だけではない。貴族などの日記をもとにした時代の流れを下敷きとし、そこに説話要素などを盛り込んでいったのが軍記物語とすれば、大元にある日記などが取り上げた史実の内容の中には、ある種の法則や原則が息づいていて、それはどんなに説話的なフィクションをちりばめても残っている要素なのだ。

そもそも軍記物語の下地として存在している日記の段階でも正確な資料としての問題はあった。軍の兵数などは風聞が多く、現地にいてさえ正確な数字は把握できないことが多いからである。これは現代の事件も踏まえてみるとわかりやすい。たとえば第二次天安門事件が起きた時、現場で取材していた人たちにも正確なことは分からず、ガセネタや噂も流れたため、当初はそうした内容も但し書き付で記事に載せていたのである。ある程度の時が過ぎて情報は正確なものに置き換えられるが、日記ではそうした修正は行われないだろうから最初の新聞記事と同じレベルの内容が一人歩きすることになる。そこにさらに捜索が加わるのだから正確な資料さえあれば利用したくないのは当然である。

「保元の乱」、「平治の乱」について、まず一次史料としてはどのようなものがあるだろうか。「保元の乱」については関係者である平信範（1112–1187）の日記『兵範記』という良質の史料があり、さらに天台座主・慈円（1155–1225）の著した『愚管抄』や公家の日記の抜粋本『百錬抄』にも記されている。『兵範記』は乱に実際かかわった信範の日記であるから信憑性も高い。乱の前までなら『台記』は一方の当事者の貴重な記録である。後年の編集だが、現存していない書物からの引用も残っていることで貴重な『帝王編年記』も利用されることが多い。『増鏡』も活用できる。

「平治の乱」に関しては、そもそも「保元の乱」に比して史料が少ないという問題がある。たとえば『兵範記』は「平治の乱」の部分が欠けている。もっとも優れているとされる『愚管抄』でさえも、「平治の乱」後から六十年近くたって成立したものであり、しかも合戦の具体的な記述がない。それでも、作者・慈円が、乱にかかわった源雅頼などから各種日記を見せてもらったり、「平治の乱」に関わった生き残りの人の話などを寄せ集めて書いているので、故意にまとめられた記録や、イデオロギー性の強い物語よりは、真実に近い可能性がある。しかし、思いこみもあるし、作者・慈円の立場もいきづいている。慈円は久寿二年（1155）生まれ、天台座主にもなったことがある僧侶で、九条兼実の弟であり、父は関白・藤原忠通であったから、周囲には「平治の乱」を体験した者も多くいたと推測され、著述は明らかに貴族の視点中心である。そしてこれら一次史料が断片的に伝えるのは兵数や人間関係などであり合戦の推移ではない。

他に、史料史・文学史的に「平治の乱」に触れているものを挙げていくと、鎌倉時代後期に成立した『百錬抄』は各種日記を編集したとされるが出典が明らかでない上、編集時の加筆が多いという問題があり、しかも「平治の乱」に触れているところが少ない。残念なことに時代の世相をよく記した中山忠親（1131–1195）の日記『山槐記』には「平治の乱」だけでなく「保元の乱」の部分も欠けていて残っていない。

2——『保元物語』と『平治物語』

そんな中、二つの軍記物語『保元物語』、『平治物語』には相当詳細に状況推移が記されている。『保元物語』は原典こそ残っていないが、原典から派生した諸本が今日も保管されている。様々な書き換えが行われたため、半井本、鎌倉本、杉原本、京図本、正木本、京師本、金刀比羅本、宝徳本、流布本など内容に差異があるそれらが伝えられることになった。このうち半井本は文保・半井本とも呼ばれ鎌倉時代末期（1318）の書き写しなので諸本中最古の写本である。京図本は書き出しなどが他の諸本と違っている。

『保元物語』は『平家物語』以上に作者も成立年代も謎に包まれた軍記物語で、確実なことは平家政権が滅んだ後にできたことぐらいである。相当に河内源氏びいきの本であるから鎌倉幕府時代に成立した内容と考えられる。『愚管抄』には「保元の乱」についての話が「少々アルトカヤウケタマハレドモ、イマダ見侍ラズ」とあるがこれが『保元物語』かどうかはわからない。序文に永仁五年（1297）に起稿したと書かれている『普通唱導集』に、『保元物語』、『平治物語』、『平家物語』が琵琶法師によって語られていたことが記されているから永仁五年以前成立していたことは確実なようである。原典はともかくとして、現存している内容については、『六代勝事記』の成立した貞応二年（1223）以後とされている。というのも『六代勝事記』の中に引用が見られるようだからである。なお成立時期について最古の説は、『旅宿問答』で、保元・平治の両物語が二条天皇の時代の作であるとしているものだ。『旅宿問答』は、江戸時代に伊勢貞丈が記した『安斎随筆』に引用されている書物で現存していないが、永正四年（1507）に書かれた書物とされている。しかし元データとなる日記はあったかもしれないが、平家を貶めすような物語が平家が全盛期に向かっている時期にあったとは信じられない。『源平盛衰記』にも清盛が「保元・平治の日記」に言及したことが登場するが同じ理由から現存のような清盛に批判的な内容とは信じられない。『源平盛衰記』に登場する日記こそは物語のひな形を提供した元データだろう。

作者については諸説ある。醍醐寺に伝わっていた『醍醐雑抄』には平安時代末期から鎌倉時代にかけての学者・葉室（藤原）時長（生没年不明）が『平家物語』や『平治物語』、『将門記』とともに記したとされていて、仏教大学名誉教授の高橋貞一（1912–2003）もこの説をとっている。

江戸時代中期に成立した『参考保元物語』では、明経博士・大外記などを世襲し『保元物語』鈔の作者ともされる中原家（押小路家）の中原師梁（生没年不明）が作者とみなされている。『旅宿問答』には「ある説には多武峯に源喩僧正とて、宏才有智の貴僧御座、此僧正、保元・平治、源義賢と義平との一乱を作り出し給ふ」という一文が掲載されていて源喩僧正（生没年不明）が作者ではないかと示唆されていたという。また正確な成立時期は不明だが『新続古事談』では鎌倉時代から南北朝時代の歌人で三条西実隆の子の公瑜僧正という話が「大和国多武峯に公喩僧正（一本に原喩僧正と有）といふ者あり、保元平治物語を作り出す」と記されていて、これが『旅宿問答』にも引用されているものとされる。他に近年の説だが、宮城学院女子大学教授だった安部元雄（1937–?）が「半井本『保元物語』の構成とモチーフ」や『軍記物の原像とその展開』などで源義朝に仕えた波多野義通（1107–1167）を物語の伝承者とする説を出している。他にも乱の当事者であった藤原忠実・頼長父子周辺の人物などが想定されている。

こうした不明点は『平治物語』も同じである。そしてこの物語にもやはり、半井本、陽明・学習院本、杉原本、京図本、八行本、京師本、金刀比羅本、古活字本、絵巻物についているものなどの諸本がある。原典が失われた後、現存するもっとも古い形態のものを古態と呼ぶが、陽明・学習院本が古態であり他の諸本と違って清盛を貶めす記述があまり見られない。原典はいたってシンプルな史実中心の内容だったのかもしれない。

作者も成立年も不明だが、『愚管抄』より後の成立ではないかと言われている。寛元四年（1246）に書き写された『春華秋月抄草』に『平治物語』の一部が出ているためそれ以前であることはわかっている。作者については『保元物語』と同一人物であったという指摘があり、『保元物語』と同じく葉室時長、源瑜僧正、公喩僧正、波多野義通らの名が挙げられている。他に藤原信西の関係者、葉室家の関係者、藤原伊通の関係者なども候補となっている。現在、『平治物語』と『保元物語』が同一作者であることには反論も強い。原典から派生した諸本では互いに影響を与え合っての改変が見られるため真相は藪の中である。『平治物語』と『平家物語』、『保元物語』はどの成立が先かは明白ではないものの相互に影響が見られる。『平家物語』も原典から派生した諸本があり、鎌倉本『保元物語』と延慶本『平家物語』がほぼ同文を採用している箇所があったり、半井本・鎌倉本『保元物語』と延慶本・長門本『平家物語』の崇徳院の怨霊にまつわる話などはほぼ同じである。『平治物語』と『保元物語』の作者はかっては同一人物と考えられることもあったが現在は否定的見解が主流である。しかし「保元の乱」と「平治の乱」の間はわずか三年間である。同一人物の日記をもとに、別々の物語ができた可能性は否定できないだろう。

『平治物語』諸本に共通しているのは、「平治の乱」の記述で、平清盛が熊野詣でに出かけた隙をつき、藤原通憲（信西）と対立していた藤原信頼が、「保元の乱」での恩賞などで信西と平家への不満を覚えていた源義朝を語らって挙兵し、後白河上皇と二条天皇を大内裏で監禁、土中で自決しようとしていた信西を殺害し権力を掌握するものの、熊野から引き返した清盛に敗れ、信頼は処刑、義朝も暗殺されるという大筋と、悪源太義平の武勇譚、常盤御前（常葉とも）が老いた母のために清盛のもとへと赴く哀憐の話、などがそれである。

しかしこの他に、さらに平家政権の全盛や没落、鎌倉幕府の成立などまでを描いた本もある。『平治物語』も『保元物語』と同様に河内源氏に対して同情的な内容であるのが特徴で、清盛を故意に貶めている点も多い。しかし諸本の違いとしては、古態では叛乱を鎮圧した官軍の平清盛ら平家の記述が詳しいのに対して、叛乱者・源義朝の記述は冷淡なものであった。ところが後に登場してくる諸本で河内源氏びいきとなっていて、時代の推移によって三段階に変化したという指摘がある。原典での扱いがどうであったか、元データは何であったか興味深いものがある。

元データ推測の素材となる重要な指摘は、五位蔵人雅頼（源雅頼〔1127–1190〕）が合戦のさなかにその状況を詳細かついきいきと記録していた、という慈円による『愚管抄』中の描写で、この高僧はその日記を見たとも記している。そしてこうした慈円の記述は、原典成立が古態本（第一類本）における清盛への否定的記述の少なさと相俟って平家全盛期であろうと推測できること、また『源平盛衰記』に「保元平治の日記と申物」という清盛の言が表れていることにも符号するというのだ。神戸大学名誉教授の永積安明（1908–1995）による、慧眼とも言うべき論述である。ともあれその原典は、現在残っている諸本に比べて余分な脚色のない、元データの日記内容を反映した史実的なものであったはずである。諸本があるとはいえ、『保元物語』、『平治物語』の合戦の描写は差異が少なく、『平家物語』諸本のような比較はあまり必要ないことも、後になって新規に登場した情報が少なく、それだけ史実的な内容での修正・付加がなかったことも意味しているのではないか。西海での平家の状況などは不明点が多く、当時にして風聞頼りであり、その後に入ってきた目撃談などの情報が別個に入ってくることで多くの異本を生み、作品自体がさらに成長していった『平家物語』とはこの点がもっとも大きく違っている。

なお東北大学教授の佐倉由泰（1961–）は、『平治物語』の古態本には他の軍記物語の古態本に見られぬ特徴があるとしている。半井本『保元物語』、慈光寺本『承久記』、延慶本『平家物語』などには王権を憚らないような記述が見られるが『平治物語』にはそれが見られない、と述べる佐倉は、そのため古態本そのものが存在しなかった可能性をも示唆している。また、『平治物語』は、『保元物語』、『平家物語』が現れた後に書かれたものではないか、そのために「王朝体制帰属意識」がぶれずに現れているのではないか、とも推測している。

説話的な創作、儒教的な要素を盛り込むなど、史実として見るには欠点の多い『保元物語』、『平治物語』ではある。だが「平治の乱」については合戦そのものの推移を描いたものが他に見あたらないという現状がある。それに、五位蔵人雅頼の日記があったということから、まったくのフィクションではない。事実の骨格の上に創作を加えたか、あるいは事実を変形させつつ創作に至ったのか、どのような形で発達したかは別にして、事実と無関係ではなく、事実がもとになっているという見方はできると思う。信西が後白河に贈った安禄山絵巻を見たことと、その奥書に感動したことを九条兼実が『玉葉』に記しているが、これは『平治物語』に出ている内容と一致している。要は、その事実を見抜き、再構成する力である。

『平治物語』が完全な虚構ではないことは前述したように『玉葉』でも確認できる。『平治物語』には後白河から信頼の近衛大将就任を依頼された信西が、先例を挙げて制止するという記述がある。その際に唐の玄宗皇帝と楊貴妃の悲劇を題材とした『長恨歌』の絵巻を作成し、信頼を寵臣でありながら叛乱を起こした安禄山になぞらえて危険性を悟らせようとしたという逸話が出ている。この辺はいかにも後世の脚色に見えるのだが、この絵巻は実在のもので、『玉葉』建久二年十一月五日条（一一九一年十一月二十三日）に記されているのである。実際にこの絵巻を見た九条兼実は「この図、君の心を悟らせんがため、かねて信頼の乱を察して画き彰はす所なり。当時の規模、後代の美談なる者なり。末代の才子、誰か信西に比せんや。褒むべく、感ずべきのみ」と記している。

確実な史料のない「平治の乱」を分析するにおいては、もちろん『愚管抄』や『百錬抄』は利用するにしても、戦史的な意味での史実を拾ってくる先は軍記物語にならざるをえないのであるが、頑迷な実証史観のように恐れる必要はないと考えている。断片的な破片を、文学という型から取りだして、戦略の視点から妥当性をチェックし、今度は社会科学の型に当てはめていくことにより、隠された全体像を浮き彫りにしていくことが可能だからである。これは残された破片の断面の角度などに頼って行う土器や化石の復元よりも容易で、なぜならそこには普遍性を有した法則が当てはめる型として存在しているからなのだ。カール・フォン・クラウゼヴィッツ（1780–1831）の言葉を借りれば「認識と行動とに等しく適合する普遍的な概念［と］は法則［なの］である」。彼は戦争について法則レベルでなく「単純な真理だけで十分」と言い切ってもいるが、どれだけ単純に見えたとしてもそこに法則性をもった戦略を当てはめる必要がある。そして歴史的実例の使用ということでこうも述べている。「歴史的な実例を使用して抽象的な考えに具象性を歌える」。「歴史的実例は抽象的な考えの適用とみなされる」。以下、長くなるが「保元の乱」、「平治の乱」を分析するのに必要な理論を紹介しておく。

3——覇権循環論と戦争、そして政治変動

戦争の分析というものは多くの切り口があり、視点によって様々な局面から説明がなされる。戦争原因だけ見ても、個人の私怨や財産争い、集団間の利益対立、地政学的対立、バランス・オブ・パワー（勢力均衡）の崩れ等々挙げていけばきりがない。また戦争経緯を細部にわたって分

析することもあれば、戦争を点として大きな地図上から眺めたり歴史の流れの中でとらえることもある。一つの戦争にも様々な側面が見出される。たとえば平将門による「承平・天慶の乱」は、視点によっては将門と叔父たちの土地争いから説明されるし、視点によっては近畿中央に対する関東独立という説明がなされる。

「保元の乱」、「平治の乱」も様々な視点から論じることが可能である。戦略や戦術の視点では「保元の乱」と「平治の乱」は分けて分析することになる。その一方でこの二つの兵乱を一続きの流れとみなすことで、時代の区切りとなっているという見方がある。これは当時においても一部では鋭く知覚されていたようで、慈円も『愚管抄』の中で「ムサ（武者）の世のはじまり」と述べているのだが、そこには貴族から武士に政権担当者が代わっただけでなく、政治システムの変更が行われたことも含まれている。

一国内でのシステム変更とは通常は革命により達成されるものであるが、往時には戦争による変更もあったのだ。革命も革命戦争や内戦を引き起こすことが多い。それらが既存システムを打ち壊すのである。護良親王と楠木正成の一連の合戦、織田信長の一連の合戦は革命戦争であった。こうした戦争によるシステム変更を説明した理論に、国際政治における覇権循環論という考え方がある。

国際政治ではバランス・オブ・パワー（勢力均衡）理論が名高いが、覇権循環論はバランス・

オブ・パワー理論では説明が困難な、世界大国の交代と、それに付随する世界システムの変更を説明する理論で、ネオリアリズムと呼ばれるものの一つである。バランス・オブ・パワー理論はシカゴ大学教授ハンス・モーゲンソー（1904–1980）に代表されるように、国際社会をして、「力によって定義されるナショナルインタレスト」を求めて主権国家がパワー・ポリティクスを展開している、とみなしている。しかしこの理論が国際社会のすべてを説明し切れるものでない。説明し切れない現象もある。そのため覇権循環論も含めてネオリアリズムと呼ばれる体系が登場してきたのである。ネオリアリズムは世界システムの変更に注視しているのだ。

バランス・オブ・パワー理論では、国々が戦国時代さながらに国際社会の中で互いに争っているのだが、そこにも一定の構造がある。この構造こそが「力の分布」としてとらえられる国際システムである。このシステムを変更するのが戦争であり、あるシステムを崩壊させて、新しいシステムと新しいリーダーを登場させる。国際社会でのリーダーが覇権国家である。

覇権循環論を打ち出した国際政治経済学者でワシントン大学政治学部名誉教授ジョージ・モデルスキー（1926–2014）は『世界政治における長期循環』の中で「リーダーシップの需要」と「リーダーシップの供給」の組み合わせから第一段階として「リーダーシップの需要が高ま」り、第二段階として「世界戦争」（システムの政治決定）により問題が解決して秩序が入手され、第三段階として世界システムの中で安全保障機能が十分に働かなくなりリーダーシップの需要度が低くなって現リーダーの正統性が低下し、第四段階として秩序への志向が弱まり「リーダーシップの供給」が低下し世界システムの非集中化が強まる、という流れを描いた。

リーダーシップをとっている覇権国の力が低下するから安全保障機能が十分に働かなくなるのだが、それは覇権国が平和維持という公共財のコストを負い、恩恵のみを被る国への出費も増え経済力が低下して衰退するとみなしている。覇権国は大航海時代以来、海洋国家がその座を占めており、その挑戦国は大陸国家である。軍事力を持つ挑戦国が戦争で覇権国に挑戦するが敗北し、覇権国も没落し、別の海洋国が新しい覇権国になる。近代以降における覇権国と挑戦国は、ポルトガルとスペイン、オランダと英国、英国とフランス、英国とドイツ、米国とソ連というように変化する。そしてその各区切りに戦争があった。

覇権国になるにはいくつもの条件がある。一つには地政学的な安全な立地、これは大陸国には持ちにくい。そのため島国（大陸内では半島国）で海軍力の強い国が覇権を掌握しがちであるが、長い海岸線、敵対する隣国がない場合も当てはまることがある。二つ目はリーダーシップをとる意志を有し平和維持という公共財を提供し続けること。三つ目は卓越した国力で、それは成長し続ける経済力、優秀な技術力、世界に展開可能な強力な軍事力とそれに裏付けられた国際秩序（国際法や国際組織）を持つことである。これらの条件を一国内の個人に当てはめてみると、政権担当者に相当する。

モデルスキーの覇権循環論と類似した理論に覇権安定論がある。覇権安定論でも世界経済に支配的な覇権国の存在が国際システムを安定させるとされている。モデルスキーが「リーダーシップの供給」を重視するのに対して、国際政治経済学者でプリンストン大学教授のロバート・ギルピン（1930–2018）は「リーダーシップの需要」から覇権を考察している。ギルピンによれば国際社会の不均衡や危機に対して国際システムの正統性を誰が作るのかということにより、戦争が起こるかどうかが決まってくるというが、多くは「覇権戦争」によって決している。

「覇権戦争」は国際システムの支配の正統性を巡って、有力な大国やその同盟国が挑戦国およびその同盟国と戦うもので、この戦争が起こる時には中立国はほとんど存在せず、大方の国々が二陣営に分かれることとなる。そして「覇権戦争」は国際システムを継承発展させていく中心機能と役割を持っているとされる。ギルピンは国際システムの変化を①システムそのものが変わる「システム変化」、②システム内の統治のあり方が変化する「システム内変化」、③システム内の相互作用が変化する「相互作用変化」の三つのレベルがあると見ているが、武家政権樹立にこれを当てはめると、「保元の乱」、「平治の乱」はまさに①の「システム変化」をもたらしたのに対し、鎌倉幕府の成立とは「覇権戦争」的な「治承・寿永の兵乱」を通じて成し遂げられた②の「システム内変化」と③の「相互作用変化」の中間的な変化にすぎなかった。

国際的な大戦争という外見は同じでも性質や意味が異なるのは、争点と結果から見ての差異があるからで、「システム変化」、「システム内変化」、「相互作用変化」の観点では相違がある。さらにモデルスキーの「世界戦争」とギルピンの「覇権戦争」も同じではない。そもそも取り上げている戦争そのものが違っている。

モデルスキーの「世界戦争」は「システム変化」をもたらしたもので、イタリア・インド洋戦争（1494–1516）、スペイン・オランダ戦争（1580–1609）、ルイ十四世戦争（1688–1713）、フランス革命とナポレオン戦争（1792–1815）、第一次世界大戦と第二次世界大戦（1914–1945）となっている。モデルスキーは「世界戦争」の条件として、世界システムを決定する「力のテスト」であること、世界システムの一世代を終わらせること、その時点での大国がすべて参加していること、「新しいリーダーシップ」を作ることの四点を挙げている。戦争の規模および「新しいリーダーシップ」を作ることがその焦点である。

ギルピンの「覇権戦争」は国際システムの支配・統治能力、システムの正統性を巡る争いで、ペロポネソス戦争（BC431–BC404）、第二次ポエニ戦争（BC219–BC201）、三十年戦争（1618–1648）、ルイ十四世戦争（1688–1713）、フランス革命とナポレオン戦争（1792–1815）、第一次世界大戦と第二次世界大戦（1914–1945）となっている。

冷戦のような場合を除き現実には複数の大国が存在する状態を考えれば、国際社会については二大国（二大勢力）の関係のみで分析しようとする覇権循環論はバランス・オブ・パワー理論よりも劣るのだが、バランス・オブ・パワー理論では世界の頂点に立つ国が後退するという現象の説明ができないため、システム変更の説明という点では覇権循環論が長じている。日本で考えれば戦国時代はバランス・オブ・パワー理論の方が、また権力奪取と新政権樹立、あるいは源平交代説は覇権循環論の方がそれぞれ説明しやすい。大戦争が既存システムを破壊し、覇者の力を衰退させるのだ。「保元の乱」、「平治の乱」だけでなく、南北朝の動乱、「応仁の乱」など様々な局面で該当する分析方法である。国内におけるシステム変更は社会の変革に等しいから、ほぼ革命に近い変化をもたらす。

支配階層や支配形態を変えるだけではない。革命は社会全体、個人の生活や価値観までをも変える。社会そのものの構造が変わらず、ただ支配者が変わる程度の変革では革命とは言わない。この革命という国内的変革を考えるには、覇権循環論だけでなく革命の醸造要因も射程に入れなければならない。戦争だけを見れば、単なる戦争としてのみ存在するレベルとシステム改変につながるレベルのものがあり、それは戦争の規模だけでは説明がつかない。これを国内に当てはめてみれば、叛乱というものが起こっても単発的な一揆レベルのものと革命につながるレベルのものとがある。規模だけ見れば「バスティーユ襲撃」という暴徒による争乱がフランス革命、食糧配給を求めるデモが「二月革命」になった。いずれも暴動程度のものである。周到に準備された政府転覆とは次元を異にするほど無計画で小規模で目的も不明確である。これは社会構造の変動を分析する社会変動論の観点からも分析されなければならない。

社会変動論についてはコロンビア大学教授チャールズ・ティリー（1929–2008）が『政治変動論』の中で「集合」、「動員」といった近代における民衆の叛乱の要素を抽出して分析している。しかしここでは、それよりも「保元の乱」、「平治の乱」も含めた、より普遍性の高い要素を取り上げての分析が望まれる。

一般に叛乱を見る際に言われる「実効性」、「正統性」、「加速性」、「物理的強制力」といった各種要因のうち、人々がその政権を正当なものとしてみなす「正統性」については伝統的支配システムとして朝廷の権威そのものは安定していたし、「実効性」については若干弱いながらも摂関政治の衰退はあったものの院政が勃興し新しい制度での問題対処ができていた。「保元の乱」、「平治の乱」について言えば、「実効性」や「正統性」よりも「加速性」や「物理的強制力」が要素として大きい。

「物理的強制力」としては武士の存在だということで衆目が一致するだろうし言うまでもないことであり、そこには他に僧兵なども加わる。よりわかりにくいのは「加速性」の概念であろう。「加速性」はメリーランド大学名誉教授テッド・ロバート・ガー（1936–2017）が一九七〇年に発行した『人はなぜ反抗するのか』*Why men rebel* で取り上げたもので、政治変動を加速する要因、特に蓄積された要因が重要である。叛乱が単発的な一揆や権力の上層部のみが替わりシステムそのものは不動なクーデターに留まるのか、それともシステムの変動をもたらすレベルにまで至るのかは「加速性」の視点が必要となる。東京大学教授であった篠原一（1925–2015）は「加速性」の中に「社会的加速性」という概念を当てはめ、不満の醸造などが政治変動を加速させるものとみなした。フランス革命において、「バスティーユ襲撃」自体は最大で見積っても九百五十四人の民衆が牢獄に収容されていた四人の文書偽造犯、二人の狂人、一人の素行の悪い伯爵を解放したというレベルでの「暴動」にすぎないものの、十年に及ぶ大革命の導火線となった。ブルボン王朝安定期ならば起こりえなかったというよりも、起こっても単発的な事件で終わったはずである。これはロシア革命で食糧配給のデモが「二月革命」に発展していたことからも理解できるだろう。

「保元の乱」、「平治の乱」について言えば、言うまでもなく「民衆の不満」ではなく、武士の力が拡大しそれが社会構造の中で蓄積されていたことによる。これが「保元の乱」、「平治の乱」とは比較にならないほど大規模でありながら、「承平・天慶の乱」が単発的に終わったこととの差である。「承平・天慶の乱」は中央から遠かったということもあるが、まだ武士階級の力の蓄積が小さく、一方で律令体制はまだ続いていたため軍事力を朝廷が相当に掌握できていた。

「保元の乱」、「平治の乱」により「物理的強制力」を掌握している人たちが自分たちの力に目覚めたことで、叛乱は随時行えるようになる。

4――衛兵政治としての「武者の世」

「関ヶ原合戦」と「大坂の陣」とは別の場所で行われた合戦で、しかも十数年もの間があった。しかしシステム変更で見れば連動した合戦である。「保元の乱」と「平治の乱」も別個の合戦であるが、システム変更の視点では一連のつながりがある。多くの人が指摘してきたように「保元の乱」は天皇家の争いという意味で最後の古代騒乱であるとともに「武者の世」を切り開いた合戦である。そして一方の「平治の乱」は平家政権成立への第一歩となる。

同じように院政が続いていても、「武者の世」になってからはシステムが替わっている。白河院や鳥羽院の院政と、後白河院や後鳥羽院の院政とでは政治の質も権力の強さも全く違う。後白河院政は形骸化された傀儡のようなものにすぎず、後鳥羽院の院政は関東の権力と並列していた。そして合戦規模こそ小さいながらも「保元の乱」、「平治の乱」は「武者の世」へとシステムを切り替えたものであるのに対し、「治承・寿永」の源平合戦は「武者の世」のもとでの覇者交代をもたらしたにすぎない。ただそこに新たに登場した覇者は史上初めての東国政権であった。

では「武者の世」とは何か。それは軍事力を有する武士が権力を左右する世の中である。おおよそ軍事力が存在しない時代などはない。問題は軍事力がどのような形態をとっているかである。

軍事力の形態は国家構造、国家戦略、社会などと連動している。武士という兵士の登場、武士団という軍団の登場は、武士の発生や武士団形成に関わるものであり、それについては優れた先行研究があり、しかも相互に意見の相違などもあるのでごく軽く触れておくに留めたい。

武士の登場には前史として国軍の問題があった。もともと古代の豪族は軍事力を有する存在であり、特に物部氏、大伴氏、紀氏、平群氏などが有名であった。しかし律令制による公地公民の原則の中、各地に軍団が設置される。律令体制当初は、公地公民の原則があったからこれは国軍の創設に等しい。平安時代になっても国家機構を通じての徴兵があり、その名残はあった。兵役は公民に課せられ、代わりに税の中で庸と雑徭を免除されていた。しかし桓武天皇の時代に一部地域を除いて常設の軍団は廃止される。これは一つには日本が海によって守られ外敵の脅威が少なかったことにもより、引いては国軍が不要であったことにもよるが、荘園などにより土地の私有化が進んだことも大きい。私有地の拡大により公地が縮小し、公地の公民が兵士になることができなくなったのだ。

かわって郡司の子弟と百姓のうち武芸の鍛錬を積み弓馬に秀でた者を選抜する「健児の制」をとり、必要に応じて国衙から太政官へ上申し、太政官から「発兵勅符」を得、国衙が国内の各戸から兵を徴発したり健児を動員したりしていた。やがて国単位で押領使・追捕使を任命して、国内の武勇者を国衙・押領使・追捕使の指揮下に入る形に変換した。押領使・追捕使が武士の初期の存在につながっていき、関東における平氏や藤原秀郷らがこれにあたる。

平氏の場合に臣籍降下した平高望が赴任した地方に土着して国衙から公田経営を公認されたほかに大規模な開拓にもたずさわった。関東は土地私有意識が強まり、公地公民の原則を持つ中央から関東を独立させようという動きが平将門による「承平・天慶の乱」となる。「承平・天慶の乱」での勲功者は五位、六位といった下流公家に昇進しその家系は「兵の家」となった。これが「公家」と対置される「武家」の起源の一つとされる。

軍隊の役割は国家防衛だけではない。分業が未発達の時代には警察力による治安維持も軍隊の任務であった。健児は残っていたとはいえ国軍によって統一的に治安が守られない状態で、特に地方は治安が悪化していた。この状態に対応して、自衛のために武装するということも武士の起源の背景であるが、武装されていれば武士とみなされたわけではない。やがて武士は独立した存在と目されるようになっていく。

神戸大学名誉教授の高橋昌明（1945–）は武具や位階なども詳しく分析しているが、「個人的に武芸に堪能なだけでは、武士とは認められず、武士であるためには『兵の家』の『家ヲ継ギタル兵』であることを要するようになった」と指摘しており、武士団形成における家の役割を考えると大規模武士団を形成したのが平氏、源氏であったことは理解しやすい。そして「社会的分業が家業＝イへの職能として固定する時、身分の一類型が生まれる」と述べ、職能武士が貴族から派生したと解釈している。

ある家系が特定の官職を世襲する「家業の継承」が進む中、「兵の家」の者は軍事を専門として従事する家系として認識されるようになっていった。滝口（北面武士）、宮中警護の蔵人、検非違使などの武官、さらにそうした軍事関係の技能者の上層部の者は諸大夫身分の一角を占めて時には四位、五位階級まで昇進し受領級の官職に任命されるようになった。国司（受領）として諸国へ赴任するのは地方においても軍事関係の役割があったからである。太政官から発給された「追捕官符」を根拠に、国司が国内の武士を軍事力として編成し、「凶党」の追捕にあたるという国衙軍制が成立しており、軍事貴族の「武家」としての職能はこの国衙軍制の中で役割を請け負ったのだ。国衙軍制とは国司が「承平・天慶の乱」で戦功のあった者の子孫で武芸を家業としている侍身分の郡司、富豪百姓、田堵負名ら在地の有力者を「武士」として「武士交名」という名簿に登録し、有事に際して軍事力として動員する制度である。軍事貴族は「武士交名」をもとに在地有力者と主従関係を結んだのである。

武士の発生は、英国における産業資本の発達と同じく様々な形態があったのだろう。平安時代中期においてさえも「武をたしなみ武力に訴えるというだけなら、王朝貴族から在地勢力まで大なり小なりその事実があった」。しかし高橋昌明は「武が遍満している社会にあっては、たんに武勇に優れているだけでは、まだ武士たり得ない。武士の武を他と区別するものは、その特別な社会的有用性にある」と厳密化を主張している。

地方においては自衛のための武装化が武士団の結成につながっていくが、これは様々な形態があり、地域特性も大きい。関東などでは土地経営や人民支配の権限を委譲された有力百姓が武士団を組織することが多かった。これは関東が日本の中では比較的遅くに開拓が開始されたことにもよる。開拓地主にとって一所懸命の言葉通り土地は命にも替えがたい。土地争いのためにも開拓地主は武装化していった。開拓地主はほとんどが在地領主と呼ばれる存在であった。在地領主とは在地（農・山・漁村の生産の現場）で直接支配した領主のことである。押領使・追捕使として中央からやってきた軍事貴族が在地領主化し、地方の軍事力を束ねることで大規模な武士団形成が進んでいく。平安時代の後半は「『土着』した地方の『兵の家』から、さらに二次的な武士の『家』が成立し、それぞれ独自の武士集団を形成する段階だった。南関東の平氏系武士を例にとると、忠常流両総平氏から上総、千葉、将垣流の秩父平氏から畠山、河越、豊島など、維将流の相模平氏からは三浦、鎌倉などが、誕生といった具合である。開拓する土地が広大な関東ではかなり大規模に武士団が統合できた。

しかし経済的に進んだ西側の職業的な武士団の性格は関東の武士団とは異なっていた。国家から軍事警察権を委譲された軍事貴族層や武芸専門の下級官人層が武士団を組織したのだ。分業に応じた専門化である。これらは職能武士である。職能武士は畿内やその周辺の狭隘な所領を基盤としていたため、また大規模な荘園領主に従属して存在していたため、地方の軍事力を組織化していなかった。征夷大将軍のように派遣軍の司令官となって限定された地域で駆武者を集めることはあっても、普段の軍事力は小さい。

平将門は開拓地主であったが、将門の従兄弟で伊勢国、伊賀国に勢力を扶植した貞盛の子孫たちは、伊勢平氏、伊賀平氏という職能武士となっていった。陽成天皇から派生した河内源氏、摂津源氏、大和源氏といった勢力も下級貴族による職能武士である。河内源氏、摂津源氏、大和源氏などは小なりといえども領地を持ち、そこを基板に武士を集めていた。小さな領地であるから集められる武士の数も小規模である。しかし軍事力不在の時代にあって平安京の治安維持には欠かせない存在となる。これらは一般には「京武者」と呼ばれていた。

開拓地主と職能武士の違いで源平の争乱を最初に分析したのは、知りうる限りでは東北大学教授の高橋富雄（1921–2013）であった。今日、盛んになった職能武士論はここから派生していったように思える。高橋は「平氏政権の再検討」（『歴史読本』第30巻第7号）の中で「東国武士」と「西国武士」の違いを解説し、平清盛の政権はまぎれもなく武家政権であったこと、平氏政権は西国武士の政権であったことなどを述べている。ちなみに高橋がこの指摘を表した頃には、ちょうど「貴族化した平家」の女々しさが強調されていた。

武士が存在するだけでは「武者の世」にはならない。地域性も違い形態も違う大小様々な武士団が組織化されていく必要があった。一つの組織として統合されていく過程で大規模武士団が小規模武士団を組み込みんでいくが、特に有力な武士団が平家と河内源氏である。最終的な統合は一方の武士団が、他方の武士団を制圧する合戦が必要になる。「平治の乱」は平氏の中の平家一門が日本の武士団を統合する合戦となった。

窮極手段《ウルティマ・ラティオ》、物理的強制力としての軍隊が武士団という形で存在する時、「平治の乱」の勝者となった平清盛は、対立者の存在しない唯一無比なる最大武士団の棟梁となり、やがて多くの武士団を組み込むことで日本で唯一の武力の掌握者となる。ただ西国武士であった清盛は、無理に各武士団を制度の中に閉じ込めることをせず、緩やかな主従関係と国家組織を通じた支配とで統合していった。この形態は、制度として本領安堵に代表される土地原理をもって武士団支配を一元的に行った鎌倉幕府とは異なっていた。

この武士団統合と平行する形で、武士団という軍隊により政治を左右する動きが、そしてさらには武士団という軍隊の政権参与が進む。軍隊が政権に影響を与えることは、政軍関係の研究の中で述べられている衛兵政治に近い。サミュエル・フィリップス・ハンティントン（1927–2008）は『軍人と国家』の中で、職業主義（軍事的プロフェッショナリズム）の将校団は政治性を持たず、政治的には中立の立場でただ軍事的安全保障に取り組む存在だと述べた。それに対しエイモス・パールマター（1931–2001）は一九六七年に発表した『衛兵の国と軍隊』*The Praetorian State and the Praetorian Army* の中で「衛兵主義《プリートリアニズム》」を提唱する。衛兵主義とは現在の南米、中東、アフリカなどに典型的に見られるもので軍事力を有する軍隊が政治権力を行使するという概念である。パールマターはさらに、一九七七年にも『現代における軍事と政治』*The Military and Politics in Modern Times* を世に送り出した。ちなみにハンティントンもまた一九六八年の『変革期社会の政治秩序』の中で衛兵政治の概念を取り上げている。

職業主義軍隊が第二次世界大戦前においてドイツ、フランスに見られたのに対し、同じ時代でもスペインやポルトガルは衛兵政治の様相を示し、団体性を持たない軍事組織である革命的兵士の類型は現代の中国に見受けられる。日本の自衛隊は言うまでもなく形式的に職業主義軍隊であるが、戦前の大日本帝国には衛兵政治の特徴が見られることがあった。

もともと衛兵政治は古代ローマでローマ市にいる親衛隊（近衛兵）が皇帝選挙を左右したり元老院に介入したりしたことに語源を持っている。ハンティントンなどは民衆による政治への参加意識は高いのに政治参加制度が整っていないところで起こりうる現象としているが、軍隊が自分たちの力を自覚し、それを活用して政治に介入使用とする時にはいつでも起きてくる。武士団という団体の性格を有する勢力が自らの力を自覚した「保元の乱」は、「武者の世」という衛兵政治の幕開けとなったのである。そして「平治の乱」によって本格的な武家政権が誕生する土台ができあがる。ゲルマン人の傭兵にローマ帝国が滅ぼされて中世が始まったのと類似した状況であるが、清盛はオドアケルなどとは比較にならぬ視野と雄大な構想を懐いていた。

軍事権を握る者が政権を左右する。それが院なのか摂関家のような貴族なのか、それともより直接的な軍事力組織者の軍事貴族なのか、あるいは地方の在地領主なのか、いずれになるかで新しい時代の政治的枠組みが異なってくる。傭兵のつもりでいた領主に国を奪われるのはルネサンス時代のイタリアではよく見られた現象であるが、軍事貴族もまた公家の権力を奪取できた。清盛でも頼朝でも軍事力さえ掌握すれば政治側には自分たちをとめる存在がいないことを自覚していた。清盛の場合には本格的政権を樹立するが、頼朝の場合には全国の武家階級の支配権獲得に限定していた。それは清盛が律令体制という国家の枠組みでの政権であったのに対し、頼朝の支配が律令体制の外側での軍事力掌握だったからである。「治承・寿永」の一連の戦いは史上初の東国政権につながるものであり、覇者の交代をもたらしたが、基本は「保元の乱」と「平治の乱」以降に確立したシステム内での変更にすぎない。

清盛は治承三年までは「権門体制」の概念に当てはまる形で政権運営を行ったが、やがて鎌倉幕府のひな形とでも言うべき体制を作り上げる。養和元年（治承五年〔1181〕）一月、畿内五ヶ国と近江国、伊賀国、伊勢国、丹波国の計九ヶ国に「武勇之国宰」を任じ、それを統括する「総管」として宗盛を任じたのだ。特に丹波国については「諸荘園総下司」なる職を新設し、侍大将越中前司平盛俊を任命して丹波国の全荘園から年貢米を徴収することとした。丹波国は比較的平家の浸透力が弱いため特別に職種が設定されたのかもしれない。

この一連の処置は平時に行おうとしていた新体制とパラレルな有事下の体制であり、政治家が戦争を意識して行う軍事的支配と財政的対応の複合形態である。近畿における清盛の支配は、この時点では関東における頼朝の支配よりも強力であったし、何よりも政治的正統性がある。清盛は頼朝を関東に封じ込め、いずれは倒す自信を持っていたと考えられる。清盛がもう少し長く生きていれば、頼朝の叛乱は「承平・天慶の乱」ほどにも成功しなかったはずである。

鎌倉幕府もまた「承久の変」までは「権門体制」、それ以後にようやく「東国政権」になる。もっとも権門体制論と東国政権論の議論はあまり価値がない、少なくとも当時の人々にとってはどちらでも良いことだろう。実質的なものを重んじる武家にとって権力を掌握していればなんと呼ばれようと気にする必要もない。嵯峨天皇の頃に権威と権力が分離したため、権威は天皇という普遍的な存在のものとなった。権門体制でも東国政権でも、どのみち正統性は天皇によって付与される。それよりも大事なことは地上の支配者として権力を誰が握るかという問題であり、それを左右する物理的強制力を有するのが誰であるかが「保元の乱」と「平治の乱」を通じて認識されたのである。

「保元の乱」と「平治の乱」は、システム変更という覇権循環における一連の現象である。しかし戦略と戦術の視点では両合戦は似ても似つかぬほど違っていた。

5――戦略と戦術

軍記物語の背後によりいっそう隠れがちなのが戦略である。戦闘場面は描かれることも多いから、戦闘を担当する戦術は推測できるが、指導者がどのような戦略を考えていたかは物語の中に表わされてはいない。とはいえその反面、地図上で眺められるような戦略は、目の前で展開する戦術よりも類推が楽である。

では戦略と戦術の面で「保元の乱」と「平治の乱」を吟味するとどのようなことが見えてくるのだろうか。それにはまず戦略と戦術の意味がわかっていなければならない。戦略の定義は様々な戦略理論家が行っている。

戦略という用語の語源は古代ギリシアの「将軍の仕事」にあるとされるが、「戦略《ストラテジー》」の用語がヨーロッパに広まったのは、サックス元帥の指揮下でオーストリア継承戦争を戦い、また七年戦争にも参加しているポール・ギデオン・ジョリィ・マイゼロア（1719–1780）が一七七七年に出版した『戦争の理論』*Theorie de la guerre* の中で使ったことによるとされる。まず戦略と戦術が区分された。こうした区分は時代を経て詳細化され、今日では大戦略－軍事戦略－作戦戦略－戦術と区分されている。大戦略は政治家の戦争指導、軍事戦略は平時および戦時における軍事力の開発、準備、運用を定めるものである。作戦戦略の方は下記のクラウゼヴィッツなどが述べる戦略に該当している。

クラウゼヴィッツは『戦争論』の中で戦略を以下のように定義している。「戦術は、戦闘において戦闘力を使用する方法を指定し、また戦略は、戦争目的を達成するために戦闘を使用する方法を指定する」。また「狭義の戦争上」と断りながらも「戦術の任務は個々の戦闘にそれぞれ形を与えることであり、また戦略の任務はこれらの戦闘を使用すること」で、さらに「戦闘そのものはこれを戦術に委ね、戦略は戦闘を巧みに使用する技術である」として、こう記す。「戦略は戦争計画を立案し、所定の目的に到着するための行動の系列をこの目標に結びつけるのである、則ち戦略は個々の戦役の計画を立て、またこれにの戦役において若干の戦闘を按排するのである」。

またアントワーヌ・アンリ・ジョミニ（1779–1869）は『戦争概論』の中で次のように述べる。「戦略とは、図上で戦争を計画する術であって、作戦地の全体を包含しているものである」。

ベイジル・リデル・ハート（1895–1970）が『戦略論』の中で語ったのは「軍の編成、移動ならびに戦場にて運用する術」であり、一方ヘルムート・カール・ベルンハルト・フォン・モルトケ（1800–1891）はやや応用的に「戦略は知識以上であり、実際生活への応用であり、流動的な状況に従う創造的な思考の発展であり、困難な状況における行為の芸術である」と述べている。

さらに旧日本軍の定義では目に見えるものが戦術で、目に見えないものが戦略とされている。

戦略も戦術も戦う技術である。戦略はいわば軍の全体の動きで人体にたとえれば骨格に相当する。つまり骨格の全体像である。戦術は目の前の相手に対応した個々の動きで人体にたとえれば手足という部位の動きがそれに該当する。ボクシングという格闘技を例にとると、そこで武器になるのはただ手のみである。しかしいかな必殺パンチでもただ突っ立つまま繰り出していたのでは相手に当たらない。体全体の動きの中からパンチを繰り出すことで効果的なパンチを打ち込める。全体の動きが戦略ならばパンチは戦術である。パンチの威力がなくても、数多く打てば、あるいは数発のパンチを打つだけで勝つことはできる。これが合戦にどう対応するかといえば、戦役を左右する計画、戦役の骨格を支配するものが戦略なのである。戦略の前提は、目的を明確にし、その目的を達するための目標を定めることにある。その上でその目標を体系的かつ効率的に成し遂げる技である戦略が登場するのだ。パンチの威力よりも全体の動きが勝敗を左右するわけで、このように戦略は戦術の上位に置かれる。

古代においては意識されにくかったが今や戦争、戦役、戦闘は区分されている。時代が後代になるにつれ分化（分業）が進むのは、社会だけでなく、社会現象の一つである戦争にも当てはまるのである。各々の適用範囲としては、戦争は大戦略が担当し、戦役は戦略が担当し、戦闘は戦術が担当する。現在はさらに軍事戦略と作戦戦略が分離している。

戦略が適用される戦役とは戦争の中の区切られた期間、戦争状態にある両軍が行う相互に関連する一連の軍事行動を指している。古代ローマ帝国は冬場は軍隊が動きを止め、「冬営」したことから区切りやすかった。

通常、軍が出撃して帰還するまでを区切りとすることが多いからこの期間を「戦役」と考えるのが一般的である。広義には開戦から講和までを指すこともあるが、こちらは大戦略が適用されることが多い。従って、戦略とは軍の動きを示す骨格のようなもので、戦役期間の軍隊の地図上での移動などを中心に考えられるものとなる。

では戦略はいかに見出されるか。それは歴史の中にある。歴史から導かれる法則性なのだから、様々な戦史を一覧的に分析することになり、「戦略論」を著したリデル・ハート、マイゼロアなどが多くの戦史の中から共通する勝利の法則性を導きだした。時代が過去に遡るほど本質に近づくため戦略も戦術もわかりやすいものとなる。

ただ勝利の法則性にも一つの固定した型があるわけではない。そのため新たな問題として多様な法則性（戦略）が並立するようになっている。複数の戦略論が相互に対立しているのである。たとえばリデル・ハートは「間接的アプローチ」を提唱したが、アール・ワヴェル元帥が彼に送った手紙に書かれていたように「あなたほどの知識と頭脳と、そして文才があれば、直接的アプローチという題名で同じくらい説得力のある本を書けるでしょう」ということである。

戦闘においては兵力の大小が勝敗を分けるとして相手よりも多くの兵力を相手よりも早く集め

て主戦場に投入することが骨格を形成する戦略もあれば、相手の戦闘意欲を奪うための行動をとることに主眼が置かれている戦略もある。

孫子とクラウゼヴィッツの差異については本章第8節で詳述するが、地政学分野でもマハンとスパイクマンとマッキンダーの理論は異なるし、戦史に対しても異なった見解が出されることがあって、マハンとリデル・ハートは「ポエニ戦争」でのハンニバルのアルプス越えの意義を異なった強調点で述べている。さらに相互の批判・反批判も盛んで、リデル・ハートのクラウゼヴィッツ批判と孫子評価、ルーデンドルフのクラウゼヴィッツ批判、レイモン・アロンのクラウゼヴィッツ評価など、それだけでも学問的系譜となりうるものである。

すべての戦略論に共通点があるとすれば、戦略はいわば軍の全体の動きで人体にたとえれば骨格に相当するということ、そして政治的な側面が大きい「目的」を達成するため「目標」が設定されていて、そこに至る過程が戦略であるということだ。

さてこうした戦略の視点で見ると「保元の乱」と「平治の乱」はまったく異なることがわかる。「保元の乱」にあって作戦戦略は不在に近い。逆に「平治の乱」は政治指導、軍事戦略、作戦戦略、戦術の複合的な傑作である。「平治の乱」においてはもっとも普遍性が高く、それでいて対立して見られがちな『孫子』と『戦争論』の合作が見られるのである。

「保元の乱」、「平治の乱」を分析するツールとして『孫子』と『戦争論』は欠くことができない存在となるので、両書について若干解説したい。

6——『孫子』

前述したように本書は戦略と戦術の面で「保元の乱」と「平治の乱」を分析することを主眼としている。世に戦略論は多く出回っているが、もっとも普遍性が高いのは『孫子』と『戦争論』である。この二つは具体的な戦略書というよりも戦争哲学書と呼んだ方がふさわしい内容となっている。戦争哲学の本だからこそ普遍性が高いのである。戦争の様相は変化する。だがその本質は不変である。戦争の様相を重視すると応用も簡単で実用的になるが、時代が変わると役に立たない。一方で戦争の本質を重視すると普遍性・哲学性を有するが、抽象的な記述となり応用が困難となる。これは特に『孫子』に強くにじみ出ている。

『孫子』は今から二千五百年ほど前、春秋戦国時代の兵家・孫武が記したとされる兵書である。「孫子」の「子」とは男子とか先生といった意味であるから、「孫子」とは「孫先生」というほどの意味となる。中国の兵法七書（武経七書）の一つである。七書とは『孫子』を筆頭に『呉子』、『六韜』、『三略』、『尉繚子』、『司馬法』、『太宗李衛公門対』であるが、その中でも「孫呉」と呼ばれた『孫子』と『呉子』は別格扱いであった。『孫子』は四百字詰め原稿用紙に換算すると十七から十八枚程度にしかならない分量であるが、普遍性ということではどんな戦略書よりもぬきんでているとされる。『孫子』は戦略考察の範囲を超えて、広く世界中で知れ渡っている。

『孫子』の作者について確定的な言い方ができないのは原典が残っていないからである。孫武自体が謎の人で詳しい一生はわかっていない。そのため作者が誰で、いつの時代に書かれていたかの研究は、唐時代（618–907）から進められ、特に宋時代（960–1279）には盛んに議論されており、作者については五つほどの説があった。①孫武説、②孫臏説、③孫武・孫臏同一人物説、④孫武の名をかたった後人説、⑤孫武とその系列の兵家による合作説である。

『史記』では孫武が記したことになっていて、「孫子呉起列伝」の中に美女百八十名を精強な軍隊にするという下記のような逸話が載っている。

孫子武者、齊人也。以兵法見於呉王闔廬。闔廬曰：「子之十三篇、吾盡觀之矣、可以小試勒兵乎」對曰：「可。」闔廬曰：「可試以婦人乎」曰：「可。」於是許之、出宮中美女、得百八十人。孫子分為二隊、以王之寵姫二人各為隊長、皆令持戟。令之曰：「汝知而心與左右手背乎」婦人曰：「知之。」孫子曰：「前、則視心：左、視左手：右、視右手：後、即視背。」婦人曰：「諾。」約束既布、乃設鈇鉞、即三令五申之。於是鼓之右、婦人大笑。孫子曰：「約束不明、申令不熟、將之罪也。」復三令五申而鼓之左、婦人復大笑。孫子曰：「約束不明、申令不熟、將之罪也：既已明而不如法者、吏士之罪也。」乃欲斬左古隊長。呉王從臺上觀、見且斬愛、大駭。趣使下令曰：「寡人已知將軍能用兵矣。寡人非此二姫、食不甘味、願勿斬也。」孫子曰：「臣既已受命為將、將在軍、君命有所不受。」遂斬隊長二人以徇。用其次為隊長、於是復鼓之。婦人左右前後跪起皆中規矩繩墨、無敢出聲。於是孫子使使報王曰：「兵既整齊、王可試下觀之、唯王所欲用之、雖赴水火猶可也。」呉王曰：「將軍罷休就舍、寡人不願下觀。」孫子曰：「王徒好其言、不能用其實。」於是闔廬知孫子能用兵、卒以為將。西破彊楚、入郢、北威齊晉、顯名諸侯、孫子與有力焉。

後漢時代の成立と言われる『呉越春秋』では孫武について、兵法において優秀な才能を持っていたが、俗世間を離れて山中に住み人にあまり知られておらず、楚国から逃亡して同じく呉王に仕えた伍子胥の紹介で王に謁見した、と書かれている。孫武についての記述は他にはあまりない。孔子と同年代と伝わっているが、『孫子』の文体は戦国時代のもので、春秋時代の孔子とずれが生ずる。もっとも、これだけなら後世の修正によるもので片付いたかもしれない。

この孫武が著した『孫子』は、前述したように残っていない。つまり『孫子』の原典というか原本はないのである。では、なぜ『孫子』を読めたのか。『三国志』の悪役・曹操（155–220）のおかげなのだ。曹操は部下の指導書として、『魏武註孫子』を著した。『魏武註孫子』は「官渡合戦」と「赤壁合戦」の間に執筆したと推察されるもので、『孫子』の原文を写し、それに注釈を加えて解説を試みている。難解な『孫子』に書かれている事柄を具体的にどうするのかを、政治家であるとともに名将でもある曹操が解説した名著である。『太宗李衛公門対』では「新書」

と呼び「諸将に与えるため」のものとしている。『魏武註孫子』中で曹操が『孫子』を書き写していてくれたおかげで『孫子』が読めたのである。長らく曹操が写したこの『孫子』こそが原典に近い内容だろうとされていた。

ところが『史記』には、もう一人の「孫子」が登場する。孫武から百年後に、孫武の子孫として戦国時代の孫臏の伝記が掲載されているのである。『史記』によれば孫臏は孫武の子孫で、兵法を学んでいたが、優秀さを嫉妬されて同門の龐涓に騙され足斬りの刑にあう。その後、斉国で兵法の顧問となり龐涓を倒すという記述が書かれている。

そして書誌『漢書』、「芸文志」の中には二人の孫子の本、すなわち孫武の「呉孫子兵法」、孫臏の「斉孫子兵法」が記録されている。しかし問題なのは、「斉孫子兵法」（孫臏の兵法）が記録の上だけでしか残っていなかったことだ。「呉孫子兵法八十二篇。図九巻」、「斉孫子兵法八十九篇。図四巻」であることが伝わっていたのだが、『孫子』は十三篇で八十余篇もない。闔廬が読んだものも十三篇、曹操にしても孫臏には触れていない。南宋の儒学者・葉適（1150–1223）などは『習学記言』で、孫武の名前が春秋時代の史書『春秋左氏伝』に載っていないことなどから実存を疑ってさえいた。

なお、この疑問は現在解決している。一九七二年、中国山東省臨沂県の銀雀山漢墓から『孫子』と『孫臏兵法』が同時発見されたからである。それで孫武と孫臏の兵法が別に存在していたこと、

『孫子』の作者は孫武であることが有力となった。発見された『孫子』は竹簡に書かれていたことから『竹簡孫子』と呼ばれて、漢時代のものであるから存在する限りは最古のものとなり、一九七二年以前に最古の『孫子』であった『魏武註孫子』（『現古孫子』）と区別される。二冊とも部分的な相違はあるが大意は等しい。

一方、孫武『孫子』に対する孫臏による『孫子』の特徴は、①騎兵についての記述と攻城戦の記述が大きな比重を占めだしたことと、②陣形の記述が登場している点にあり、背景として戦国時代の戦争形式が存在していることが挙げられる。

つまるところ一般に『孫子』とは孫武が著した『孫子』を指すことが多い。『孫子』は平易な文章で、当たり前のことを書いている。当たり前のこととは根本的なことと同義で、これを守れるか、これから逸脱しないかの具体策を孫武は書いてくれていないから、読者は自分で考えるしかない。言うは易く、行うは難しの典型が『孫子』なのである。

『孫子』はかなり抽象的な表現を使っているため、様々な解釈が可能となる。複数の優れた解釈が出ているが、それも各人各様で多岐に亘るものとなっている。特に名高いのは十人の解釈「十家注」で、魏の曹操、梁の孟氏（六朝時代の人、名は不明）、唐時代の李筌（皇帝玄宗時代〔713–756〕の人）、杜牧（803–853）、陳皞（唐時代の人）、賈林（徳宗皇帝時代〔779–805〕の人）、宋時代の梅尭臣（1002–1060）、王晳（仁宗皇帝時代〔1022–1063〕ないし真宗皇帝時代〔997–1022〕

の人と言われている）、何氏（宋時代の人で何延錫とも言われている）、張預（1127–1279）である。これに唐時代の『通典』中の杜佑（735–812）の注を加えて「十一家注」とする向きもある。

中国では総じて『孫子』の評価が高い。『孫子』と並んで兵法七書の一つに数えられている『李衛公門対』の中で唐の太宗（李世民）は李靖（李衛公）に「朕、諸兵法書を観るに孫武に出づるはなし」と述べている。そして名将を「道を知る、天地を知る、将士を知る」という三種類の区分で見ると、まず道を知る者として張良（? –BC186）、范蠡（春秋時代）、孫武の三人が挙げられ、それは功を成し遂げた後、現世への関心を断って身を隠すことが道を知る者の態度とされているからだ。続いて楽毅（戦国時代）、管仲（? –BC645）、孔明（181–234）が挙げられ、「天の時」、「地の利」を把握し、戦えば必ず勝利したと理由が述べられている。また王猛（325–375）、謝安（320–385）については、人材を登用し、よく国を守った将法の達人とされている。中国の兵家には兵法を自分の生き方に応用するという発想がある。名将は功成り名を遂げた後は天寿を全うするものであって「悲劇の名将」など存在しない。ともあれ孫武は第一級の名将でもあるのだ。

ここで『孫子』十三篇を概観したい。

第一篇「始計篇」の前半では、戦争を国家の一大事として慎重な思考が要求される。開戦に踏み切る前には客観的に分析して、勝てるかどうかを検討しなければならない。「五事七計」での分析である。後半では「兵は詭道なり」と偽り謀ることが書かれている。

第二篇「作戦篇」では、戦争による疲弊を避けるために拙速が強調されている。「兵は拙速を聞くも、いまだ巧の久しきをみざるなり。それ兵久しくして国を利するものは、未だ之れ有らざるなり」で、戦争は国家を疲弊させ、人々の生活を圧迫するから避けなければならず、どうしても行う時には、素早く終わらせることを心がけよ、長引いて良かった戦争などない、というのである。

第三篇「謀攻篇」では不戦屈敵が上策と述べられている。「孫子曰く、凡そ用兵の法は、国を全うするを上と為し、国を破るはこれに次ぐ」、「百戦百勝は善の善なる者に非るなり。戦わずして人の兵を屈するは、善の善なる者なり」というわけで、百戦百勝ではなく戦わずして敵を屈服させることを上策とする。また、相手の戦争目的を失わせ、あるいは策そのものを無効にすることを心がけよ。戦って敵国を疲弊させることも良くない。それよりも無傷での併合を目指せ。そのためにも「上兵は謀を伐つ。その次は交を伐つ。その次は兵を伐つ。その下は城を攻む」。有名な「彼を知り己を知れば、百戦して殆うからず」という言葉の出典もこの篇となる。

第四篇「軍形篇」では不敗体制と守備について記されていて、負けないことを第一にして、守備を重視せよとされ、「勝つ可からざる者は守りなり。勝つ可からざる者は攻なり」ということで負けない状態は自らの努力にかかるが勝てるかどうかは敵次第となる。「古の所謂善く戦う者は、勝ち易きに勝つ者なり」で、戦う時には、誰が見ても勝利するのが当たり前の状態で開始せよ、とされている。

第五篇「勢篇」では奇正と勢いについて書かれている。勢いがあれば戦いは勝利するから、勢いに注意し、これを利用せよ。「凡そ戦いは、正を以て合い、奇を以て勝つ」として正奇の区分も利用する。「戦勢は奇正に過ぎざるも、奇正の変は、勝げて窮む可からざるにり。奇正の相生ずるは　循環の端なきが如し。誰か能く之を窮めんや」。

第六篇「虚実篇」は詭道の具体的解説を中心にする。兵形は水の如く無形であるとして、敵と戦う時には素早く弱点を見抜いて突くことを心がける、敵を手薄にして味方を集中するなど、進撃と撤退、会戦とその回避の条件を記している。

第七篇「軍争篇」は軍の運用についてで、「迂直の計」、そして補給の問題など、軍の動きや遠征についての注意。状態を把握して行動することが書かれている。

第八篇「九変篇」の議題は指揮官の資質で、様々な条件下での将軍の判断とあるべき指揮官の条件が論じられている。

第九篇「行軍篇」では行軍の際の注意事項について、戦ってはいけない場所、陣をひく場所、近寄ってはいけない場所など様々な条件について、そして敵状の観察についてが書かれている。

第十篇「地形篇」では「地形には、通なる者有り、挂なる者有り、支なる者有り、隘なる者有り、険なる者有り、遠なる者有り」という六種類の地形への注意と「走なる者有り、弛む者有り、陥る者有り、崩る者有り、乱るる者有り、北ぐる者有り」という六種類の敗兵に関する諸々が述べられ、「彼を知り己を知らば、勝ちあやうからず。天を知り地を知らば、勝ちを全うすべし」の言葉もここに表されている。

第十一篇「九地篇」は九種類の地形と兵士の心理を語っている。用兵から見た地形を「散地」、「軽地」、「争地」、「交地」、「衢地」、「重地」、「ひ地」、「囲地」、「死地」とし、各々の場所での軍隊の行動のあり方、そして「常山の蛇」のことを記している。

第十二篇「火攻篇」では火攻めと水攻めが論じられ、火攻めの利点、対する水攻めの問題、さらに「費留」が登場している。

第十三篇「用間篇」はスパイ活用法で、最小の費用で敵を倒す大元を五種類の間者《スパイ》に求めている。

中国だけでなく世界的にも『孫子』を第一等の戦略書として評価する声は高く、しかし普遍性を有する『孫子』であったとしても、それを生み出した社会の時代的・地理的拘束性を脱することはできない。

今日、戦争の各段階に応じて使い分けられている、いわゆる大戦略－戦略（戦略がさらに細分化されて軍事戦略－作戦戦略と分かれていることが多い）－戦術という区分だが、『孫子』成立の時代が古代であり、分業が未発であるために混然一体化している。それでも『孫子』各篇と大戦略－軍事戦略－作戦戦略－戦術の各該当区分を無理に分ければ大戦略に相当するのが始計篇、作戦篇、謀攻篇、戦略に相当するのが軍形篇、勢篇、虚実篇、戦術に相当するのが軍争篇、九変篇、行軍篇となり、付随する形で地形と地域を扱った地形篇、九地篇、天の時を見るという火攻篇、情報重視の用間篇といった整理がなされよう。

時代性と並ぶもう一つの特性は、それが中国の思想だということである。中国には伝統的に陰陽思想がある。陰と陽という表裏一体化した波が『孫子』の中でも連綿と続き、彼我の比較から始まり、戦争・国家戦略レベルで「己を知る」－「彼を知る」、「五事七計」－「詭道」、「不敗」－「勝」が各々対応関係を作り、さらに戦略・戦術レベルに移行して「守」－「攻」、「正」－「奇」、「実」－「虚」と続いていく。各々は対立関係にあるのではない。たとえば攻守に関して李靖は『李衛公門対』の中、攻守が表裏一体の関係であるという見解を出している。勝ちを得るための攻撃として「詭道」があるが、これも単独で使用するのではなく、「五事七計」という不敗態勢と一体化して存在するのである。すると各篇は相互に連動しあい、「天」の利用を考えた時「正兵」なら追い風を利用して「勢」をつける。「奇兵」なら逆風の中を突進して相手の意表を突くという「詭道」を行う。この二つを敵の状況次第で使い分ける（彼を知る）ということになる。

そして『孫子』には「時の概念の欠如」が内在されている。これも中国思想の特性で、中国史では数世代がかりの隠謀が登場することが希ではない。『孫子』は万全の態勢を整えて、チャンスを待つという姿勢がある。用意周到に着実、確実に事を進めるためには時間がかかるという負の側面があるのである。

『孫子』は「戦争は続く、なくならない」を前提としている一方で「戦争は悪である、してはならない」という思想を色濃く持つ。戦争がなくならないのは、戦争目的があるからである。ではどうするか。「戦争をしないで戦争目的を達する」こと、つまり「戦わずして人の兵を屈する」ことが肝要ということになる。ここで注目されるのが相手の戦争目的を喪失させ、戦争計画そのものをなくすための「謀を討つ」で、そのためには本質から物事を見つめ直す、そこから逆算して解決法を考える、という姿勢が現れてくる。

清盛が『孫子』を読んでいた可能性はある。後に一部を輸入した『太平御覧』の「兵家」に『孫子』が載っているのだ。対して源義朝のもとには、義家以来の『孫子』があったはずだが、能力がない人間には「猫に小判」、「豚に真珠」ということだろうか。

7——『戦争論』

著者や成立時期が謎に包まれていた『孫子』に対して、『戦争論』は作者も成立時期も明白である。プロイセンの将軍カール・フォン・クラウゼヴィッツによる戦争哲学書で、一八一六年から一八三〇年にかけて、特に著者が陸軍大学校の学校長として勤務している期間に大部分が書かれたとされている。クラウゼヴィッツは一度書き上げた原稿を修正し、それを何度か続けて完成版に仕上げるつもりであったらしい。一八二七年に大規模な修正を加えていたが、さらに大きく修正する予定であった。しかし結局はそれをなさぬうちに死の床に就いたため、未完の『戦争論』を日の目に当てないよう遺言したという。だが話はここで終わらない。妻のマリーが故人によって必要とされた改変を一から六章へと加え、七章八章という二つの章を編集して出版したのである。おかげで今日にまで影響を与えている『戦争論』が世に現れたわけで、マリーは『孫子』における曹操と同じく人類に古典を残してくれた恩人と言えよう。

クラウゼヴィッツが完成版としてどのような形を想定していたのかは様々に推測がなされている。政治的な内容をより充実させて政治と戦争の整合性を整えようとした、二種の戦争の区分と内容についてより深く解説を試みた、よりコンパクトな形にしようとした、などが考えられている。

実際に『戦争論』は相当に長大な上、政治と戦争の関係や戦略の定義など、同じようなことを繰り返し述べているのだ。その一方で、ドイツ観念論に見られる難解な文体で読みにくい割に理路整然としてはいる。ともあれこの書物は戦争についての諸々を理論的な体系として一本化しているため、多くの事柄が含まれているのである。

観念論にありがちな「戦争とは何か」から説き始めるのは『戦争論』の特質である。戦争そのものは拡大された決闘であるのだが、戦争の位置づけと意味づけとして、クラウゼヴィッツは政治と戦争の関わりについて多くを割いている。

彼は「戦争［と］は、政治的行為であるばかりでなく、政治の道具であり、彼我両国のあいだの政治的交渉の継続であり、政治におけるとは異なる手段を用いてこの政治的交渉を遂行する行為である」とも、「戦争の本来の動因としての政治的目的は、軍事行動によって達成されねばならぬ目標を設定するための尺度であるばかりでなく、また戦争における力の使用を規定するための尺度でもある」とも、「戦争は政治の道具である。戦争は必然的に政治の性格を帯びざるを得ない、戦争は常に政治の尺度をもって測らねばならない」とも、「政治目的はその手段（戦争）の性質に適合しなければならない」とも述べている。戦争の形態を規定するのは政治なのである。

このように政治に従属する形で戦争が存在するということがクラウゼヴィッツの前提で、『戦争論』は八章で構成されている。

第一章「戦争の本質について」で論じられるのは戦争の本性、理論の戦争と現実の戦争という二種類の戦争の相違、そして戦争の目的と手段などである。また本章には「戦争は、政治的行為であるばかりでなく、政治の道具であり、彼我両国のあいだの政治的交渉の継続で在り、政治におけるとは異なる手段を用いてこの政治的交渉を遂行する行為である」という政治と戦争の関係を表す有名な文言が見受けられる一方、戦争の目的が意志の押しつけであることなども述べられている。

第二章「戦争の理論について」では軍事学のあり方やその方法論が記されている。戦争には闘争に備えるための活動と闘争そのものとがあること、「戦術は、戦闘において戦闘力を使用する方法を指定し、また戦略は、戦争目的を達成するために戦闘を使用する方法を指定する」ということへの言及も本章である。

第三章「戦略一般について」でクラウゼヴィッツは「戦略は戦争計画を立案し、所定の目的に到着するための行動の系列をこの目標に結びつけるのである、則ち戦略は個々の戦役の計画を立て、またこれにの戦役において若干の戦闘を按排するのである」と定義し、「戦略は戦闘を規定する」とも指摘する。「可能的戦闘」についても言は及び、時間、空間、戦力という戦闘の基本的な三要素、そして精神的要素についても分析がなされる。

第四章「戦闘」では「戦術の性質が変化すればその影響が戦略にも及ばざるをえない」と近代的会戦の特徴である火器などの影響を述べ、戦闘の一般的性質として敵とは「相手の戦闘力」だと看破している。また、勝利の要素として物理的損失、精神諸力、戦闘意図の放棄を挙げ、さらに防禦と攻撃の各々の戦闘意義、本戦や戦略的手段、撤退などの分析も行っている。

第五章「戦闘力」では戦場、軍、戦役などの定義から兵力や兵糧、野営、行軍など戦闘力の構成と環境とについて論じている。クラウゼヴィッツはこの章で、例外はあるものの一般的に兵力の多い方が勝利することを述べている。

第六章「防御」では防禦の概念、防禦の有利さ、防禦の種類、戦略的位置づけなどを論じている。その中では「内戦」のことも述べられているし、国土、河川、道路、森林、山、要塞その他多くの要素までが取り上げられてもいる。そして「戦略的量というのは、会戦の経過ではなくて、会戦が終わってそこから生じる結果のこと」という指摘もなされている。

第七章「攻撃」では防禦同様に多様な要素が挙げられている。防禦の強力さに対して「攻勢的反撃を伴わないような防禦は、まったく考えられない」という言も見受けられる。

第八章「戦争計画」においては理論上の戦争である絶対的戦争と現実の戦争との関係が語られ、戦争目的、達成手段、政治との関連では「戦争は政治交渉の一部であり、従ってまたそれだけで独立に存在するものではない」という論述もある。

クラウゼヴィッツは決戦主義者そのものではない。ただし決戦も選択肢の一つであるとしながら、重要なのは意志を押しつけることであるとも考えている。「戦争において目標に達する道は数多くあるということ、すべての戦争が必ずしも敵の完全な打倒を旨とするものではない」と明言しつつも同時に政治的目的を達成するため「戦闘こそ目的を達成するための唯一の方法」と述べているのはナポレオン戦争を踏まえているからだろう。敵の軍隊を軍事的に打倒すれば、敵は抵抗することができなくなるためこちらからの要求を押しつけることが可能になるのである。

またクラウゼヴィッツは敵戦力殲滅を必ずしも求めず、逆に勝利の追求を戦争のある段階で留める「勝利の極限点」という考え方を提示し、「攻撃者がこの目標を踏み越えると、それから先はなんら成果をもたらさない無用の努力であるばかりではなく、また敵の反撃を招く危険な努力でもある」と述べている。しかし同時に「敵戦闘力の撃滅は、戦争の主要原理」、そして「敵戦闘力の撃滅は、もっぱら戦闘によってのみ達成される」とも語っている。これは政治家の戦争指導レベルではなく、宣戦布告後の将軍の視点であり、『孫子』の「戦わずして人の兵を屈する者は善の善なるものなり」との対比でより明らかになる。

二種類の戦争を受けた形で、敵の完全な打倒という戦争目標をもったナポレオンを戦聖として評価はするが、一方においてクラウゼヴィッツは、限定された目的と自制した行動をとったフリードリヒ大王の例を出しながら「大王が限られた力をもって遠大な目標を追求しようとする場合に、分不相応な企てを試みることなく、彼の目的を達成するにちょうど足りうるだけの行動を過不足なく実施した彼の知慮に感嘆せざるをえない」。目的と手段の関係を見極め「いったん事態が急迫を告げれば直ちに発動して驚くべき威力を示したが、しかし緊迫状態が一過すれば徐々に元の平静に復して、きめの細かい政治的活動を営むというふうであった。彼は、未だ曽て虚栄心や名誉心或いは復讐心に駆られて、この本道から逸脱するようなことがなかった」。フリードリヒ大王は心の中にこの尺度と計算を行った。だから「彼の烱眼によっていつも危うい瀬戸際を切り抜けた」のであると絶賛する。

軍事行動に関しては不確実性の指摘、現実の戦争と机上の戦争の相違に認められる摩擦の存在などが述べられている。クラウゼヴィッツが提案する戦争計画の原則は二つで、すなわち可能な限り集中的に行動すること、可能な限り迅速的に行動することだった。

8――『孫子』と『戦争論』の対比

『孫子』と『戦争論』を対比するとどのようになるか。そこには相違点が随所に見られ、戦略思想の差のようなものが存在する。一つは時代背景の差である。ともに治乱興亡の戦乱の世を背景にしているが、社会思想として見れば春秋戦国時代の『孫子』は小国の生き残りを第一として、国々の勢力は比較的均衡している。勝利が疲弊をもたらし敗北につながることさえある。一方の『戦争論』が書かれたのはナポレオン戦争時代で、クラウゼヴィッツは決戦によって敵兵力を殲滅し、自分の政治要求を押しつけるナポレオンの手法を目の当たりにしていた。ここにもう一つ立ち現れるのが費用対効果の差である。『孫子』も『戦争論』も戦争を奥深く分析しているが、孫子が戦争の要素を抽出しているのに対し、クラウゼヴィッツは戦争の本質とは何かを問いかけ分析している。孫子が生きた古代中国は分業が未発達だから、戦争における役割分担も一人の人物が時に応じて政治家となり、戦略家となり、戦術家となった。片やクラウゼヴィッツが生きた近代は分業の発達により戦略と戦術の区分が意識されている。『孫子』は抽象的、『戦争論』は具体的で理路整然としている。『孫子』は平易な文体で短い。対して『戦争論』はドイツ観念論の流れをくんだ難解な文体でしかも長文である。内容的には「戦わずして人の兵を屈する」『孫子』と決戦をもいとわない『戦争論』、情報重視の『孫子』と情報軽視とされる『戦争論』、そして他にも兵数の大小に関する記述差などの相違点が多々見受けられるのだ。

しかしこれらの相違は同じ平面上での大局ではなく、次元を異にした指標での差異である。たとえば情報について孫子とクラウゼヴィッツは一見正反対とも思える態度をとっているとされてきた。「軍隊は戦場において、偵察や情報収集により敵を調べ動こうとするが、地形や気象、得た情報の時間的劣化などによって敵の動きを読むことは難しく、状況は流動的になる」とクラウゼヴィッツは語るのだが、その一方で情報の持つ意義を理解してもいる。「『情報』という語は、敵および敵国に関する知識の全体を意味し、従って戦争における我が方の計画ならびに行動の基礎を成すもの」と述べているからだ。この基本姿勢は『孫子』と同じである。さらに加えると「我々が戦争において入手する情報の多くは互いに矛盾している。それよりも多くの部分は誤っている。そして最も多くの部分はかなり不確実である」というクラウゼヴィッツの言は、すなわち情報軽視ではなく分析力と判断力の重要性を強調しているものと解される。指揮官に「情報を是正する」能力が要求されるということで、ここも『孫子』と矛盾してはいない。

しかしクラウゼヴィッツは「霧が立ちこめていれば、敵をいち早く発見することができない」とも述べている。これが有名な「戦場の霧」で、情報重視ではないことの表れとされてはいる。だがこれも、戦場における不確定要素を語っているにすぎない。「戦略においても、我が方の兵力配備は最初は敵情を実見することによって、次には日々、刻々に入手する不確実な情報に基づいて、また最後には戦闘から生じた実際の成果を目安に決定される」。むしろ「相手がたの性格、施設、現状および諸般の関係に基づき、『確からしさの法則』に従って相手の行動を推定し、これを規範として我が方の行動を決定する」という言葉は『孫子』の「彼を知り己を知らば、百戦して殆うからず」、「勝つ可からざるは己に在り、勝つ可きは敵に在り」を複合したような内容であり、項目は異なるが「行軍篇」の敵情観察とも重なって見える内容となっている。

さて、戦場における敵陣地について見ると、『孫子』は古代に成立しており、それだけに軍がより生身の兵士の集合体として観察しやすかった。クラウゼヴィッツの場合「戦略は一応作成した戦争計画を携えて戦場に赴き、個々の事項を現場で適当に捌くと同時に、また全体の計画に手直しを施さなければならない。実際、戦場においてはかかる手直しの必要が絶えず生じるのである」と述べながら情報も戦略も修正が必要だとして、国家レベルにおいては情報が確実性を増す反面、不確実性の方は「戦略的行動が戦術的行動から遠のくにつれて次第に減少し、無政治に接続する領域では殆んどまったく消滅する」と説いている。

普遍性を帯びつつも『孫子』より具体的な戦術に触れることのあるクラウゼヴィッツは時代の変化を踏まえていて、「以前は正しかったが今後は正しくなかった」と語っている。これは戦争の要素から分析する『孫子』には見られない記述である。

クラウゼヴィッツが挙げる「戦略の要素」は精神的、物理的、数学的、地理的、統計的の五つで、孫子の五事七計に相当するものである。物理的要素には「戦闘力の量」だけでなく「その編成、諸兵種の比」が含まれている。面白いのは数学的要素の方に「作戦線の角度、外方から中心に向かう求心的運動、および中心から外方へ向かう離心的運動が」、また統計的要素の方に「軍隊の維持に必要な諸種の資財が」それぞれ属する、とされていることである。細かな項目で彼我の比較をするのは、ほぼ孫子の五事七計と同じ発想であるが、クラウゼヴィッツに関してはより軍事的色彩が濃い。

なお、奇襲に否定的とされるクラウゼヴィッツだが「一般に攻撃の時に有利な点は奇襲にあり、この奇襲が開戦の手始めである」とも述べている。対して孫子は「凡そ、戦いは正を以て合い、奇を以て勝つ」と述べている。

また、クラウゼヴィッツによる「成果は確実らしいがしかし殆どこれを利用できないから、従ってまた成果そのものは小さい」というナポレオンのイタリア戦役への評価は、『孫子』の「火攻篇」に「戦えば勝ち攻むれば取るも、其の功を修めざる者は凶なり。命ずけて曰く費留という」と表されている「費留」にほぼ等しい。目的を達成しない戦闘の勝利など災いにすぎないのである。

『孫子』には「十なれば則ち之を囲む」と「攻は則を足らず」(『竹簡孫子』)のように文中に矛盾したと感じられる表現が時折表れている。『戦争論』は膨大な体系だからなかなか単純な結論一本にはならない。

戦略論でよく話題になるのは攻守の優劣である。『孫子』で特筆すべきは『魏武註孫子』と『竹簡孫子』で攻守の記述が逆転している箇所があることだ。一方のクラウゼヴィッツによる攻守の論は次のようなもので、いわく「防御は攻勢よりも強力な戦争形式であるが、しかし消極的目的を持つにすぎないから、我々が強力であって、積極的目的をたてるのに十分であれば、直ちにかかる形式(防御)を捨てなければならないことは言うまでもない。ところで、この防御的形式適用して勝利を占めれば、彼我の力の関係は防御者に有利である。従って、戦争の自然的経過は、防御をもって始まり攻勢をもって終わるのが通例である。(中略)防御を究極の目的とするのは、やはり戦争の概念と矛盾する」。しかし「防禦は待ち受けと積極的行動という両つの異質な部分からなる」のであり、畢竟「防禦は攻撃よりも強力な戦争形式」となって「その旨とするところは敵をいっそう確実に征服するところにある」。そして「攻撃と防御とのあいだには、相互作用が発生する」とも述べる。『孫子』の攻守の問題は『戦争論』を参考にしていくと判じやすくもなろう。

このクラウゼヴィッツの言葉に類似しているのは『太宗李衛公門対』に登場する李靖による攻守の解釈である。『孫子』なども踏まえて、攻守は同一原理にあり、敵に対して勝機を見出せたら攻勢、敵に隙がなければ守勢を維持すべきということになっている。多くの事の解釈の誤りは、不足＝弱、有余＝強とみなしていることにある。李靖はこう述べている。「攻むるはこれ守るの機、守るはこれ攻むるの策、同じく勝に帰するのみ」、「攻守は一法なり。敵、我と分かれて二事となる。もし我が事得ば、即ち敵の事敗れ、敵の事得ば、即ち我が事敗れん。得失成敗、彼我の事分る。攻守は一のみ。一を得るものは百戦して百勝す。ゆえに曰く、彼を知り己を知れば百戦して危うからずとは、それ一を知るの謂か」。さらに李靖は述べる。「攻むるはこれ守るの機、守るはこれ攻むるの策、同じく勝に帰するのみ。もし攻めて守るを知らず、守って攻むるを知らざれば、ただその事を二にするのみならず、そもそもまたその官を二にせん」。

しばしば『孫子』と『戦争論』の優劣論に出会うのだが、まず言えるのは両書がともに古典としての地位を確立していることである。踏まえた上で、昨今は欧米でも特に『孫子』の評価が高い。リデル・ハートが『戦争論』の権威に対抗して『孫子』を評価したことはよく知られているが、今や『孫子』を高く評価する戦略理論家は相当数になる。英国の国際政治学者コリン・グレイ（1943-）はクラウゼヴィッツを評価しつつも『現代の戦略』の中で『孫子』を評価している。『戦略論の原点』を著した米国の海軍中将J・C・ワイリー（1911-1993）も『孫子』の影響を受けている。米海兵隊准将サミュエル・ブレア・グリフィス（1906-1983）の『孫子 戦争の技術』に至っては古典と呼んでも良いレベルにまで洗練されている。

そして中には『孫子』の評価に対して『戦争論』の評価を低める者もいる。たとえば「サンデータイムズ」の元記者ジェイムズ・アダムズ（1951-）は『21世紀の戦争』の中で『孫子』の「彼を知り、己を知れば」の文言を取り上げて、「戦時において、あらゆる指導者の直面する課題をこれほど簡潔明瞭に表した言葉はない。孫子の言葉、『知る』や『知らず』は情報の知識と理解しているという概念にそのままあてはまる。軍のアナリストは常にこの前提から出発し、新しい能力や技術が登場してもさらにそれを包含する形でこの前提に立ち戻ってきた」と書き、そして「情報戦と取り組むためには、孫子の言葉がいまもそのまま当てはまる」と述べながら、「クラウゼヴィッツの戦争論については、現代にあてはまらない例が多い」と腐している。

著名な戦略理論家にして『孫子』の批判者といえば、ジョージタウン大学戦略国際問題研究所教授のエドワード・ルトワック（1942-）ぐらいのものである。インタビューの中で『孫子』と明言こそしていないものの、次のように答えているのだ。「中国には膨大な戦略文献が残されていますが、不運なことに、そうした貴重な遺産は、今の国際環境ではとても使えるものではありません。それは古すぎるからではなく、同じ中国文化を共有する者にしか有効ではないからです。つまり、自分とは考えが異なる相手（他国）が何を考え、どう反応するのかという戦略の論理が中国人には理解できないのです」。

『孫子』と『戦争論』の比較は、何人かの識者によって行われている。有名なのが武藤章とマイケル・ハンデルである。旧日本軍の中将だった武藤章（1892–1948）は、「クラウゼウヰッツ、孫子の比較研究」と題した論文を『偕行社記事』（昭和八年六月号）に寄稿し、その中で『孫子』と『戦争論』の差異点についても言及している。

『孫子』も『戦争論』も戦争の本質を分析したものということで基本姿勢は一致しているが、『戦争論』は兵学および兵術の学理を究明することに重点を置いている。そのため若干の原則ないし法則を演繹し、その応用を一般学理の理解により適切化しているのに対し、『孫子』は若干の原則ないし法則を挙示し、その応用の極致を教示する。つまり『戦争論』は学理に重点を置き、『孫子』は応用を主眼としているわけだが、ともに形式に拘束されることを排しているのだ。そして両書の表現方法は、西洋哲学と東洋哲学との差異として具現される。『戦争論』は、一事項に関し各方面よりこれを観察し、あくまで理論の推移をたどり条理ある結論に達しようとする。『孫子』は、直観的で直下の事物の本体を指示しようとする。また、『孫子』も『戦争論』も真意の捕捉が困難なことを瑕疵とするとはいえ、その難解さは異なっている。『戦争論』は、哲理玄妙にして文章が煩瑣である。『孫子』は、語簡約にして意きわめて幽遠である。クラウゼヴィッツはフリードリヒ大王の歴史とナポレオン戦争での自らの体験から『戦争論』を著している。『孫子』は自己の体験ではなく黄帝の兵書を祖述したにすぎない。『戦争論』は、純粋観念と現実の調和を計り、学理をして現実性を帯びさせようと努力し、現実的抽象論を観念の遊戯として排斥した。『孫子』は、理想に過ぎ、やや現実性を欠く傾向あり。『戦争論』と『孫子』は主眼とするところが同一でなく、従って説くところは必ずしも一致しない。ゆえに両者の優劣を論ずるがごときはまったく無用有害であるのみならず、これを比較研究しようとしても常に必ずしも同一対照を求めることはできない。ゆえにむしろこれを併読し、『戦争論』にその原理を究め、『孫子』に応用の妙諦を得ることが必要なのである。こうした分析は「平治の乱」鎮圧に際して平清盛に現れている、『孫子』と『戦争論』の融合を見る場合にも有効となる。

『孫子』と『戦争論』とをまったく異質なものとして扱っている武藤章の分析に対して、その整合性をとろうとしたのが米国海軍戦略大学教授マイケル・ハンデルである。ともに普遍的な戦争哲学書であると同時に戦略書でもある両書の差異をどのように考えるべきなのか。ハンデルは『戦争の達人達』の中で各々の立脚点が違うことに着目しながら分析を進めている。

両書は戦争の分析体系も定義も異なっている。『孫子』が外交戦略や政治的取引までも範疇に入れているのに対し、クラウゼヴィッツの書は純粋に軍事問題だけを扱っているのだ。こうした認識のもとハンデルは語る。「孫子はクラウゼヴィッツよりも論述する対象が広い。一方、クラウゼヴィッツは戦争前、戦争間、戦争後の外交の研究でなく、戦争そのものを遂行する技術についての論文を書いた」。クラウゼヴィッツも外交の重要性は認めている。しかし外交も含めて「戦争は他のすべての手段が失敗したときに、国家が目的を達成する唯一の手段」であった。孫子は「戦争のための政治的、外交的、兵站的な準備を戦闘活動と同様欠くことができない一部としてみなしている。結果的に言えば、孫子は戦争の戦闘部分のみならず、それに関わる環境により多くの注意点を払っている」。「孫子が主として、最も高い戦略レベルにおける戦争の遂行に関心を示しているのに対して、クラウゼヴィッツは、より低いレベルの戦略的／作戦的な戦闘に焦点を当てている」。

クラウゼヴィッツは「重心」を敵の軍そのものに、孫子は重点を敵の計画や同盟関係の破壊にそれぞれ置く。クラウゼヴィッツは優先順位の二番目に敵の首都占領を挙げるが、孫子は戦争が開始されたあと敵の都市を攻撃することを下策としている。これは時代の推移が都市の価値を大きくしていったこととの反映である。

クラウゼヴィッツは「絶対戦争」で敵軍を殲滅することを主張した。これにはリデル・ハートが批判の矛先を向け、それに対してレイモン・アロン（1905–1983）が反論をしている。ただ、クラウゼヴィッツは「絶対戦争」と実際の戦争を分けている。「絶対戦争」とは想像の世界で理想化されたもの、特化された姿であり、それをもとに分析を行っているのだ。とはいえ「自らの考える絶対戦争モデルに非常に近いフランス革命戦争を体験したクラウゼヴィッツは、この戦争における空前のフランス国民動員という事象が、戦争の質を後戻りできないほど変化させたと観察している」。

シビリアンコントロールにおいて孫子は「君命うけざるところあり」と述べ、クラウゼヴィッツもまた「作戦上の考慮が政治的考慮に優越しなければならない場合にも着目している」。この点については両者の見解が一致しているわけだ。

ハンデルはまた、「理想と現実」の中で戦闘についての特筆すべき所感を述べている。「それぞれの見解には対立があるように思えるかもしれないが、実際には孫子とクラウゼヴィッツでは、戦闘と流血という究極的手段に訴えなければならない必要性に関しては、よく言われるほどに違っていない。さらにいえば、両者は、戦争をする差異の最も合理的な方法というのは、通常可能な限り短期間で戦い、決定的に勝利することであるということで一致している。決定力に欠ける、また長期化するような類いの戦闘は避けなければならないとしている」。クラウゼヴィッツなりの決戦主義も孫子の拙速の観点と同じだとみなせるのだ。クラウゼヴィッツは「勝利のためには流血が必要」と言うが、孫子は「なるべく効率よく勝つべし」という意見を強調している。

だがこのような違いも、「同じ問題に対して異なるアプローチを使っているだけ」なのである。「クラウゼヴィッツは、孫子の『戦争に勝利するため将師は犠牲の少ない非軍事的手段こそを追求すべきだ』とした考え方の弱点（誤りだとは言わないまでも）をはっきり認識していたのである」。そして「非軍事的手段が成功を収めるのは、敵も同様な戦略を採用しようとしている場合のみであると忠告している」。これはナポレオン戦争時代を経験したクラウゼヴィッツならではの考え方への指摘であろう。絶対悪であるナポレオンは相手が中立であろうと友好的であろうと襲いかかり、決戦を強要した。これはナポレオン一強時代だから起こりえたことでもある。ヘンリー・キッシンジャー（1923–2023）がいみじくもこう述べている。「革命の原理は戦争であり、保守の原理は平和である」。革命勢力は絶対的な平和を望み、それは自分以外の勢力が物理的に存在しない状態のことなのである。ともに現実に現れない戦争と戦争方法をモデルにしているものの、クラウゼヴィッツが「絶対戦争」という究極の戦いを想定しているのに対し、孫子は理想的な戦い方を提案しているわけだ。

孫子もクラウゼヴィッツも戦場の彼我の優劣は兵数の多さが決定すると考えている。「両者とも、会戦の決定的な地点における相対的な兵力数の優勢が勝利の鍵であるという点では一致しているが、この目標をどのようにすれば最も良く達成できるかという点で異なっていた。クラウゼヴィッツは自らの兵力の最大集中という『積極的』なアプローチを強調し、敵についてはあまり考慮していない。孫子は敵を分裂させ分散させるという戦略により敵が集中するのを防ぐという『消極的』なアプローチに、主として着目している。このことから、孫子は欺瞞と陽動の価値をより高く評価している」。「両者とも、直感に優れた戦争指導により、劣勢な軍隊であっても、決定的地点により多くの部隊を集中することで勝利できると結論づけている」。

分析レベルの差異は様々な箇所で『孫子』と『戦争論』との対立構造を提起しているが、それらは同じ次元での対立ではないから整合性が損なわれずにある。「欺瞞の価値に関しては、クラウゼヴィッツと孫子の見解ほどかけ離れたものはないように思われる。クラウゼヴィッツの欺瞞に関する関心のなさをどのように説明し得るであろうか。解答の大半は、またも分析レベルに見出せるであろう。孫子は、それが非常に効果的である高度の政治戦略から個々の作戦段階に至るまで、すべてのレベルで欺瞞を用いるべきであると主張するのに対して、クラウゼヴィッツは主として欺瞞（彼はそれを詭計と呼ぶ）の有用性を低次の作戦および戦術レベルの観点——そこでは欺瞞の努力は不確かであるばかりでなく効果が限定される——から分析しようとしている」。

そして奇襲に関する相違も分析レベルの差として説明される。「クラウゼヴィッツが奇襲の成功はほとんどおぼつかないものと述べたのは、一義的には高度な作戦レベルか戦略レベルに関して言及したものであり、他方、孫子が奇襲の有効性に高い評価を与えたのは、主に戦術レベルの戦いに関してである」。ジョミニはクラウゼヴィッツ同様に近代的な戦争の観察者であるからクラウゼヴィッツと同じ結論である。彼は「フランス革命以降、より大規模で多様な隊列をとるようになったので、高レベルの戦争では奇襲は功を奏さないと説明している」。ナポレオン戦争以来の戦争拡大が奇襲の価値をさげていったわけだ。

ともあれここで『孫子』とクラウゼヴィッツの書の整合性について、より具体的に示してくれる実例を挙げたい。それが「平治の乱」の鎮圧である。平清盛という一個人で大政治家と名将の資質をあわせもち、立場的にも、君主と軍事司令官を兼ね務めた人物により、『孫子』と『戦争論』の矛盾は解消される。清盛による「平治の乱」鎮圧には、『孫子』と『戦争論』の文言が揃ってちりばめられるほどともに適合しているのである。

「戦争は異なった手段で行う政治の延長」とした上で、クラウゼヴィッツは次のようにみなしている。「戦略は戦争計画を立案し、所定の目的に到着するための行動の系列をこの目標に結びつけるのである、則ち戦略は個々の戦役の計画を立て、またこれにの戦役において若干の戦闘を按排するのである」。論理的思考ができる清盛による乱鎮圧の構成はクラウゼヴィッツの定式通りで、政治の延長として戦略を立て、その戦略の中に戦術を容れてあり、それらは大戦略↓政略↓戦略↓戦術の順で優位を確立している。政治的勝利（天皇を奪還し）－戦略的勝利（内裏より敵を六波羅にまで誘致し）－戦術的勝利（六波羅で殲滅）－勝利の活用法（唯一無比の軍事権掌握）という流れができあがっているのだが、これはそのまま清盛のとった手順である。

そしてそれは同時に、『孫子』、「軍形篇」にある通り「不敗の地に立ちて」(すなわち伊勢国、伊賀国をおさえ六波羅に入り)、「詭道」(名簿の提出)をしかけ、「敵の敗を失わざるなり」(天皇を奪還し)、続いて「謀攻篇」にある通りに「上兵は謀を伐つ」(戦争目的を失わせる)、「その次は交を伐つ」(二条天皇派、頼政を離反させる)、「その次は兵を伐つ」(六波羅での殲滅戦)、「城を伐つ」(内裏を攻略)が並ぶ。前後するところはあっても大方の流れは「上兵は謀を伐つ」→「その次は交を伐つ」→「その次は兵を伐つ」→「城を伐つ」にもなっていて、『孫子』と『戦争論』が論理構成上は等しいことを示している。

しかも「平治の乱」鎮圧の各局面にさえ、『孫子』と『戦争論』の文言は逐一適合する。『孫子』が示唆する君主と将軍各々への教授は、両方を兼ね備える立場の清盛により「君」、「将」の整合性を保ちつつ各局面が『孫子』の文言通りとなるように、それでいて『戦争論』の文言も当てはまるように展開するのだ。

具体的な手順も、前述した『孫子』、「謀攻篇」の通りで、「上兵は謀を伐つ」→「その次は交を伐つ」→「その次は兵を伐つ」→「城を伐つ」と続き、「政治の延長」として政治目的を達するために行われた戦闘は、勝利を「費留」とせず、成果を最大限に活用させた。

兵隊の脆弱さを軍記物語の作者に強調されながらも、平家軍は「平治の乱」を鎮圧し、河内源氏に勝利した。それはほとんど戦略の教科書にもなりうるレベルである。

9――弱兵と強兵

戦争での優劣を論じる際、軍隊の強弱が勝敗の決定的理由とされることがあり、これ自体は全面的にではないにせよ、かなり肯定できる。しかし個々が武勇に秀でた強兵を構成員とする軍隊が強い軍隊であるとは限らない。強い軍隊は強兵によって構成されていると考えるならば歴史上、そうした意味での「強い軍隊」はよく敗北しているのである。「一頭の羊が率いる百頭の獅子よりも、一頭の獅子が率いる百頭の羊の群れの方が強い」とはナポレオン・ボナパルトの言葉とされているが、集団での戦いの勝敗は戦略と戦術に秀でた側の方が強い。個々人の強さはあまり貢献しないのである。平家軍と河内源氏軍を比較する際には兵隊の強さ云々でなく、戦略と戦術の優劣を見るべきである。

戦略や戦術という視点を抜かせば、軍事的考察も含めて平家の盛衰に関する研究はかなり進んでおり、現在は鎌倉幕府をもって武家政権の始まりとする見方は否定されている。高橋昌明は平氏政権を六波羅幕府と呼んでも良いことを『平家と六波羅幕府』で論じていたが、これを批判する上横手雅敬も平氏政権そのものは否定しておらず、さらに鎌倉政権と対置されるような太宰府を中心にした九州、瀬戸内海地方に地域軍事政権の樹立をもくろんでいたとしている。

平家政権の成立時期については、仁安二年（1167）五月宣旨を始まりとする見方と、治承三年（1179）の政変からとする見解とが提出されている。仁安二年説は東山、東海、山陽、南海の諸道の治安警察権を平重盛へと委ねた五月宣旨を、源頼朝による諸国の治安維持権を承認した建久二年（1191）三月新制につながるものとみなしつつ、武家政権の性格を持つ平家政権がそれによって成立したとする立場である。一方、治承三年説は、同年の政変の際に平家が従来の国家機構の支配権を掌握したことを重視している。一般的に平家政権は十二世紀中期から段階的に成立したのであり、仁安二年五月宣旨を大きな画期としながら、治承三年の政変によってその成立が完了したものと考えられているわけだが、いずれにせよ両説では、ともに鎌倉幕府のひな形が用意されているのであり、さらにほぼその近畿版という体制が、治承五年（養和元年〔1181〕）一月に発足するのは前述した通りである［本章 p.39］。この体制は有事における戦時体制であるが、これをそのまま平時の体制にしたのが鎌倉幕府とも言える。

しかし、こうした鎌倉幕府への類似性や体制論はともかく、原点としての武家政治問題によりいっそう注目してみれば、少なくとも衛兵政治の嚆矢となるのは「保元の乱」で、その段階において平清盛の軍事力は最大のものとなっており、「平治の乱」で清盛は日本に唯一と言っても良いほどの圧倒的な軍事力を掌握していた、ということになるのである。

貴族化した平家が武士の信頼を失ったという謬説は、マルキシズムの唯物弁証史観に基づいている。京都帝国大学教授の原勝郎（1871–1924）や同大学教授の三浦周行（1871–1931）らによる、日本にも中世が存在していたという画期的な指摘は、同時に中世が古代の矛盾を克服して登場したとする仮説につながり、引いては古代＝貴族を中世＝鎌倉武士が倒したという流れを導いていく。すると鎌倉武士が倒した平家は古代に属する存在とみなされるわけで、そのために貴族とほぼ同意義の扱いを受けることになった。とはいえ今日、このような説は時代遅れとなっている。高橋昌明に至っては「治承・寿永で打倒された平氏の武士とその政権は、日本の専門的武力集団の正常にして『真正』な姿」とまで言い切っているのだ。

平家政権を最初の武家政権とする先鞭ともいうべき考察が、前述の高橋富雄が一九八五年に著した「平氏政権の再検討」で［本章 p.36］、そこに「西国武士」と「東国武士」からなる二種類の「武士」という概念が述べられている。平家は西国武士であるものの、女々しいとされる西国武士が貴族化していたわけではなく、平家が女々しかったわけではないという高橋の説いた主旨は、武家の発生に関する研究や軍事貴族概念の登場とも歩調を合わせるように平家政権という概念を大いに進展させ、同時に平家軍が決して弱くなかったことをも示唆しているように思え、武士の発生というものの考察においても見逃せない。

軍事貴族は専門化された武士で、つまり職業として武芸をたしなむ「職能武士」である。とはいえこの軍事貴族概念が提唱される以前、武士とは在地地主から登場したという説が圧倒的だった。三浦周行は私営田の開発領主こそが武士の起源であり、それは「武装した大農園主」であったと述べ、確かに関東における武士は開拓地主たちであった。さらに原勝郎が『日本中世史』においても藤原氏と変わらぬ軟弱な平家に対し、ゲルマン的な東国武士が中世を切り開いたことを強調した。しかし、それで全国すべての武士を説明することは不可能であった。そこで軍事貴族という「職能武士」の概念が併設されたのである。

「軍事貴族」は、神戸大学名誉教授の戸田芳実（1929–1991）による一九六九年の発表が初出とされ、五位以上の位階を持つ貴族の中でも軍事を家の職とした下級貴族を指している。摂関家などに奉公したり国衙機構を通じて活動していた、いわゆる「京武者」のことである。藤原秀郷の子孫は、鎮守府将軍に任じられており、「軍事貴族の存在意義は、王権と都の平安を維持する力としての側面のほか、エミシの地である北方の押さえとしての役割」があった。高橋昌明はこうした研究の先駆として早稲田大学教授であった久米邦武(1839–1931)を挙げている。久米は「上方武士」、「東国武士」、「西国武士」の三種の区別をし、弓馬の道に長じた「上方武士」がもっとも強かったとまで断じている。ただし久米は「上方武士」、「西国武士」が「東国武士」に敗れたのは大将が悪かったからと考えているが、この指摘は誤りと言わざるをえない。平家の敗北は戦略よりも政略によるものが大なのである。

平家も河内源氏ももともとは軍事貴族であった。ここに至って平家が貴族化したのではなく、本来が貴族であったことが指摘されるようになったのである。これは河内源氏も同じである。平安京周辺の武士団のかなりが軍事貴族の率いるもので、小さな本領からの兵隊を供給していたから概して小規模であった。さらに地方の武士についても研究が進み、在地地主を組織化するにあたって国衙軍制の役割が指摘されるようになっていった。軍事貴族は摂関家や院に奉仕し従うこともあった。陽成源氏は摂関家との結びつきが強く、源頼光は藤原道長に仕えている。対して院は平家を重用した。

職業としての武士である軍事貴族が成り立つには分業の発達が進んでいることが条件となる。近畿から西国にかけては経済が発達していたから分業が進み、職能としての武士が存在できた。西国武士は職能武士、米中心の経済地帯である東国武士、特に関東の武士は開拓地主ということになる。西国の武士は職業として把握されていた。『続本朝往生伝』や『新猿楽記』では武士は僧侶、医師、陰陽師などとともに特別な技能を持った職業として把握されていた。職業であるということは仕事として武芸をしていることになるから、意識的にはサラリーマンに近い。一所懸命の意識とはかなりの差がある。

もちろんすべてにおいて東国武士が精強であったわけではない。また、職能武士がすべてにおいて劣るわけでもない。武芸を家業とし売り物としているだけに、職能武士である西国武士の方が優れている点もある。海軍の運営は専門的な技術によらなければならない。特別な技能として武芸を習っていたのだから、命知らずの精強さはなくとも武芸には秀でていた。高橋昌明は『武士の成立 武士像の創出』の中で、陸上においても馬を走らせながら弓を引く「馳弓」では平家の方が技術的に優れていたと言う。『新猿楽記』の中では、合戦、夜討、馳射、待射、照射、歩射、騎射、笠射、流鏑馬、八的、三々九、手挟等が上手な者を天下第一の武芸者としていて、つまり職能武士は各種弓の名手であることが望まれていたのである。なお遠矢では現代の記録で三八五・四メートルが最長である。また職能武士は、見せるための技巧的な武芸が得意な、いわばローマの剣闘士のような存在でもあった。「彼」はその技をもって雇われるのである。

しかし、何よりも西国武士が優れていたのは、個人戦を主体とした関東武者に対し、集団戦を重視できたことだった。合戦において力を発揮するのは個人の武芸ではなく、集団戦法である戦略と戦術なのである。平家だけでなくもともとは河内源氏も職能武士であり、他にも摂津源氏や大和源氏など「保元の乱」当時の主力武士団は職能武士であった。

一方、関東の特性は二つの点で西国よりも優位な部分をもたらした。まず兵力の巨大さである。関東の開拓地主が広大な所領と豊かな生産力を背景に比較的大規模な兵力を集められるのに対して、職能武士は平安京の軍事貴族が多かったため兵力は小規模であった。『平家物語』には、「富士川合戦」前に、斎藤実盛が語ったとされる言葉が載っている（実際のところ、実盛はその場にいなかったので別人の言葉だろうが）。総大将の平維盛が実盛に、あなたと同じ程度の強弓をひく者がどの程度いますか、と問いかけたのに対し、いくらでもいると答え、さらに剛の者は五人張りの弓、六人張りの弓を使い、それで敵を射れば、二、三人は簡単に貫通する、大名と名が付く者は、そのような強弓の者を、五百人は召し抱えているだろうと続けている。都周辺での豪族といえば、摂津源氏の名門である源三位頼政が百五十騎程度の動員力であったから、格段の差がある。

ましてや関東の大豪族ともなれば、その兵力は大変なもので、千葉上総介広常が率いていたのは二万騎とされている。この兵力は、同時代のヨーロッパ諸国の王よりも多い。十二世紀フランスのフィリップ尊厳王は、ヨーロッパ最大の軍事力を有していたとされているが、どの程度かと言えば通常で千四百三十七名で、内訳は正式な騎士が二百五十七騎、従騎士二百六十七騎、残りが歩兵と雑兵（輸送・雑用部隊）、戦時に動員可能なフランス全土の軍隊全部含めると騎士千三百、従騎士千三百、歩兵四千から六千人というのだから総数一万人程度ということになる。英国の場合にはさらに少なく、リチャード王の騎士が百五十人と言われている。兵力的に見れば、英国はむろん、フランスも、上総国、下総国といった現在の千葉県の一部と戦争しても勝てないという理屈になる。

関東武者のもう一つの利点は個々の兵の精強さである。武芸としては関東の地に適応した馬術が西国の武士よりも上であり、同時に命知らずの勇猛さがあった。また組み討ちについては関東の兵は他を圧し『保元物語』で源為朝の弓に恐れをなした武蔵国や相模国の郎党を、源義朝が「馬ノ上ニテ押並テ組事ハ、武蔵相模ノ若党ニテハ争カマサルベキ」と叱咤している。まさに斎藤実盛に仮託して述べられたとおり「馬に乗ッれば、おつる通を知らず。悪所をはすれども、馬を倒さず。いくさは又、親もうたれよ子もうたれよ、死ぬれば乗りこえ乗りこえたたかふ候。西国の軍と申すはすべてその儀候はず。親討たれぬれば引き退き仏事供養し忌み明けて寄せ子討たれぬればその憂へ嘆き（思歎）とて寄せ候はず。兵糧米尽きぬれば春は田作り秋は刈り収めて寄せ夏は熱しと厭ひ冬は寒しと嫌ひ候ふ。東国の軍と申すはすべてそのやう候はず」ということである。

開拓地主の軍隊であるから土地を基盤にした主従関係を単位として部隊編成がなされている。前近代社会で兵隊が強力なのは、そうした軍隊である。なぜならこれは共同体軍であったからである。前近代社会では主従関係の結合をばらして組織化した職業的専門軍よりも、主従関係の結合で部隊を一団として力を発揮させた方が有利であった。軍隊の種類として見れば、関東の武者らは共同体を守る市民軍や国民軍に近い存在となってくる。

しかし、個々の兵隊の強力さが軍隊そのものにどこまで反映されるかは、指導者の力量と発想次第である。戦国時代の上杉謙信と武田信玄は共同体軍を形成し戦略と戦術でフル活用したが、軍事的に無能な源頼朝などはそんな試みなどしていない。今日、職業的専門軍が強力なのは高度で精密な兵器が登場し、その操作述を身につけるために長期の訓練が必要になったからである。だが、平安時代にはそれほど高度な武器は使用されていない。それでも、弓などは練習が命中精度を高める。職能武士は、各種弓の名手を育てる者でもあった。前述したように馬を走らせ馬上から矢を射る騎射については関東武者よりも上を行っていた。

軍事貴族は、ちょうど領主が自分の領国の兵を率いて戦争に雇われるというルネサンス・イタリアの傭兵のようなイメージがある。彼らは盗賊の追捕や宮中貴族の警護などを主な仕事としていた。近代以前の社会においては、サラリーマン化した軍隊は脆弱であるとされることが多い。だが反面、戦史から見て弱兵だからといって戦争に弱いということはない。関東の開拓地主の一党に完全な共同体意識があったかどうかは抜きにしても、「一所懸命」の軍隊は強力である。フランス国民軍が象徴するように命がけで戦う軍隊は強力であるからだ。しかし土地を守ることを主眼としているため戦い方は一騎打ちを基本としており、したがって集団戦には向いていない。もっとも、名誉を重んじるために名乗りを上げて戦うということ自体は、名を売る必要がある職能武士にも見られているのだが。

職能武士は、必ずしも土地に密着した存在だけではなく、水軍、さらに流通に依拠した存在も多く、いわば関東の農民的武士に対して商人的な武士であった。商人的な武士は損得勘定に長け、流通の観点からも交通や場所に対する認識が優れていた。農民的な武士は土地を守るために命がけの戦いをする傾向があった。集団使用ができれば農民的武士は強力無比な軍隊となりうる。しかし、無能な指揮官が個人的武勇に秀でた兵隊を率いる場合に集団戦は考慮されず、作戦も何もなく戦う場面が多々見受けられる。個々の武勇に頼れない弱兵側の方が、往々にして戦略と戦術を工夫するものなのだ。楠木正成という商人的な武士は、日本最弱と呼ばれた河内国の少数の兵を率いて、「関東の兵は天下の兵に匹敵する」と言われた板東武者の大軍を散々に打ち破った。前述したように戦局を左右するのは軍の精強さ以上に、戦略と戦術なのである。

しかし、「保元の乱」と「平治の乱」についての戦略と戦術の分析に入るには前段がある。「保元の乱」は権力抗争から読み解かなければならない。一方、「平治の乱」は叛乱の原理から見ていく必要がある。基本原則はともにシンプルであるが様相はそう単純ではなく、複雑な人間関係から吟味していかなければならないのである。

第2章　「保元の乱」

1――軍記物語の描く「保元の乱」

貴族の日記などがもととなり軍記物語ができあがると、その原典に対して様々な内容が付け加えられて多くの異本を生み、作品自体がさらに成長していく。『保元物語』もそうした軍記物語の一つで、和漢混淆文で書かれている。内容的には「保元の乱」とその前後の状況を上中下各巻に記していて、平家の滅亡までが示唆される。半井本、渡辺文庫、金比羅本などを主体にして要約すると以下のようなものになる。

上巻は鳥羽法皇の時代に始まっている。法皇の院政は優れたものであったが、息子の近衛天皇が法皇の生前に死去、本来は法皇のもう一人の子であった崇徳上皇の系譜から次の天皇が登場するはずであった。崇徳上皇はその子息である重仁親王の即位を当然のものとして期待するが、鳥羽法皇の寵妃・美福門院がそれを阻止し、崇徳上皇の弟・後白河天皇の即位となる。崇徳上皇はこれを深く恨みに思う。そして鳥羽法皇が死去すると、崇徳上皇は重仁親王を皇位につけるための画策を開始する。

摂関家でも一族内の対立が起きていた。関白・藤原忠通、左大臣・藤原頼長の兄弟が摂政関白、氏長者の地位を巡って争っていたのだ。二人の父である忠実は頼長びいきであった。頼長は崇徳上皇と組み武士や僧兵を集め始める。崇徳上皇のもとに参じようとしていた源親治が後白河方の平基盛によって捕らえられ、頼長の依頼によって後白河を調伏しようとした三井寺の僧侶勝尊が捕らえられるなどの事件が相次ぐ。

崇徳上皇に味方するよう説得されていた源為義は高齢を理由に従軍を断わるが、藤原教長に説得されて崇徳上皇側に加わる。崇徳上皇に味方したのは為義の六人の子どもたち、特に為朝は為義が自分の代わりに大将に推薦した豪傑である。平家弘と忠正も崇徳上皇側についている。宇治にいた頼長も上洛して崇徳上皇の御所・白河殿に戻ってくる。

為朝は身長七尺ほど（二メートル一〇センチ）、目尻が切れあがり容貌魁偉、弓を支える左腕が後で弦を引く右腕よりも四寸（一二センチ）も長く五人張りの弓を引く。しかし十三歳の時、乱暴が過ぎて父の為義に勘当され、九州に追放される。勝手に鎮西総追捕使を称して暴れまわったため久寿元年（1154）に出頭の宣旨が出されてしまうが従わなかった。そのため久寿二年

(1155)に父・為義は解官されてしまう。為朝は九州の強者二十八騎を率いて上洛した。

崇徳上皇についたのは左大臣頼長公、左京大夫(藤原)教長卿、近江中将(源)成雅、四位少納言(藤原)成隆、山城前司(藤原)頼資〔頼輔〕、美濃前司(藤原)泰成〔保成〕、備後権守(源)俊通、皇后宮権大夫〔侍従〕(源)師光、右馬権頭(藤原)実清、式部大輔(藤原)盛憲、蔵人大夫(藤原)経憲、皇后宮亮〔大進〕(藤原)憲親、能登守(藤原)家長、信濃守行通、左衛門佐宗康、勘解由次官助憲、桃園蔵人頼綱、下野判官代(平)正弘、その子の左〔右〕衛門太夫〔大夫〕(平)家弘、右衛門太夫〔左衛門尉〕(平)頼弘、大炊助(平)度弘、右〔左〕兵衛尉(平)時弘、文章生(平)安弘〔康弘〕、中宮侍長(平)光弘、左〔右〕衛門尉(平)盛弘、平(右)馬助忠正、その子院蔵人(平)長盛、次男〔三男〕皇后宮侍長〔皇后宮侍〕(平)忠綱、三男〔次男〕左大臣匂当(平)正綱、四男平九郎通正、村上判官代基国、六条判官(源)為義、そして左衛門尉(源)頼賢をはじめとする父子七人で、都合その軍勢は一千余騎とされている。

後白河天皇側も対抗して武士を集める。それが平清盛、源義朝、源義康、源頼政らの面々で、清盛は崇徳上皇の子・重仁親王の乳母子であったが、美福門院が鳥羽法皇の遺言と偽って呼び寄せていた。彗星が東方に現れ、将軍塚がしきりに鳴動し、戦乱の予兆が高まる。

官軍となったのは義朝の率いる東国勢として鎌田次郎正清、後藤兵衛実基、近江国からは佐々木源三(秀義)、八島冠者、美濃国には平野大夫、吉野太郎、尾張国からは舅熱田大宮司(季範)

が差し上げた家子郎党、三河国からは志多良、中条、遠江国からは横地、勝俣、井の八郎、駿河国からは入江右馬允、高階十郎、息津四郎、神原五郎、伊豆国からは狩野工藤四郎親光、同五郎親成、相模からは大庭平太景吉〔景義〕、同三郎景親、山内須藤〔首藤〕刑部丞俊通、その子滝口俊綱、海老名源八季定〔季貞〕、秦野二郎延景、荻野四郎忠義、安房国からは、安西、金餘、沼平太、丸太郎、武蔵国からは豊島四郎、中条新五、新六、成田太郎、箱田次郎、河上三郎、別府次郎、奈良三郎、玉井四郎、長井斎藤別当実盛、同三郎実員、横山（党）から悪次、悪五、平山（党）から相模、児玉（党）から庄太郎、同次郎、猪俣（党）から岡部六弥太（忠澄・忠純）、村山（党）から金子十郎家忠、山口十郎、仙波七郎、由緒ある武家では河越、師岡、秩父の国武士たち、上総国からは上総介八郎弘経〔広常〕、下総国からは千葉介経胤〔常胤〕、上野国からは瀬下次郎、物射五郎、岡本介、名波太郎、下野国からは八田四郎、足利太郎（俊綱）、常陸国からは中宮三郎、関次郎、甲斐国には塩見五郎、同六郎、信濃国には海野、望月、諏訪、蒔、桑原、安藤、木曽中太、弥中太、根井大矢太、根津神平、静妻小次郎、方切小八郎大夫、熊坂四郎をはじめとして三百騎以上と記された（金比羅本では宗との兵四百騎、都合一千騎）。

清盛に従う人々には、弟の常陸守頼盛、淡路守教盛、大夫経盛、嫡子中務少輔重盛、次男安芸判官基盛、郎党では筑後左衛門（平）家貞、その子左兵衛尉貞能、与三兵衛景安、民部大輔為長、その子太郎為憲、河内国からは草刈部十郎太夫定直、（蓮池）滝口家綱、同滝口太郎家次、伊勢国からは古市伊藤武者景綱、同伊藤五郎忠清、伊藤六忠直、伊賀国からは山田小三郎伊行、備前国の住人難波三郎経房、備中国の住人瀬尾太郎兼康をはじめとして六百騎以上と記された。最大兵力である。

源頼政に従うのは渡辺党の省播磨次郎、授播磨兵衛、連源太、与右馬允、競滝口、丁七唱をはじめとして二百騎（金比羅本では百騎）ほどである。

さらに佐渡式部大輔重成百騎、陸奥新判官義康百騎、出羽判官（源）光信百騎、周防判官（源）季実五十騎、隠岐判官（平）維繁七十騎、平判官実俊六十騎、進藤判官助経五十騎以上、和泉左衛門尉（平）信兼八十騎以上（金比羅本では季実百騎、重成七十騎、實俊七十騎）、合計一千七百騎以上（金比羅本では四千五百騎）と記されている。

崇徳上皇側では戦評定が始まる。頼長が為義に意見を求める。為義は為朝に意見を求めることを推薦する。為朝は兵力で劣る以上、高松殿に夜襲をかけて火を放ち、逃げ出してくる天皇を奪い取るしかないと献策するが、武士同士の戦いではないとして頼長は採用しなかった。それよりも興福寺の僧兵が援軍に来るのを待って持久戦を挑むべきと述べたのである。

後白河天皇側も戦に備え三種の神器とともに大内裏高松殿から三条東殿に移った。後白河の側近である信西は義朝に意見を求めた。義朝は、南都から僧兵、吉野、十津川の者たちを引き連れて千騎以上で今夜宇治に着き、明朝入洛するので、今夜にでもこちらから攻撃を仕掛け決戦すべきだと進言、信西はこれを許可する。崇徳上皇側が戦の準備をしている間に義朝や清盛は出撃し白河殿を包囲する。

続く中巻では戦闘場面に多くが割かれている。

攻め込んできた義朝に対し、為義の四男・頼賢が先手を打って出撃して義朝軍に損害を与えた。義朝は反撃しようとするが鎌田正清に諫められる。清盛は為朝の守る西門に攻めかかるが、先陣の伊藤六、さらに山田是行らが為朝の強弓に撃ち落とされる。清盛の軍勢は色をなくす。清盛の子・平重盛は為朝に挑もうとするが、攻撃箇所を指定されたわけではないとして損害が大きくなることを避けて引き返す。

清盛に続いて義朝が為朝の守る門を攻めるが、為朝率いる鎮西の強者二十八騎に義朝配下の鎌田の軍勢が蹴散らされる。義朝率いる板東武者二百騎が、為朝と宝荘厳院の西裏で戦闘に入る。為朝の強弓に苦戦し義朝も兜の飾りを射抜かれるなど窮地に陥る。金子家忠が為朝の郎党を打ち取り、義朝軍の大庭景義が重傷を負うなど大激戦で為朝配下二十八騎の武者のうち二十三人が討たれ、義朝も最強とも言える武者を五十三騎も討たれ七十余人が傷を負う。崇徳上皇側の奮戦で後白河側は攻めあぐね、義朝が白河殿に放火することを提案し、信西がこれを認可したため崇徳上皇側の人たちは逃走を開始した。頼長は流れ矢を首に受けて重傷を負う。

崇徳上皇は如意山へと逃れここで為義たちと別れる。義朝たちは白河殿や、敵の残勢が逃げ込んだ法勝寺を焼き払う。崇徳上皇を迎え入れる者はおらず、知足院に入り出家し、弟の覚性法親王のいる仁和寺へと向かって腰を落ち着ける。しかし後白河側の武士が仁和寺を包囲する。忠通は頼長から「氏の長者」の地位を取り戻し、忠実は自分も討伐されることを恐れて僧兵を集めて宇治にひきこもる。義朝と清盛は三条の崇徳の御所、頼長の五条壬生の邸を焼き払い内裏に帰還する。恩賞を授けられる段となり、安芸守清盛は播磨守に、下野守義朝は左馬権頭、陸奥新判官義康は蔵人に任命されて昇殿を許されることになるが、義朝は恩賞の少なさに不満を言って左馬頭にしてもらう。

頼長は忠実のもとを訪れるが忠実は面会を拒否した。まもなく頼長は死去し奈良の般若野に埋葬された。忠実はこの報告を聞いて嘆き悲しむ。

この後の下巻では崇徳上皇側の人々に対する戦後処理の過酷さが記されている。藤原教長は捕らえられ、頼長の居場所などを聞き出すために拷問にかけられる。重仁親王は仁和寺に向かって出家する。近江国坂本から蓑浦へと逃亡を続けていた為義も熱病にかかり天台山に登ってやはり出家する。為朝は東国へ逃げのび再帰をはかるべきであると述べるが、為義は義朝を頼ることに決める。源雅定、藤原実能らは、死罪は久しく行っていないこと、鳥羽法皇の服喪中であることから罪の軽減を言上するが、信西は謀反人たちを生かしておけば禍根を残すと反論して死罪を強く主張、後白河もこれを認めて平家弘と忠正らは斬刑に処される。義朝も鎌田の進言に従って勅命の通りに為義ばかりか頼賢たち弟五人、乙若ら四人の幼子たちまでも処刑する。乙若は刑執行の際、身内をことごとく殺す義朝の末路はろくなものにならないだろうという呪詛の言葉を遺した。また、為義の北の方は嘆きのあまり川面に身を投げた。頼長の死も伝わり、検分の後に遺骸は路傍に打ち捨てられる。

崇徳上皇は讃岐国に流される。多くの供を連れていくことも、鳥羽法皇の墓前に赴くことも許されない。頼長の息子たちも流罪になる。逃亡していた為朝は清盛の家臣・平家貞に発見され捕らえられる。為朝は罪を減じられて、腕の筋を切られ弓を引けないようにされた上で伊豆に流される。

崇徳上皇は讃岐で五部大乗経を写経し、和歌を添えて都の辺りの寺に奉納することを願うが、後白河はこれを拒否、崇徳は激怒して後白河は未来永劫までも敵であると宣言し、「日本国の大魔縁」となることを誓って舌先を噛み切り自らの血で誓状をしたためる。

やがて平治元年には藤原信頼が義朝を語らって叛乱を起こし、信西を殺害、獄門にする。これは頼長の死骸を放棄した報いだろうと囁かれた。一方、「保元の乱」で一旦は勝者となった義朝も清盛に敗北、逃亡中に長田忠致に裏切られて殺される。これは、義朝によって処刑された乙若の言葉通りだった。こうして世の中の混乱は続く。崇徳上皇の怨霊は不動明王の結界によって後白河上皇の御所法住寺殿に入れず、代わりに西八条の清盛のもとへと向かう。この後の清盛の行動は崇徳上皇の力によるものとされている。

伊豆国に流された為朝は落ち着いてくるとさっそく暴れだし、八丈島など周囲の島の代官を追い出して占領し鬼島まで征服する。そのため伊豆国の工藤茂光らに討伐されて最後を迎える。若干の食い違いこそあるものの、『保元物語』諸本の大方に共通するのが以上の流れである。

2――平家の台頭

源平の力関係の逆転は、「保元の乱」よりもかなり遡る。かつては皇族であり、後に「源平藤橘」と呼ばれた伊勢平氏も、平安時代中期の段階では藤原氏と並び称されるような存在ではなかった。それどころか、藤原氏の「番犬」であった河内源氏よりも劣った存在とみなされていた。

しかし地位的には劣っていたが、かつての関東における高望と同様に、伊勢平氏は着々と地方に勢力を扶植していった。だが維衡から正盛までの数代は不明な点が多い。維衡は長暦二年(1038)以後、諸記録から名が消え、維衡の長男・正輔もいつ死去したかわからず、その弟・正度が最終的に越前守になったことは確認できる。正盛の父である正衡は、正度の五男である。確実なのは、伊勢国と伊賀国が平氏の勢力圏となったこと、そして正盛の活躍によって正度の次男・貞李、三男・李衡、四男・貞衡の系譜が、正盛に従属していったということである。清盛に仕えた平家貞は、貞季ないし季衡の子孫とされている。

平家が伊勢国、伊賀国で力を拡大したことは、陽成源氏のように河内国や摂津国を地盤にするよりも有利であった。河内国や摂津国は古代から開発されつくした土地であったため、拡大の余地がなかったからである。つまり、かつて稲作開墾に有利であった畿内の河川流域は、今度はその地形からこれ以上の開墾が出来ず、勢力拡大の歯止めになっていたのだ。源平の力関係の逆転は、平正盛時代に達成されていた。

平家は京武者であった。京武者という軍事貴族は狭い所領を基盤にした小規模軍事力しか持っていないとされてきた。しかし香川大学教授の守田逸人(1971-)によると以下のようになる。「忠盛とその郎党は、荘園形成を機に、伊賀国北部・中部を拠点としながら交通の要衝を掌握し、都鄙間ネットワークに立脚しつつ所領経営を展開させ、地域社会に宗教施設を構え、国司・国衙とも密接に連携して地方行政を下支えする役割をも帯びていった。こうした活動を通じて、彼等は一国規模にわたる広範な地域社会の担い手となり、近隣の在地領主等も彼等に結集し、彼等の地域的基盤が形成されていった。元暦元年(1184)に伊賀国で伊勢・伊賀平氏が蜂起した際、南伊賀の黒田新荘荘官紀景時までもが従軍していたことは、その点を顕著に物語る」。しかも忠盛は、西国の海賊討伐で日高禅師ら七十人を家人に加えるなど相当な軍事力を有していた。

河内源氏に比べて平家が相当な勢力圏を形成していたことがわかる。群馬県立文書館指導主事の須藤聡（1965–）によれば、忠盛と同時代の源為義の所領は、義家から引き継いだ河内国や美濃国の所領もあったはずだなのだが、確実なのは陸奥国白河領内社・金山だけでそれ以外は不明、家人には丹波国の周知慶吉、但馬国の山口家修、紀伊国の河内親政、越前国の斎藤実盛、近江国の佐々貴木一族の道正・道澄・行正、美濃国では池田郡司紀氏、首藤資清、内記一族等々限られていた上、為義の地位低迷で離反者も出ていた。

そもそも為義は義家の四男とされているが、義家の長男・義親の四男という説もある。為義は河内源氏の嫡流ではなかったとする向きもあり、当時の河内源氏は、義親の長男・源義信、義家の三男・義忠の次男の源義高、義家の次男・源義国らが並列していたから、元々少ない所領がさらに細分化された上で継承され、河内源氏そのものが為義のもとで一本化されていなかったようである。

次の時代の覇者となるには河内国そのものにも限界があった。ある時代に栄えた中心地がある時、次の時代に繁栄するのは、その外周部にあたる地域となる。あまりにも中心に近すぎる地であると、既存セクターが乱立していて、足の引っ張り合いが激しいし、拡大の余地も少ない。逆に中心から離れすぎていると、技術などの摂取が困難になる。

戦国時代に天下の覇者に近かったのは、畿内の外周部にあたる阿波国であり美濃国、尾張国であった。これらの地域は、畿内ほど勢力が乱立せず、力の結集がしやすい上、都からほど近かった。中世ヨーロッパの中心地帯は、バルト海からドイツを経てイタリア半島に至る「中央貿易地帯」であったが、ここでは次の時代の覇者となる絶対王政は形成できなかった。絶対王政が形成されたのは、その外周部にあたるフランス、英国、スペインなどである。

この意味で、やはり畿内の外周部に当たる平家の基盤である伊勢国、伊賀国は最適と言えた。まとまった力を有し、しかも都に近い。

拡大を閉ざされた河内源氏が狙ったのは東国である。相対的に、先細りが目に見えている河内源氏の一派が、朝廷の威光を背に、大規模に東国へと介入していく。「千葉(平)忠常の乱」、「前九年の役」、「後三年の役」と、東国の動乱に河内源氏が積極的に介入したのは、東国での覇権を狙ったためであるが、これらはうまくいかなかった。

長元元年(1028)、「長元(平忠常)の乱」が起こった。河内源氏にとって忠常の乱は、本来は勢力拡大の絶好の機会であった。しかし、関東の諸豪族が忠常に味方しなかったため、忠常は下総国、上総国、安房国という房総地方から外に出ることはできず、叛乱規模が小規模であった。河内源氏が侵出してきた時、長期の戦いに疲弊していた上、他の関東諸豪族を味方につけることも服属させることもできないという情勢を見極め、戦争終結のチャンスをうかがっていた忠常が、あっさり降伏してしまったため、河内源氏は関東を所領化することはできなかった。続く「前九年の役」、「後三年の役」も、まるで「鳶にあぶらげ」をさらわれるように、奥羽は奥州藤原氏の所領と化した。一連の行動での成果は、関東の諸豪族を主従関係に置けただけである。

河内源氏の東国への拡大は、関東を基盤にするというよりも植民地の支配の発想に始まっていた。将門に象徴されるように、関東は独立の気風が強い。これに乗れば、河内源氏の関東支配も容易であったが、本国からの植民地支配ばりに、遠隔地にあっての支配は、関東諸豪族にとっては、摂関家の支配と変わりなかった。

それでも東日本の諸豪族に対し、源義家の名は轟いていたから、日本の軍事力においては、河内源氏の義家一派は重点的な地位を形成することに成功していた。義家は、正四位下に昇進し院昇殿も許されている。かっては皇族であっても、その末裔では家格が劣るというわけで、中御門右大臣・藤原宗忠は、『中右記』の承徳二年十月二十三日条の裏書きで「義家朝臣は天下第一武勇の士なり。昇殿をゆるさるるに、世人甘心せざるの気あるか。但し言うなかれ」と記している。しかし、この一派にもかげりが見えてくる。

康和三年（1101）七月七日、義家の次男で、嫡男（長男の義宗が死去していたため）でもあった対馬守義親が、略奪を働いたということで、九州の大宰大弐大江匡房に告発された。これが「康和の乱」の発端である。義親は都に召還されることとなる。ところが康和四年（1102）、義家が義親を呼び戻すために派遣した首藤資通が、義親とともに義親召問の官吏を殺害してしまう。そのため、義親は隠岐島へ配流されることとなった。しかし、義親は配所から出雲国に渡って目代を殺害し、官物を奪取した。義家は、実子である義親を追討しなければならなくなる。

しかも、その間に河内源氏の内紛が東国でも勃発していた。嘉承元年（1106）六月、やはり義家の三男であった義国（足利氏の祖）が、義家の弟・新羅三郎義光と常陸国において合戦したのである。朝廷からは、義家に対して義国も召し進ぜよとの命が下され、義光、平重幹等にも捕縛命令が出る。身内同士の血の抗争は、源実朝暗殺まで続く河内源氏のお家芸である。

嫡男が謀反人となり、東国でも実子と弟が合戦をしたあげくケンカ両成敗とされ、先行きが暗くなった嘉承元年（1106）七月、義家は死去する。河内源氏の凋落と軌を一にして平家の台頭が開始された。

出雲国から周辺に拡大する勢いを見せていた義親の叛乱に対し、嘉承二年（1107）、白河法皇は因幡国の国守であり院近臣でもあった平正盛に義親の追討を命じた。二百四十から二百五十人の兵を率いて出撃した正盛は、山陰道五ヶ国の兵を動員して正月六日に出立し、十九日には義親を討ち取ったという報を入れている。天仁元年（1108）一月二十九日、正盛は義親の首級を持って凱旋した。「悪対馬守」と呼ばれていた義親を討ち取ったのであるから、当時の都の熱狂ぶりがすさまじかったことを『中右記』などが伝えており、正盛の名声は高まった。源平の地位逆転は明白である。やはり『中右記』には「故義家朝臣は年来武者の長者として多く無罪の人を殺すと云々。積悪の余り、遂に子孫に及ぶか」と記されている。

正盛の重用には、白河法皇の意志が働いていた。天皇の地位を退くことによって、外戚である藤原氏の影響力から離れ、権力者地位を奪還した「治天の君」白河法皇は、院政を守る新たな軍事力を必要としていた。「天下三不如意」として、「賀茂河の水、双六の賽、山法師、是ぞわが心にかなわぬもの」と述べたとされる白河法皇は、政権を支える軍事力の意義をよく理解していた。それは、単に叡山の山法師対策だけでない。新政権は、それを支える軍事力が必要になることを、かのマキァヴェリは『君主論』の中で、こう述べている。

「昔からの君主国とか混成型の君主国と共に、新君主国を含めて、すべて国の重要な土台となるのは、よい法律としっかりした武力である。しっかりした軍隊をもたないところ、よい法律が生まれようがなく、しっかりした軍隊があってはじめて、よい法律がありうる」（「軍隊の種類と傭兵について」）。「武装された予言者は達成し、武装せざる予言者は没落する。なぜなら、民衆の気分は変わりやすく、言葉での説得では従いてこさせることができなくなったときは、力でもってそれをさせる必要があるからだ」（「自己の武力又は能力によって獲得した君主権について」）。

しかし、マキァヴェリは、こうも言っている。「傭兵軍および外国支援軍は役に立たず、危険である。ある君主が、傭兵軍のうえに国の基礎をおけば、将来の安定どころか維持もおぼつかなくなる」（『君主論』「軍隊の種類と傭兵について」）。これは、その後の「保元の乱」、「平治の乱」、そして平家政権への移行を見ていく時に重要なポイントになる。院は自らの軍事力を有していなかったからである。「北面の武士」は、傭兵であったのだ。藤原氏は自らの武装化を推進していたが結局は失敗した。

新興勢力として義家を取り立てていったのも白河法皇であった。摂関家はじめとする旧権力者への牽制の意味があったからである。しかし、河内源氏は摂関家に密着しすぎている。旧権力との癒着が少ない、汚れていない軍事力として平家は格好の存在であった。当初は源平そろって重用し、バランス・オブ・パワーを整えようという意図もあったに違いないが、徐々に重点は平家に移っていった。

正盛もまた白河法皇に接近していった。正盛は伊賀国鞆田村と山田村にある所領を、白河法皇の第一皇女・郁芳門院の御所・六条院に寄進している。ここから白河法皇と正盛の結びつきが強まっていき、正盛は隠岐守から、北面武士、検非違使、追討使などの要職、若狭守、因幡守、但馬守、丹後守、備前守、讃岐守などの国主に任じられていたのである。正盛は、従兄弟である盛基の借地であった六波羅に都での根拠をかまえる。正盛の矜恃的基盤は伊勢国と伊賀国であったが、肥後国の平直澄を追討した時には、『長秋記』によれば随行した百騎のうちのかなりが「西海・南海の名士」であったというから、西国にも進出を開始していたのだろう。

平忠盛は正盛の嫡子である。「源平交代説」に象徴されるように、日本におけるライバルの代名詞のような「源平」であるが、常に対立していたわけではない。義家の死後、河内源氏の家督を相続した義忠は、正盛の娘を妻にしており、つまりは忠盛の烏帽子親なのである。しかし、河内源氏特有の同族争いで義忠が暗殺されると、平家の飛躍と河内源氏の凋落が目立ってくる。

忠盛は、天永四年（1113）には十八歳で内裏蘭林房の宝物を盗んだ盗賊・夏焼大夫を追捕し、さらに興福寺の強訴を追い払っている。任官も順調で、天仁元年（1108）、十三歳でなった左衛門少尉から、検非違使、大夫尉、伯耆守、右馬権頭、備前守、左馬権頭、院御厩司、越前守、中務大輔、美作守、尾張守、最終的には播磨守などを歴任し、延暦寺対策の重鎮として白河法皇の信頼を勝ち得ている。そして、大治四年（1129）三月、白河法皇の肝煎りで、忠盛は山陽道、南海道の海賊追討使に抜擢されたが、これはその後の平家の発展にとって決定的に重要な位置づけができる出来事である。山陽道、南海道における軍事力動員が認められたことにより、この両道の地域勢力を平家の家人とする展望が開けたのだ。同じ年に、清盛が従五位下に叙せられ宮廷デビューしたことも、その後の平家の興隆を見ていく時、不思議な因果を感じさせるものがある。清盛の昇進は親王なみとされている。

白河法皇の葬儀で、忠盛は入棺などいくつもの役割を与えられており、葬儀役割分担の中に名前を見出すこともできない河内源氏との差は、この段階でかなりのものとなっている。白河法皇死後は、鳥羽上皇に仕え、正四位下に叙されている。そして天承二年（1132）、上皇勅願の観音堂である得長寿院造営の落慶供養に千体観音を寄進した功績により内昇殿を許可された。武家として頼光・頼国親子以来の昇殿である。忠盛が殿上人となったことを憎んだ公卿たちによる闇討ちが企てられるが、逆に銀箔の木刀によって公卿たちを脅すという「殿上闇討」は、この時の出来事である。当時の公家達の反発はかなりのもので、既に加茂の臨時祭りで新たに舞人になった時にも「世をもって許さず」と言われており、「殿上闇討」では忠盛が斜視《すがめ》だったことから、舞を舞った際、伊勢平家と伊勢の特産品「酢瓶の瓶子」とを重ね合わせて「いせのへいしはすがめなり」と囃し立てられたりしている。

しかし海賊追討と並んで、昇殿以上に重要な出来事が起こる。肥前国神崎荘は忠盛の知行であったが、ここに長承二年（1133）、宋人・周新の船が来航すると、忠盛は「院宣」と称して、荘園内での大宰府の臨検を排除したのである。当時、博多には宋人が居住しており、時には越前国敦賀まで宋船が来ることがあった。忠盛は越前守を務めていたこともあり、また敦賀での交易管理者でもあったことから貿易の利を知っていた。鳥羽院は熱心な宝物蒐集家で、宋の文物はコレクションとして進呈するにも貴重である。忠盛は宋との貿易を大規模に志すようになっていた。これが、海賊退治とも結びつき、平家は西国支配に向かっていく。

保延元年（1135）、忠盛は海賊追討使に任ぜられ、日高禅師を首領とする七十名の海賊を連行し、降伏した海賊を自らの家人に組織化した。当時の海賊は、盗賊専業というよりも兼業で、瀬戸内海沿岸の在地領主などが多かったため、これは瀬戸内海を中心に平家と現地勢力が主従関係を結んだということである。そして、この恩賞として清盛が従四位下に叙せられている。

平家の西国支配は、河内源氏の東国支配よりも格段に優れた政策であった。都が平安京にある以上、瀬戸内海からの西国支配は容易であった上、都の政変に兵力を集めることが容易であったからである。忠盛の西国支配が、瀬戸内海を中心にしていたことも、後の平家都落ちなどを考えると意味深いものがある。

実は、河内源氏も西国に触手を伸ばしていた。義親も、また為朝もそのために九州に渡っていたのであるが、能力不足から失敗し、単に乱暴狼藉を繰り返したレベルに終わっていた。『保元物語』に、為朝には「鎮西にはみちたる兵」がいるが急なお召しで間に合わなかったと書かれているが、それならば率いていたのが二十八騎では少なすぎる。もし、義親や為朝に政治能力と戦略的思考とが備わっていたならば、九州を勢力圏に治められたのかもしれない。西国の平氏に対して、東国の源氏と呼ばれるが、この段階ではそれすらも確定的なことではなく、どのような展開を見せるかわからなかったのである。

忠盛は仁平三年（1153）、五十八歳で死去するが、人格者で敵も少なく、平家に対して必ずしも良い感情を抱いていなかったと言われる藤原頼長（1120–1156）でさえ『台記』（『宇槐記抄』）に「数国の吏を経、富巨万を累ね、奴僕国に満ち、武威人にすぐ。人となり恭倹、いまだかつて奢侈の行いあらず、時人これを惜しむ」と記している。

正盛から忠盛の時代、平家はまさに上り調子であった。そのさなかの元永元年（1118）、伊勢国産品《うぶしな》で清盛は生まれている。生母は祇園女御ともその妹とも言うが、正式なことは不明である。というよりも、父が忠盛であるかどうかすら議論が続いているのである。

3——乱前の社会情勢

一つの時代が終わりかけている時、社会学的に言えばアノミーが発生している。それは既存秩序への批判と不安が入り混じり精神的な分野に人々の意識がシフトしたり未知なるものへの不安感などを醸し出す。現状社会が続かないだろうという思いが強まりながらも先が見通せぬために、健全さや努力といったものに代わって自暴自棄にも似た退廃的、享楽的なことにうつつを抜かす者も出てくる。

もう一つ、気持ちが内向きになることで現実を見ることを拒むようになり、オカルトがはやりだしたりもする。特に過度に太平な世の中が続いた後では各種の怪談や都市伝説が生まれ、オカルトが流行することが今日わかっている。

こうしたことは洋の東西を問わない社会現象である。中国の歴代王朝滅亡前の世相は言うに及ばず、ロシア革命前にはラスプーチンが台頭し、貴族は降霊実験をしたり占星術師を雇ったりしていた。日本でも鎌倉時代の終わりに天狗の目撃が相次ぎ、あるいは江戸時代後半の文化文政年間などには百物語が盛んに行われた。

末法思想が流行しながらも、平安京そのものは長らく騒乱と無縁であった。戦闘は都より離れたところばかりで起きていた。しかし平安時代末期は、物語などで語られる様々な妖怪が登場している。推定で白河上皇、鳥羽上皇時代ぐらいに成立したとされる『今昔物語』の「巻第二十七本朝付霊鬼」には怪異譚が多々載っている。『今昔物語』は説話集だが、説話とは人々の間に語り伝えられた話であるから伝聞、噂話などが中心になる。『古事談』にもやはりたくさんの怪異譚が収められており、これは今日で言えば都市伝説的な風聞がちまたに堂々流布したことを意味している。なにしろ「末法の世」になったとされているわけで、漠然とした不安感が怪異譚という具体的な形を取りやすい。いわば不安の表象である。

有名な「鵺」や「九尾の狐」が現れたとするのもこの頃、「保元の乱」の直前である。「鵺」とは元来トラツグミという夜鳴く鳥のことであったが、そのトラツグミに似た声で鳴く正体不明の怪物が登場したという伝説がある。『平家物語』(高野本)では、サルの顔、タヌキの胴体、トラの手足を持ち、尾はヘビ、『源平盛衰記』では背が虎で足がタヌキ、尾はキツネ、その他に頭がネコで胴はニワトリと書かれたものもある。この正体不明の怪物は、近衛天皇の住む御所・清涼殿に、毎晩のように黒煙と共に現れ、天皇は怯え切っていた。祈祷をもってしても効果はなかったので、先例に従い、武士に警護を命じることとなり、選ばれたのが源頼政であった。

頼政は、出かけた先の清涼殿を覆い始めた不気味な黒煙の中に化け物の姿を見出したので矢を射かけ、落ちてきたところを供の家来・井早太が取り押さえてしとめた。その褒美として頼政は天皇から獅子王という名刀を下賜されたという。さらに二条天皇の時にも、不気味な声で鳴く怪鳥が現れたが、やはり頼政によって退治されている。

「九尾の狐」は様々な美女に化けては、そこここの国を滅ぼして回った妖怪とされる。殷の紂王に仕えた妲己、マガダ国の暴君・斑足王の妃、周の幽王の寵姫となったとされ、国を滅ぼすと飛び去って別の国に狙いを定める。これが日本にも渡ってきて、玉藻前になったというのである。後に、陰陽師（安部泰成、安倍泰親、安倍晴明など諸説あり）によってその正体がばれ、白面金毛九尾の狐となり飛び去っていったが、鳥羽上皇の命による討伐軍八万人が三浦介義明、千葉介常胤、上総介広常らに率いられ、下野国那須野でこの妖狐と戦う。結局物の怪は倒したものの、その死体は殺生石となって近づく者を殺すようになったという。

なお玉藻前については、九尾の狐が化けたのではなくそのものが妖怪だったという説もあり、酒呑童子、崇徳上皇と並び称された大妖怪とする向きもある。ともあれこの女怪は鳥羽上皇の院政期間に現れ、鳥羽上皇に仕えたとも、近衛天皇の側女であったとも言われている。美貌と才気を兼ね備えたうら若き女性の姿で、「化生の前」と美称すらされたというこの玉藻前のモデルこそが、鳥羽上皇に寵愛された上皇后・美福門院（藤原得子〔1117–1160〕）である。世を不安に陥れ、混乱と無秩序を招き入れる鵺も玉藻前も、戦乱そのものを象徴しているように思える。そして『保元物語』、『平治物語』にさえも怪異譚が登場しているのだ。『保元物語』における崇徳上皇の怨念の逸話は中でも有名で、「保元の乱」の前兆として彗星が東方に現れ、将軍塚がしきりに鳴動したとされている。将軍塚とは桓武天皇が平安京の長久のため王城の守護を託して、土で甲冑を着せ弓箭を持たせた八尺の人形を作り東山の峰に西向きに立てて埋めたもので、兵革が起ころうとする時には鳴動して異変を告知すると言われている。

このような不安感は、史実としても伝わっている。若くして死去した近衛天皇の霊をおろしたところ「何者かが自分を呪うために愛宕山の天公像の目に釘を打った。このため、自分は眼病を患い、ついに亡くなるに及んだ」と述べたこと、そして実際に釘が打ちつけられていたこと、僧に尋ねてみると「五、六年前の夜中に誰かが打ち付けた」と答えたということなどが、『台記』の久寿二年八月二十七日条に残っている。そして、その犯人とみなされたのが当の頼長であった。

このような怪異が噂されるのは、患った政権に現れる末期症状の一つである。「保元の乱」は天皇家の争いという形式をとる古代最後の争乱であった。時代は摂関政治から院政へと切り替わっていたが、いまだ天皇を中心にした古代秩序が稼働しており、つまり政治システムそのものは更新されていない。社会構造的には武士団形成が進み大規模な軍事力が存在するようになっており、社会構造と政治システムに遊離が見られだしていた。

摂関政治は藤原氏の中の北家の基経流（摂関家）が外戚（天皇の母方の父親）となって、天皇の幼少期には摂政、成人後は関白、さらに内覧となって政治の実権を代々独占した政治体制である。律令制では基本的に天皇に権力が集中することになっていたから、その前提のもとで摂関家が天皇の代理として統治権を請け負っているという形態である。

院政とは天皇の位を子に譲った院（上皇や法皇）による為政である。外戚に摂関家でない者が出たことにより現れた政治体制で、「院政」という言葉自体は江戸時代に頼山陽が使い始めたとされている。院政を布いた上皇は「治天の君」と呼ばれている。

つまるところ、摂関政治と院政のどちらの政治体制も天皇の権威が絶対であることを前提にしているのであり、まずその違いは実権者が外戚か父親か、ということになろう。天皇自体は権力から権威への移行が平安時代初期に進み、実権を握った帝王としての姿は桓武天皇時代で終わり、嵯峨天皇時代に権威としての姿を見せるようになっていた。権威存在とはすなわち、地上の権力者に対して権威付けを行う絶対性を持つ者である。

院政のきっかけは藤原北家の外戚をもたない後三条天皇の即位にあった。関白は存在していたものの当職にあった藤原教通は外戚でない上、後三条天皇の即位を快く思っていなかった。しかも後三条天皇を支援したのが摂関家内の反主流派藤原能信であったことから後三条天皇は実質的に親政を行った。慈円などは後三条天皇が院政を開始する意図を持っていたと考えている。後三条天皇は能信の養女茂子を女御としたが、その子が白河天皇である。白河天皇は親藤原氏の立場をとっており、堀河天皇に譲位したあと摂関家での後継者争いを仲裁したため、摂政・関白の任命には上皇や法皇（出家した上皇）の意向が反映されるという慣例を作り上げる。しかも摂政・関白となった藤原忠実が若年であったこともあり、堀河天皇の補佐は白河法皇が行った。こうして本格的な院政が開始される。

摂関家排斥に意図的であった後三条天皇に対し、白河法皇は結果的に院政になった観がある。古典的なマルキシズム唯物弁証史観ではないが、下部構造とも言うべき社会の変化が上部構造たる政治体制にも影響を与えていたから、わずかな要因でも変化となって現れるのだろう。院政は社会の流れと諸々の要因が結びついてできたのである。長い平安時代にも土地所有や軍事力などには変化が生じていた。相互の変化は連動して進む。院政の登場は微少ながらも軍事力のあり方も変えた。

各種軍事的な組織、健児、滝口の武士、検非違使などと私的武士団は並行して存在し、有力な武士たちは役職につく一方で貴族と主従関係も結んでいた。伊勢平氏などは領主であるとともに、公的には諸衛府の官人、私的には高貴な貴族の「侍」、世間的には一種の傭兵隊長という立場であった。摂関政治においては摂関家に私的に雇われていたのに対し、院政においては「北面の武士」という公的に雇われる存在になっていたとはいえ、基本的に都の武士の地位は雇用される身分であった。しかし完全に私的軍隊である摂関家の場合とは異なり、院政においては警察力以上の公的な性格の軍隊が現れたということで、政治制度の変化にともなう軍のあり方の変化が垣間見える。

摂関家などでも自己の荘園の武士団を組織化する動きがあった。藤原忠実（1078–1162）は摂関家の長として興福寺の悪僧・信実を使い、寺内を組織し統制しようとした。興福寺の軍事力は相当のものである。あわせて忠実は悪僧統制のためもあり、源為義なども従えるようになっていく。各種の軍事力が並行して存在しだしたのである。

小規模武士団は相当数になり、トータルで見れば武士の総数は巨大なものになっていたろう。政治を左右するものとして軍事力が意識されていった。ただ政治そのものは左右できても、政治システムに影響を与えるためにはある程度のまとまりをもった大規模武士団がなければならなかった。この武士団の動員も各種あり、普段から「朝廷の武官」として勤務する者、「家人」あるいは「郎党」として有力な棟梁のもとに仕える者、「駆武者」として国衙からの命で臨時に徴収される者などに区分されている。「保元の乱」ではこの三種の形態すべてが見られている。

「武者の世」は確実に近づいていたが、それが全面化するには革命か、あるいは国際社会における「覇権戦争」、「世界戦争」に匹敵する戦争が必要であった。つまり既存秩序の瓦解と新権力の示威に向かう舞台が望まれたのである。

政務のあり方も摂関政治と院政とでは異なる。院政によって浮上したのが、院近臣である。院近臣の家系の多くは、摂関政治の頃には諸大夫と呼ばれる下級貴族だった。ところが彼らは上皇・法皇と直接結びつくことで台頭していく。院近臣は乳母の縁故や荘園寄進、財力奉仕などを通して院に従属、密着した存在であり、院の権勢を背景に摂関家や有力寺社と対立した。その大半は大国の受領だったが、一部に有能な実務官僚も含まれる。政治における対立は複合されたものになり、上皇・法皇対摂関家に加えて、院近臣間においても権力闘争が起きてくる。

4――複合された対立

「保元の乱」は朝廷内と摂関家それぞれの継承問題などが絡み合っており、黒幕や要因についても複数の説が浮上している。対立の構図を大きく見れば、朝廷内では鳥羽上皇・後白河天皇と崇徳上皇との、片や摂関家では藤原忠実・頼長と忠通との各対立があった。さらに鳥羽上皇の寵愛を巡って待賢門院と美福門院の対立があり、待賢門院が崇徳上皇の母親であったことから敵の敵は味方というわけで同盟関係のようなものができあがり、やがて政界を二分する形となっていく。

朝廷内の皇位継承問題は白河法皇と鳥羽天皇の対立にまで遡る。白河法皇はその養女・待賢門院（藤原璋子）を鳥羽天皇の中宮に入れ、待賢門院の子を崇徳天皇として即位させ、そして鳥羽天皇を退位させた。鎌倉時代初期に成立した説話集『古事談』によれば、崇徳天皇は実のところ璋子が白河法皇と密通してもうけた子で、それを知っていた鳥羽上皇は崇徳天皇を「叔父子」と呼んで嫌っていたという。「叔父子」については『愚管抄』、『保暦間記』、『保元物語』のいずれにも記載がない。真偽は明らかではないが可能性があったというだけでも鳥羽上皇に疑惑の念を抱かせたのだろう。ただその疑惑が相当に強まったのは近衛天皇が死去した後であると北海道大学名誉教授の河内祥輔（1943–）は推測している。

鳥羽院は白河院政によって様々な忍耐を強いられていた。この反動で白河法皇の死後に鳥羽院政が始まると、今度は崇徳天皇が排斥されだす。鳥羽上皇は、崇徳天皇を引退させ、美福門院（藤原得子）との間に生まれた、確実に自分の子である体仁親王を皇位につけて近衛天皇とした。実はその際、鳥羽上皇は崇徳院（新院、崇徳上皇）との間で、ある約束を交わしていた。近衛天皇を、崇徳院の皇子の立場で即位させようというのである。近衛天皇が養子として即位するなら、崇徳院にも院政を行うチャンスが生まれる。院政は天皇の父または祖父が行うものであったからだ。ところが、いざ譲位の儀式に臨んでみると、譲位の宣命は「皇太子」ではなく「皇太弟」であった。近衛天皇の父ではなく兄の立場で譲位させられたのだ。天皇の兄では院政はできない。騙されたと知った崇徳は「コハイカニ」といって鳥羽上皇を恨んだという。

もっとも崇徳上皇の子である重仁親王が美福門院の養子となっていて皇位継承の有力候補であったから、近衛天皇が継嗣のないまま崩御した場合には、重仁親王への皇位継承もありえた。崇徳院政の可能性はまだあったのである。表向きは鳥羽上皇（康治元年〔1142〕に法皇となる）も父として接し、崇徳天皇が朝覲《きん》行幸に訪れた際に自ら笛を演奏して歓待しているし、近衛天皇の朝覲行幸に際して美福門院とともに崇徳上皇を臨席させてもいる。また上皇后である聖子を母親として天皇と同居させているから、崇徳院は天皇の父と位置づけられたし、少なくとも近衛天皇在位中、崇徳院は鳥羽院政を支える存在とみなされていた。

崇徳上皇は英主であったとされる。京都大学大学院教授の元木泰雄（1954‒）が『保元・平治の乱を読みなおす』に興味深い一文を載せている。『玉葉』の元暦元年（寿永三年〔1184〕）六月二十八日条に、賢君が生きていて、彼が天下を昔に返すというのだが信じられない、というくだりが見られた。この史料を一緒に読んでいた京都大学名誉教授の上横手雅敬（1931‒）が、ここで言う賢君は崇徳院のことだろうと指摘したそうで、それを受けた元木は「死去した時期より二十年を経ても、なお賢君と賞賛され、有力な公卿に追慕されるのは尋常ではない」と付記している。

崇徳天皇は保安四年（1123）に数え年五歳で即位し、永治元年（1141）に退位する。崇徳天皇時代の具体的な施政では特筆するものはない。特に改革を志すことも善政を布いたとも伝わらないが、これはなにしろ鳥羽院が健在であったから押さえられていたというのが本当のところだろう。天皇在位の時代はもっぱら鳥羽院が政務を取り仕切っていたが、『保元物語』では「御在位十六ケ年が間、海内静にして天下おだやか也。寒暑も節をあやまたず、民屋もまことにゆたか也。保安四年正月廿八日、御年廿一にして御位をのがれて、第一の宮崇徳院にゆづり奉り給。大治四年七月七日、白河院かくれさせ給てより後は、鳥羽院天下の事をしろしめして、まつりごとをおこなひ給ふ。忠ある者を賞じおはします事、聖代・聖主の先規にたがはず、罪ある者をもなだめ給事、大慈・大悲の本誓に叶ひまします。されば恩光にてらされ、徳沢にうるほひて、国も富民もやすかりき」と絶賛している。これが崇徳天皇在位中のあらましであるが、鳥羽院との対立もなく慎ましやかで有能だったと見るのが自然である。

もちろん崇徳上皇が院政を行ったとして、改革を志すとか先進的な政策をとるとかは不明である。しかし弟の後白河院が台風の目のように絶えず混乱と紛争を巻き起こしたのに対し、穏やかな治世は期待できた。歌人としての力量は高く、詠んだ和歌は『百人一首』にも選ばれているし、『久安百首』を作成し『詞花和歌集』を撰び集めてもいる。君主の資質としての教養が高いので文化人たちからの人気は高い。対立した後白河と比較すればともかく崇徳天皇は輝いて見えたに違いない。人柄も自らが上皇に退いた後での鳥羽院への接し方などから推測して誠実そのものである。だからこそ騙されたのだろう。世の中というものは必ずしも誠実で能力ある人がそれにふさわしい地位に就けるわけではなく、いたって恵まれない不遇の境遇に置かれることが多々あるのを物語っている。

崇徳上皇が実際に「叔父子」であったかどうかはわからない。立命館大学教授の美川圭（1957–）は『院政　もうひとつの天皇制』で真実ではないと述べているが、平安文学館館長だった角田文衛（1913–2008）は『崇徳天皇の生誕』、『王朝の残像』、『待賢門院璋子の生涯』で鳥羽院は待賢門院璋子との接触状況から事態を把握していたはずだから、崇徳上皇は白河法皇と待賢門院璋子との子であると述べている。ＤＮＡ鑑定ができない以上、真実は明らかではない。重要なことはこの噂と権力抗争は無縁ではなく深く結びついていたということである。従って対立者によるデマの可能性も捨て切れない。

院近臣の派閥にも変化があった。特に派閥を形成していたのは鳥羽上皇の正妃・待賢門院と近衛天皇の母・美福門院である。永治二年（1142）、美福門院呪詛（日吉社呪詛事件、広田社巫呪詛事件）の嫌疑で待賢門院は出家に追い込まれ、待賢門院の実家である閑院流徳大寺家の勢力は後退した。閑院流徳大寺家は崇徳院の外戚であるから崇徳院の力も相対的に低下したことになる。久安元年（1145）、待賢門院は死去する。

相対的に力を増したのは美福門院である。閑院流三条家や中御門流、村上源氏の公卿は美福門院とその従兄弟で鳥羽法皇第一の寵臣と言われた藤原家成に接近した。待賢門院派と美福門院派の対立は朝廷での人事を滞らせる。右大臣は藤原宗忠を最後に保延四年（1138）以降、左大臣は藤原宗忠を最後に久安三年（1147）以降それぞれ空席となり、大臣は内大臣・藤原頼長のみという状態となる。対立は幾重にも絡み合っていた。

時を同じくして摂関家でも藤原忠実・頼長と忠通（1097–1164）が対立していた。忠実は娘・泰子（高陽院）を鳥羽上皇の妃として院政と結びつく。忠通も頼長も、忠実の子であるが、「忠通は風月に長じ、頼長は経史に通じる」と評したと言われる。しかし忠通は単なる風流人ではない。なかなかしたたかであった。原理原則的な頼長に対し、忠通は現実の中で妥協点を見出しながら可能性を高めていく政治家であり寝業師である。院政の中でいかに摂関家の力を維持するかを考え行動していた。もちろんそうした姿勢は頼長の目から見れば現実との妥協ということになる。より時代に適応していて、しかも公家的な忠通は、権謀術数という点では法家的な頼長よりも上かもしれない。近衛天皇とも親密な関係を作り上げ、近衛天皇死後には後白河を推薦している。頼長と近衛天皇を離間させたのも忠通である。

忠実・頼長との争いの発端も、実子に恵まれなかった忠通が弟・頼長を養子に迎えたところから始まる。ところが康治二年（1143）に基実が生まれたため、忠通は頼長に摂関家を譲ることをためらうようになり、いさかいが始まったのだ。この忠通の態度に腹を立てた忠実は久安六年（1150）

九月、頼長に摂政の地位を譲るよう忠通に迫り、忠通が拒絶すると忠通邸・東三条殿に配下の武士を派遣して「朱台盤」をはじめとした摂関家嫡流の証である累代の宝物を取り上げ、頼長を「氏の長者」に任命する。そして、頼長は「内覧」に就任する。しかし忠通は依然として関白であった。

頼長の名は「御堂（藤原道長）・宇治殿（藤原頼通）の御名字なり」の段でつけられた。その名の通りに摂関政治を再興しようと考えていたが、結果的には摂関家の没落を招いている。頼長の性格は、「祇園乱闘事件」で果断な処罰を主張したことからもわかるように、苛烈にして峻厳であり、妥協なく善悪、白黒を果断に決するタイプである。『保元物語』諸本には「仁義礼智信をただしくし、賞罰・勲功をわかち給、政務きりとをしにして、上下の善悪を糺されければ」と記されている。通称「悪左府」と呼ばれていたが、この「悪」は「激しさ」を意味する。太政官の召使であった国貞を殺害した検非違使庁の下部が釈放され時などは、恩赦での釈放であるにもかかわらず憤り犯人を暗殺させ「天に代わって之を誅するなり」と述べている。学問に通じ『愚管抄』には「日本第一の大学生、和漢の才に富む」と記されている。真面目で事務的な能力にも優れており、康治元年（1142）の大嘗祭では御禊の調査を徹夜で行った上、大嘗祭終了後は十日間をかけて式典の記録を書き残している。頭の切れは抜群であるが、周囲が皆自分より劣ると感じ見下して反発を買うタイプであり、恐れられながらも敵を作りやすい。融通が利かなくて自己の価値観をごり押しする所謂「空気が読めない」大秀才である。

東三条殿襲撃以前にも忠実・頼長と忠通の対立は相当に深まっていた。忠実・頼長、忠通ともに鳥羽上皇やその取り巻きと結託して自分の立場を優位にしようとしていたことが混乱をいっそう根深いものとした。久安六年（1150）正月四日の近衛天皇元服式にあわせて一月十日、頼長の養女・多子を入内させる。対して二月、今度は忠通が、藤原伊通の娘で美福門院の養女となっていた呈子を改めて自身の養女とした上で、鳥羽法皇に「立后できるのは摂関の女子に限る」と奏上し呈子の入内を示唆した。忠通は美福門院との結びつきを強めていく。バランス感覚に富んだ鳥羽法皇は多子を皇后、呈子を中宮とすることとした。

鳥羽上皇も当初は頼長の意見も参考にするなどしていた。しかし頼長は己が描く理想の王と政治を夢見ていた。かって盟友であったころ信西は、頼長に原理原則重視となる経典を学ばないよう助言したという。院政と摂関政治は相容れない側面がある。旧儀復興、綱紀粛正を目指せば、イレギュラーな政治として登場した院政は否定されることになる。院政は経典などの理念とは異なるものであったが、歴然たる現実として存在していた。頼長は鳥羽上皇の意のままにはならず逆に意に反する決定をしたり諫言することがしばしばあり、「法皇諫に従わず」と記したりしている。頼長は院近臣になるつもりはなかった。「腹黒く、よろずにきわどき人」と評され、妥協を知らず峻厳な頼長は、仁平元年（1151）、鳥羽上皇の寵臣・藤原家成の邸宅を襲撃したことがあるため、鳥羽上皇の不興を買っており昇進は難しくなっていく。鳥羽上皇に反発した頼長は、鳥羽上皇に受け入れてもらえない崇徳上皇に接近する。こうして反鳥羽・美福門院連合が形成されていった。対して反頼長連合も形成されており、仁平四年（1154）四月二十九日には信西、忠通、家成が鳥羽院のために九体阿弥陀堂で御仏を供養している。さまざまな暗闘が表面的には儀式として現れているのである。

5――政略上の勝敗

敵の敵は味方である。複合された対立は次第に二派に集約されていく。『台記』によれば忠通は鳥羽法皇の歓心を得るために、近衛天皇は「近日譲位有るべし」と頼長が語ったことを法皇へと奏上、聞き咎めた法皇は忠実に真偽のほどを確認している。忠通は自分を親近衛天皇と、そして忠実・頼長を反近衛天皇と、それぞれ印象づけようとしていた。しかし鳥羽上皇は忠通のみならず忠実・頼長とも表面的にはうまくやっているように見せていて、『台記』などでも頼長に好意的であったように記されている。鳥羽上皇はバランスを保ちながら自分の意図を隠し相手を信用させた上で事を決するという策謀家なのである。

近衛天皇は病弱で、特に目を患っていた。体調が悪化していく中、今度は忠通が近衛天皇譲位を進言し、両者間で合意が成立していた。この時も鳥羽上皇は忠通の言葉を忠実に伝えている。

忠通は皇位継承者として守仁親王（雅仁親王の息童、後の二条天皇）を推薦している。忠通は頼長に比べて凡庸なイメージがあるが相当にしたたかで、やはり策謀家としては頼長を上回っているように思える。鳥羽上皇は譲位問題については忠実の意見も取り入れなければならないと言っており、腹の中を見せないままにバランスを保つポーズをとっていた。この態度をかなぐり捨てたのは近衛天皇が死去した時である。『愚管抄』や『兵範記』によれば、鳥羽上皇はこの段階で忠通に関白の地位を保証していた。忠通は皇位継承問題（王者の議定）にも参加させてもらうこととなる。

久寿二年（1155）七月二十三日、近衛天皇は十七歳で世を去る。口寄せによって亡き天皇の霊が自分は呪われていたと語ったという『台記』に記された逸話は、単なる不気味な話に留まらず権力抗争に利用され、その犯人に他ならぬと考えられた頼長は謹慎蟄居に等しい状態に置かれる。これなども、鵺や玉藻前の伝説に相通じ、当時の人の感じた先行きの不安、不思議な出来事が日常化している姿を表している。多くの人が、何かが起こりそうだと漠然と不安を感じていたのであろう。忠実は高陽院を通して鳥羽法皇の信頼を取り戻そうとしたが、久寿二年（1155）十二月にこの上皇后が死去したことで挫折する。

近衛天皇崩御を受けて王者議定が開かれた。新天皇候補としては美福門院得子の養子である重仁親王が最有力だった。皇位を継ぐのが崇徳上皇の子である重仁親王であれば崇徳院にも美福門そして結果的に、忠通と美福門院が推挙した雅仁親王が立太子しないまま二十九歳で即位する。この雅仁親王こそが後白河天皇である。

しかしこの決定も一筋縄では行かなかった。鳥羽上皇の寵愛を受けていた美福門院は、己が養子にしていた守仁親王（後白河天皇の第一皇子で後の二条天皇）を即位させようと画策した。待賢門院派と対立していたから、美福門院は待賢門院の子・崇徳院が力を増すことを恐れていた。そのためにも崇徳院の院政は阻止したかったので、同じ己が養子ながら重仁親王即位には反対だった。関白・藤原忠通も崇徳上皇の力が増すことを嫌っていた。もともと忠通は太治四年（1129）、娘・聖子を崇徳天皇の後宮に女御として入内させ、太治五年（1130）にこの女御は中宮になっていたから崇徳上皇との関係は良好であった。ところが保延六年（1140）に兵衛佐局が崇徳帝の第一皇子・重仁親王を生んだため一転して聖子の地位は相対的に低下し、その父である忠通は崇徳上皇と重仁親王を敵視するようになっていた。もちろん鳥羽上皇に接近を図っていたからいやおうなく反崇徳派になっているのだが。

この守仁親王即位を阻止にかかったのが、後白河天皇の乳母の夫・信西（藤原通憲）と名乗っていた人物である。『平治物語』では信西の評価が高い。「諸道を兼学して諸事に暗からず、九流にわたりて百家に至る。当世無双、宏才・博覧なり」とあり、以下のようにも記述されている。「後白河の院の御乳母、紀二位の夫たるによつて、保元元年よりこのかた、天下の大小事を心のままに執行して、絶えたる跡を継ぎ、廃れたる道を興し、延久の例に任せて記録所を置き、訴訟を評定し、理非を勘決す。聖断、わたくしなかりしかば、人の恨みも残らず。世を淳素に返し、君を堯・舜にいたしたてまつる。延喜・天暦二朝にも恥ぢず、義懐・惟成が三年にも超えたり」。また、次のような記載もある。「大内は久しく修造せられざりしかば、殿舎、傾危して、楼閣、荒廃せり。牛馬の牧、雉・兎の臥所となりたりしを、一両年のうちに造出して、御遷幸あり。外郭重畳たる大極殿、豊楽院、諸司、八省、大学寮、朝所に至るまで、花の榱、雲のたたりかた、大廈の構へ、成風の功、年を経ずして作りなせり。不日と言ふべかりしかども、民の費えもなく、国の煩ひもなかりけり。内宴・相撲の節、久しく絶えたる跡を興し、詩歌・管絃の遊び、折に触れて相催す。九重の儀式、昔に恥ぢず。万事の礼法、古きがごとし」。

信西は頭脳明晰で「当世無双の宏才博覧」と謳われ、『尊卑文脈』にも「諸道に達せる才人なり」と評されている。かつては藤原頼長ともお互いを認め合っていたほどでありながらも、藤原南家出身のために五位・少納言という低い官職にすぎなかった。信西は、うまく鳥羽上皇の近臣となり、その方面から権力を拡大しようとしていた。そして後白河天皇の乳母を妻に迎える。「奇貨置くべし」の発想だろう。後白河天皇となれば縁故関係から信西は権力に近づく。信西は、父が天皇でないのにその子が即位した例はないと言い、守仁親王の前に父・後白河天皇を即位させるべきであると主張した。待賢門院の子である。そこで、すぐに守仁に皇位を譲るという条件付きで、後白河天皇がにわかに即位することになったのだった。これにより、信西は、天皇の乳母の夫という地位を手に入れる。美福門院にすれば、既に待賢門院は死去しているのだから、あえて反対する必要もなくなっていたのだろう。美福門院と信西による取引は「仏と仏との評定」と呼ばれた。そして「余人、沙汰に及ばざるか」ということで美福門院と信西が政局を主導していくことになる。

政治上の勝利をより強固にするため後白河天皇と徳大寺家の藤原忻子が、そして守仁親王と美福門院の娘で統子内親王（待賢門院の娘、後白河天皇の同母姉）の猶子・姝子内親王がそれぞれ婚姻する。この婚姻は崇徳院との和解のためというよりも、本来は崇徳院派であるはずの徳大寺家を味方にするためのものであった。なにしろ後白河天皇も待賢門院の子なのだから、排除されたのは崇徳院のみともとれる。

後白河天皇は本命の二条天皇に対するつなぎにすぎない。『玉葉』や『愚管抄』では鳥羽上皇が後白河の即位について消極的であったとされている。後白河天皇は、鳥羽院には「即位の御器量にあらず」と思われ、『平治物語』の中では兄の崇徳院に「文にもあらず、武にもあらず、能もなく、芸もなし」と軽蔑された人物である。実の子である二条天皇、高倉天皇にも反発された。側近である信西も、後白河天皇の統治者としての能力をまったく評価していなかった。『玉葉』寿永三年（1184）三月十六日条に記されたところによると、信西は後白河天皇を「和漢の間、比類少きの暗主」（日本・中国問わず、他に比較することができないほど愚かな君主）と評している。

しかし、同時に信西は後白河天皇を、暗君ではあるが「もし叡心果たし遂げんと欲する事あらば、あえて人の制法にかかわらず、必ずこれを遂ぐ」（一旦やろうと決めたことは人が制止するのも聞かず、必ずやり遂げる）、「自ら聞し食し置く所の事、殊に御忘却なし。年月遷ると雖も心底に忘れ給はず」（一度聞いた事は年月が過ぎても決して忘れない）としている。この二つの特質は、独裁的専制君主に典型的に見られるものである。かなり前から後白河に権力志向があったことは、仁平三年に忠通が守仁親王を天皇に推挙した時の話を鳥羽上皇から聞いた忠実の感慨に表れている。忠実は、そんなことをしたら「又雅仁親王猶ほ在り。親王如しくは政を専らにせん。豈に関白をして執権せしめんや」と述べている。守仁親王の父である後白河天皇が専制するだろうと考えていたのである。

後白河天皇の生涯は遊興と策謀と粉飾と無慈悲、そして残酷な権力欲に満ちていた。やはり『玉葉』の建久三年三月十三日条では、後白河の死去に際して、法皇は度量が広く慈悲深い人柄であられた、仏教に帰依された様子は、そのために国を滅ぼした梁の武帝以上であり、ただ延喜・天暦の古きよき政治の風が失われたのは残念である、いまご逝去の報に接し、天下は皆悲しんでいるが、朝夕法皇の徳に慣れ、法皇の恩によって名利を得た輩はなおさらである、と皮肉混じりで評価を記している。後の「鹿ヶ谷陰謀事件」の時など、後白河が幽閉されたことに貴族にも同情の声はなく、叡山の大衆に至っては清盛に謝意を伝えたという。

この後白河天皇という人物を一言で表現するとすればどうなるのか。「ただ人を欺くこと以外には何もしなかったし、またそれよりほかのことはいやしくも考えたことがなかった」、この評価が後白河法皇に対するものだと言っても、皆信じることだろう。実際はマキァヴェリが『君主論』の「君主の契約履行」の部分で、ローマ法王アレクサンドル六世について述べた評価である。似たもの同士の権力者・頼朝は、より端的に後白河（当時は法皇）のことを日本一の大天狗と呼んでいる。

天狗とは山岳宗教と仏教が混じり合った修験道とともに台頭した存在で、神性を帯びているとともに魔性のものとも思われていた。日本の記録に最初に現れるのは僧旻が流星を天狗《アマキツネ》と呼んだくだりであるという。平安時代が鬼の世紀だとすれば、鎌倉時代を経て室町時代には天狗の世紀となってくる。平家一門が興隆してくる頃は天狗が一般化してくる時代でもあった。ちなみに明治時代になって悪魔という言葉がない頃、それに該当する存在として魔性の存在には天狗という言葉があてられたというが、後白河天皇は、まさに魔性の天狗であった。「保元の乱」の敗者・崇徳上皇は死んで大魔縁になったと言われたが、勝者として、新たに天狗の上皇が登場したのである。民俗学の世界でも、平安時代から中世への移行に従って、末法の世の鬼から修験道の天狗へと、世を騒がす怪異も時代とともに変遷を遂げているが、それは政界を暗示しているようにも見える。

「貴人に情なし」と言う言葉があるが、貴人、つまり身分の高い家に生まれた者は、人に奉仕されることが当たり前となっているため、忠臣であろうと子供であろうと平気で犠牲にすることがある。後白河天皇はこの典型で、同じ独裁者でも織田信長タイプではなく、後醍醐天皇タイプである。憐憫の情が極端になく、『玉葉』十一月二十五日条によれば、自らが招いた「法住寺合戦」で子の円恵法親王が殺されても「歎息の気」はなかったという。清盛が死去し葬儀が行われている時、後白河は法住寺殿最勝光院で今様を乱舞し、その声は葬儀場にまで届いたという。そして、後醍醐天皇や足利義昭と同様に、指導者として二流であっても、陰謀家としての素質はすさまじいものがあった。権力をひたすら追い求め、めざすは「治天の君」であったが、この姿勢も当初は古い殻を打ち破る方に作用した。摂関家の力を衰退させる効力はあったのだ。しかし、結局は古き院政の蒸し返しにすぎなかった。

こうして皇位を巡る対立は英主・崇徳上皇と暗君・後白河天皇との間に移行した。

6——大戦略と軍事戦略

鳥羽上皇を軸として権力抗争を優位に勝ち抜いてきた美福門院、忠通、信西らにとって未曾有の事態が勃発する。保元元年（1156）五月、鳥羽法皇が病に倒れたのである。鳥羽法皇が健在なうちに権力を強化しなければならないのに、その鳥羽院が不在となってくると早くも崇徳院や頼長からの巻き返しの危険が出てきた。受け身のまま失意の状態に置かれた崇徳院は積極的に何かをするとは考えにくかったが、頼長は侮りがたい力を有していた。鳥羽院が生存中ならば宮廷内の権力抗争として終結し、頼長も捕縛はされたかもしれないが命を落とすことはなかったろう。鳥羽院が倒れたことで自分たちの政治的勝利が軍事力で覆される可能性が高まってきたため、美福門院、忠通、信西らには政治的勝利を確定的にするために軍事力を行使する必要が出てきた。

社会の構造が変化していたこともあり、紛争解決は宮廷内の権力抗争だけに留まらなくなった。合戦が視野に入ってきたのだ。美福門院、忠通、信西らにとって、バランス・オブ・パワーの観点から地位の上でも優位な現状のままであれば戦争になっても勝てる。長らく権謀術数に留まっていた争いが軍事的対立に拡大したのは、勝利を確定的にするために敵を消滅しようという意識と、成長していた武士団を利用する発想との複合である。目の前に武士団があるのに利用しない手はなかった。「保元の乱」以前の政争にも官兵が動員されて捕縛されることはあったが、今回の動員は大規模であった。お互いが武士を動員したのである。

仕掛けたのがどちらかは言うまでもなく後白河天皇側である。『愚管抄』にも『平治物語』にも崇徳院側がクーデターを企んだように記されている。だがこれを鵜呑みにする今日の研究者はほとんどいないだろう。密かに行うクーデター計画が公になって白日の下にさらされ、多くの人々に意識されているとすればあまりにも崇徳院側はずさんである。このことを抜きにしても、軍事的に見れば後白河天皇側が仕掛けたことは明白である。先に動員をかけた方が仕掛けた側となるのである。近代において、動員は開戦を意味する。後白河天皇側は鳥羽殿の警護という形で官兵を動員しだしたのである。崇徳院側は慌てて兵を徴集しだすが、奈良の兵力が間に合わなかったことを見てもわかるように後手に回っている。

それでも後白河天皇側が兵力比が現状有利だからといって即時捕縛に踏み切れなかったのは、最大の動員力を誇る清盛の去就が定かではなかったからである。清盛が味方した方が勝つ、となると清盛が完全に後白河天皇側につかない限り開戦には乗り出せない。清盛が中立ならば「保元の乱」は避けられたのかもしれない。開戦の火ぶたを切るか否か、引き金を引かせるものがあるとすればそれは清盛の態度であった。

軍隊の動員は通常は戦争を意味するが、今回の武士の動員は当初、警察力としての利用を装って始まったように見える。なにしろ清盛の存在が戦争の抑止になっているから動員して即時開戦は危険な賭となる。清盛が完全に味方になったことを確認するまでは動けない。武士の動員を最初に考えたのは亡き鳥羽法皇であった。『愚管抄』によれば藤原宗能が鳥羽上皇に今後の対応策を問うたところ、病床の鳥羽法皇は源為義、平清盛ら北面武士十名に祭文（誓約書）を書かせて美福門院に差し出させたという。為義は忠実の家来、清盛の亡父・忠盛は重仁親王の後見だったから、必ずしも美福門院、忠通、信西と結びついた武士たちではなかった。鳥羽法皇の意図は動乱の防止の側面が強いが、同時に軍事力で事を決する可能性が含まれていたこともここには示唆されている。

状況は変化する。『兵範記』によれば六月一日、法皇のいる鳥羽殿を源光保・平盛兼を中心とする北面の武士が、後白河の里内裏・高松殿を河内源氏の源義朝・足利（源）義康が、それぞれ兵を率いて警護を始めた。この時の武士たちは鳥羽院派であり、そのまま後白河天皇側となる。警察力としての動員が徐々に軍事力としての利用に移行してきたのだ。文徳源氏、宇多源氏なども朝廷の武官であった。土岐光信、源頼政なども後白河天皇側である。

「戦争は異なった手段を用いて行う政治の延長」である。美福門院は鳥羽上皇の死後、争いが起こることを予期し事前に手を打っていた。有事に際しては味方するように有力武将にあらかじめ話をつけておいたのである。『愚管抄』、『兵範記』、『保元物語』などによってその一覧は異なっているが、動員力のある者が中心になっていたはずである。特に、清盛がもっとも重要であったことは当然のように思える。

そして保元元年（1156）七月二日、鳥羽法皇は五十四歳で崩御する。崇徳上皇は臨終の直前に見舞いに訪れたが対面を許されなかった。『古事談』によれば、鳥羽法皇は藤原惟方に自身の遺体を崇徳院に見せないよう言い残したという。ひどい仕打ちに崇徳上皇は怒り、鳥羽田中殿に引き返したという。

後白河天皇側が開戦に向けて動いている様子は『兵範記』に詳しい。それによれば七月五日、「上皇左府同心して軍を発し、国家を傾け奉らんと欲す」という風聞があったため、勅命により検非違使の平基盛（清盛の次男）、平維繁、源義康が召集され、平安京での武士の動きを止めるよう命じられた。風聞自体が意図的にながされた可能性が高いが、挑発というよりも臨戦態勢への移行を感じる。配下の兵を使って、敵の兵力供給を途絶えさせようとしたのであるから明らかに戦争を前提としている。いかにも「自己を保存し、敵を消滅させる」で、現状での優位な位置を維持したまま崇徳院側の力は減じさせておこうというのである。

七月六日、頼長の命で平安京に居た大和源氏の源親治が基盛に捕らえられる。ここからは頼長もまた兵力を集めようとしていたことがわかる。

七月八日に、忠実・頼長が荘園から軍兵を集めることをやめさせるための後白河天皇の御教書（綸旨）が諸国に下される。さらに蔵人・高階俊成と源義朝の随兵が東三条殿に乱入して頼長の邸宅を没官する。没官は謀反人に対する財産没収の刑であり、頼長に謀反の罪がかけられたことを意味する。容疑は東三条殿に宇治平等院の僧・勝尊を招いて後白河を呪詛したというものである。頼長の配流が確実となってきた。藤原氏の氏長者が謀反人とされることに、摂関家の家司である平信範は「子細筆端に尽くし難し」と慨嘆している。七月九日、崇徳院は白河北殿に入る。そして翌十日には頼長が白河北殿に入る。

後白河天皇側が公の組織を通じて軍隊を動員している以上、いつ軍事力の行使に踏み切るかわからない。崇徳院と頼長には謀反の意志はなかったが何もしないでいればじり貧となり、戦わずして敵の軍門に降ることになる。そのため、やむを得ず防衛体制に入ったのである。捕縛される危険があったためおおっぴらに軍隊の動員が開始されたのだ。兵を集めているということは、叛乱の準備という口実を与えるものであったが、何もしなくてもどうせ叛乱者の汚名は着せられる。崇徳院が入った白河北殿には象徴的な意味もある。白河北殿は白河法皇の院の御所であったから、天皇の持つ正統性に対して、「治天の君」白河法皇の後継者をイメージすることももくろまれていた。しかし立地的にも構造的にも、軍事的には強固な要塞になりえなかった。

『平治物語』では「『抑、昔をもって今を思に、天智は舒明の太子なり。孝徳天皇の王子、其数おはししかども、位につき給き。仁明は嵯峨の第二の王子、淳和天皇の御子達を閣て、祚をふみ給き。花山は一条に先立、三条は後朱雀にすゝみ給き。先蹤是おほし。我身徳行ししといへども、十善の余薫にこたへて、先帝の太子と生れ、世澆薄なりといへども、高来の宝位をかたじけなくす。上皇の尊号につらなるべくは、重仁こそ人数に入べき所に、文にも非ず、武にもあらぬ四宮に、位を越られて、父子共に愁にしづむ。しかりといへ共、故院おはしましつるほどは、力なく二年の春秋をくれり。今、旧院登霞の後は、我天下をうばゝん事、何の憚かあるべき。定て神慮にもかなひ、人望にも背かじ物を』と仰られければ、左府、もとより此君世をとらせ給はば、わが身摂禄にをひてはうたがひなしとよろこびて」と記されており、崇徳院が頼長を誘ったことになっている。

だが、経緯からも後白河天皇側の様々な施策からも、崇徳院と頼長は追い込まれてやむをえず対抗措置に踏み切り、特に頼長が謀反人とされたことが摂関家軍事力の大規模動員につながっていて、それをもって「保元の乱」を引き起こしたように言われることになったのである。院政を行っていない崇徳院は自家戦力を持っていないだけでなく、兵の召集権もないのだから叛乱を起こすことは不可能だったし、叛乱のために武士を組織するようなこともしていない。

鳥羽院が健在のうちに強力な武士を引き込んでおき、院が倒れるや検非違使や衛府を通じて官兵を動員し、さらに頼長に兵が集まらぬ施策まで打ってあったのだから崇徳院側の劣勢は覆うべきもない。個人的に武士団を味方にしてあっただけでなく、公の組織も押さえ、それを通じて兵をかなり前から集めているということなのだ。公的動員は大量の駆武者が動員できた。頼長に戦略家としての発想があれば「平治の乱」に際しての清盛と同じように自己の勢力圏に入って体制を立て直すということも検討されたろうが、頼長は平安京に留まって兵を集めることだけを考えていた。

崇徳上皇のもと、河内源氏の源為義、そして頼賢、頼仲、為朝といった義朝を抜かした為義の子六名（『保元物語』によれば「四郎左衛門頼賢、五郎掃部助頼仲、賀茂六郎為宗、七郎為成、鎮西八郎為朝、源九郎為仲」）、源為国、多田頼憲、清盛の叔父である平忠正と四人の子（『保元物語』によれば「新院蔵人平長盛、次男皇后宮侍長平忠綱、三男左大臣勾当平正綱、四男平九郎通正」）、伊勢平氏傍流の平家弘などが集結する。公の組織は天皇側に押さえられ、しかも天皇側に事前に動員されていたため、かろうじて摂関家が組織化していた武士の一部が集まったにすぎない。崇徳院の従者である平家弘、源為国は戦力としては小さく、主戦力の為義と忠正が忠実の家人、頼憲が摂関家領多田荘の荘官であった。

為朝が「鎮西八郎」との呼び名の通り九州の支配者であるとすれば、二十八騎しか率いていないというのは少なすぎる。実際には九州制圧、そして支配には至っていなかったということであろう。後の寿永二年（1183）六月十八日、叛乱を鎮圧し九ヶ国中五ヶ国を制し、もう一息で九州を完全に制圧できた平貞能が急ぎ帰京した時のこと、風評では数万騎とされていたのに実際に率いてたのは千余騎にすぎなかったというが、それでも千騎である。『保元物語』では「大勢にて罷上らん事、上聞穏便ならず」と繕っているが、為朝が本当に九州を征服していたなら少なくとも数千人は上洛させられたはずである。二十八騎で上洛するなら、九州で勢力扶植に努める方が軍事戦略的にも有効である。そうすることによって容易に負けない態勢を作るということである。戦いが長期化すれば九州が聖域であることは勝敗を左右するだけのものとなるが、要は為朝にはそんな力も実績もなかったのだろう。

河内源氏は二分され、畿内の武者は為義、関東武者は義朝が率いて対決することとなる。河内源氏には「保元の乱」以前から内部分裂があった。義朝の配下には一族や畿内の兵が皆無に等しい。これは元来の河内源氏の基盤が為義によって押さえられていたからである。頼りは新たに組織した東国の兵力であるが、関東全土の制圧にはほど遠く、しかも東国も一部において為義の影響が残っていたことは、『愚管抄』に登場する為義の献策（東国下向）からもわかる。

当時の河内源氏は源義家の孫にあたる為義（1096–1156）が率いていた。為義の父とされる義親は「康和の乱」を起こして討伐されていた。為義はこの義親の四男であるとされる（義家の子との説もある）。為義が取り立てて有能だから家督を継いだわけではないようである。為義の兄弟は武門の道は歩まずそれなりに立身出世しているのだから。為義は家を継いだというよりも武門でしか生きていけなかったという見方もできる。為義を河内源氏の棟梁とみなすのは頼朝による作為の結果である。義親の死後、義家の後継者であったのは義家の三男・義忠であったが、為義の長兄の義信や、為義の叔父・義忠の次男の義高、義家の三男の源義国らも義忠後継を自任していた。河内源氏は内紛が絶えぬ一族で義親の弟であり家督を継いだ義忠が暗殺された。その嫌疑を受けた義綱（義家の弟）が為義の追討を受けている。内紛は鎌倉幕府時代にも継続し自滅していく。

当初、為義は白河法皇、鳥羽上皇に仕えていたが、部下が略奪行為に走るなど様々な問題を引き起こした上、為義自身もかなりの乱暴狼藉を働いている。『長秋記』五月十四日条に源師時が「為義の作法、児戯の如し」と記しているし、『中右記』四月八日条によると西海の海賊追討に際して忠盛と共に候補に挙がった時、鳥羽上皇は「為義を遣わさば、路次の国々自ずから滅亡か」として強く反対したという。院の信任を失った為義は、検非違使を辞任に追い込まれるが、今度は摂関家の藤原忠実・頼長父子に接近することで勢力の回復を図る。康治二年（1143）、為義は藤原頼長にも臣従し、次男・源義賢も能登国にある頼長領荘園の預所となった。『中外抄』によれば為義の奉仕に対して藤原忠実は「天下の固めであり受領になる資格がある」と高く評価したとされる。久安二年（1146）正月、為義は従五位下左衛門大尉となって検非違使への復帰を果たす。為義が頼長側に立つのは必然的であった。

しかし為義の長男・義朝は父とは別の選択をする。そもそも為義は自らの後継を次男の義賢と考えていたらしい。義賢が任官していたのに義朝は無位無官のまま東国に下向していることから義朝は廃嫡されたのではないかとみなされている。もともとの河内国の所領は為義に帰属しているのに対して、義朝は別の場所で力を扶植するしかなかった。中には義朝が嫡子でなかったという説すらある。

義家のようにごく希にしか東国に赴かぬ者には広範な組織化はできない。東国に実際に行くことで在地地主が主従関係に組み込める、といってもそれは義朝の人格や力量によるものでなく中央有力者の後ろ盾がなければ不可能であった。義朝は国司として東国に赴いたわけではない。上総国の豪族・上総氏の後見を受けたため「上総御曹司」と呼ばれていた。上総氏が支援したのは、上総氏が摂関家の荘園を管理していたことによる。つまり摂関家の家産機構の中で義朝は存在していた。相馬御厨などの支配権を巡っての争いの調停も行っているのも摂関家の後ろ盾があったからと考えられる。しかし義朝は徐々に摂関家から鳥羽院政を頼みにするような形に鞍替えしていく。こうして河内源氏内の対立は、摂関家と院政の対抗関係と結びついていった。

義朝は婚姻関係による勢力拡大も図られており、長男・義平の母は三浦氏ともされ、相模の大豪族である波多野氏の娘との間には次男・朝長をもうけている。大庭御厨を巡る調停に際しては鳥羽法皇近臣・藤原頼憲が支援している。義朝も鳥羽法皇との結びつきを強めていく。しかし勢力圏そのものは相模国など南関東の一部に限られている。京都女子大学名誉教授の野口実(1951–)なども指摘するように、東国武士のうち義朝と主従関係を結んでいない者も多かったのである。東国の一部において為義の影響が残っていたことは、『愚管抄』を見てもわかる。記述によると為義は崇徳上皇に無勢のまま御所で戦うのは得策でなく近江国まで下向して甲賀山を背に板東武者を待ち、到着が遅いなら関東へとさらに下向すべきである、と献策したのだという。ともあれ河内源氏の郎党は、河内源氏という家に所属するのではなく、為義、義朝といった個人に属するものであったのだ。

義朝が東国十五ヶ国の軍事力を支配していたかのようなイメージは、頼朝が本来関東の主人であったことを示すために鎌倉時代に作られたものである。『吾妻鏡』の「九月七日　甲子」には以下のように記されている。「宇佐美の平次實政泰衡郎従由利の八郎を生虜り、相具して陣岡に参上す。而るに天野右馬の允則景生虜るの由こ凡そ両国を管領し、十七万騎の貫首たりながら、百日相支えず、二十箇日の内、一族皆滅亡す。言うに足らざる事なり。由利申して云く、尋常の郎従少々相従うと雖も、壮士は所々の要害に分け遣わす。老軍は行歩進退ならざるに依って不意に自殺す。予が如き不肖の族は、また生虜りに為るの間、最後に相伴わざるものなり。抑も故左馬の頭殿は、海道十五箇国を管領せしめ給うと雖も、平治逆乱の時、一日を支え給わずして零落す。数万騎の主たりと雖も、長田庄司の為輙く誅せられ給う。古と今と甲乙如何。泰衡の管領せらるる所は、僅かに両州の勇士なり。数十箇日の間賢慮の一篇を悩まし奉る。不覚に処せしめ給うべからざるかと。二品重ねて仰せ無く幕を垂れらる。由利は、重忠に召し預けられ、芳情を施すべきの由仰せ付けらるると」。これは「保元の乱」と「平治の乱」に少数ながらも東国の広範囲から武士を集めたことと重なって「源氏＝東国」のイメージにつながっているが、実際は「保元の乱」、「平治の乱」当時、源頼義、義家の武名の名残がまだあったため集められたにすぎない。

鳥羽法皇のもとでは東国武士団を組織しようとする義朝の武力を必要とする動きが見られていた。それは摂関家を背景とする為義らとの対立を意味していた。義朝は為義の勢力をも切り崩していく。長男・義平を関東に置いたまま義朝は上洛し、今度は平安京での立身出世を試みる。為義が義賢を東国に送り込んだのは、義朝の関東での勢力拡大に対抗するためであったという見方が強い。義朝にとっては縄張りを荒らされる思いであったろう。その義賢を義平が討ったため、為義は後継を殺されたということになるから、為義と義朝の親子関係は険悪であった。『愚管抄』では為義と義朝が不仲であったことが指摘されている。前述したように義賢が義朝を退けて嫡流となっていて、実質、義朝は廃嫡されていたらしい。義朝は久安三年（1147）に熱田大宮司の娘・由良御前との間に三男の頼朝をもうける。由良御前の父・藤原季範は待賢門院の側近であるから院近臣であった。義朝は仁平三年（1153）に鳥羽上皇に接近して下野守に任じられる。摂関家と結びつく為義とはこの点でも対立関係にあった。為義が忠実に仕えているのだから「保元の乱」での対立は暗示されているように見える。

「保元の乱」に参加した平家の兵は河内国、伊勢国、伊賀国、備中国、備前国であり、伊勢国と伊賀国だけでなく、西国の兵も一部召集していた。一方、義朝が率いる河内源氏の兵は近江国、美濃国、尾張国、三河国、遠江国、駿河国、伊豆国、相模国、安房国、武蔵国、上総国、下総国、上野国、下野国、常陸国、甲斐国、信濃国であった。十七ヶ国という多岐にわたる地域から兵を募った割に総数が少ないのは、義朝に対する服属が不十分であったということであろう。どの国も完全掌握にはほど遠いことが示唆されている。

それでも後白河天皇側は義朝を抱え込んだ。突撃力を持つ関東武者を集められるという期待があったのだ。義朝が組することはもともと鳥羽院に近かったから想定内であったろう。美福門院がもっとも期待していたのは近畿に基盤を持ち即時対応可能な平清盛であった。今回の兵乱は清盛が味方した方が勝つ。

だが清盛が最初から後白河天皇側につくと決めていたかどうかは、今残っている史料からは不明である。清盛の次男・基盛は頼長側の武士を捕縛しているのだから後白河天皇側として動いていた。しかし清盛は、池禅尼（宗子）を媒介にして崇徳上皇とも深い関係があった。池禅尼は崇徳上皇の第一皇子・重仁親王の乳母であり、忠盛は乳父であった。忠盛と池禅尼が重仁親王を後見する立場にあったのだ。特に清盛にとっては異母弟・池禅尼の子・頼盛は崇徳院側とみなされてもおかしくなかった。その上、忠実が知行国主であった淡路国の国守に清盛の弟・教盛が任じられており、忠実とも友好関係を持っていたから逡巡していたらしく、人の良い清盛本人は後白河側の武士として姿を公にしていなかった。英断を下したのは池禅尼であった。我が子・頼盛に、清盛と行動を共にするよう命じたのである。

そして、「保元の乱」の勝敗そのものは、清盛が後白河天皇側についた段階で決したと言える。大局的に戦争を把握できる者にとって、「保元の乱」の勝敗の行方を決したのは、戦備体制の違いであったことは一目瞭然であるからだ。たとえ崇徳上皇側が先手をとり、一度は後白河天皇側を破ったとしても、清盛が存命ならばすぐに兵力は集まる。清盛は近畿にある地盤から即時兵を募ることができたし、長期的に見ても、清盛はさらに西国の大軍を呼びよせられる。しかし、崇徳上皇側は現有兵力で劣る上、一度破れれば再び兵を集めるのは困難なのだ。

この観点から「保元の乱」を見直してみると、政治家主導の戦争というイメージが浮かび上がってくる。「保元の乱」は、戦略の中でも作戦戦略としては、そして戦術としてはなんら見るものがない戦であった。しかし、軍事戦略と大戦略としては、それなりに意義のある施策がとられている。

軍事戦略的には後白河天皇側が平安京に入る「関」を遮断したことである。崇徳院側に兵を集めさせずにおけば、様々な施策から現有兵力が優位である以上、現状維持のままの開戦が有利となる。そのため兵力差が現状維持となる施策が打たれた。

先に挙げた『兵範記』と『平治物語』は細部が違っているが、摂関家の軍事力を戦争に利用させない施策という点では一致している。より具体的な『平治物語』で見ていくと、「『義朝・義康は、内裏に候て、君を守護し奉れ。其外の検非違使は、皆関々へ向ふべし』とて、宇治路へは安芸判官基盛、淀路へは周防判官季実、粟田口へは隠岐判官惟重、久々目路へは平判官実俊、大江山へは新藤判官助経承って向ひけり」と関の遮断が開始される。「六日、検非違使ども、関々へ越けるに、基盛宇治路へ向ふに、白襖の狩衣に、浅黄糸の鎧に、うはおりしたる烏帽子の上に、白星の冑をき、切符の矢に、二所藤の弓もち、黒馬に黒鞍をきてぞ乗ったりける。其勢百騎計にて、基盛、大和路を南へ発向するに、法性寺の一の橋の辺にて、馬上十騎ばかり、ひたかぶとにて、物の具したる兵廿余人、上下卅余人、都へ打ってぞ上りける」。名乗りによって「摂津守頼光が舎弟、大和守頼信が四代の後胤、中務丞頼治が孫、下野権守親弘が子に、宇野七郎源の親治とて、大和国奥郡に久住して、未武勇の名をおとさず。左大臣殿の召によって、新院の御方に参るなり」と武士団の頭目が大和源氏であることがわかる。小規模な戦闘があり、基盛が「親治の他に、主だった武士十六人を生け捕」ることに成功する。『兵範記』では既に親治は平安京に居たところを捕まっている。

大戦略的な意義は、清盛を味方にしたことである。そしてそれ以前に政略によって政治的正統性は確保してあった。あとは「開戦」という引き金を引くだけであった。これらの経緯と情勢を考えれば、「保元の乱」は、毛利元就の行った「厳島合戦」に似ている。

「合戦は謀多きが勝ち、少なきが負けに候」とは戦国武将・毛利元就が『六韜』を引用して述べた有名な言葉である。元就の「厳島合戦」は全体の九〇％近くが謀略で占められていて、敵を厳島という狭隘地に押し込め制海権を奪ったらほぼ勝利の布石ができあがっていた。最後の奇襲はおまけのようなものであり、まさに『孫子』、「軍形篇」にある「勝兵は先ず勝ちてしかる後に戦いを求め」の様相となっていた。「保元の乱」もほとんどが合戦以前の権力抗争で彼我の優劣は決まり、平清盛の去就が確定した段階で戦争そのものの勝敗は決定した。よほど優れた戦略家がいれば作戦戦略での逆転も有り得たが、崇徳院側はそうした人材を欠いていた。従って軍事作戦までが「保元の乱」での勝敗分析のほとんどを占めることとなる。

7――「保元の乱」勃発

平安時代の政争の大半は権謀術数がものを言う宮中内の争いであった。それが「保元の乱」では軍事的対立となっている。これは院政期を通じて変化した軍事的形態に対応したものである。つまり皇位継承を争うという意味では古代最後の騒乱であるが、中世最初の騒乱でもあったのである。公的組織の官兵に加えて摂関家は私兵を動員している。貴族が直接武士を組織化し雇い入れるということからは従来の貴族社会からの脱皮が見られるわけだ。しかし直接武士団を率いている者の方が軍事権を握っていることは明白である。そして小規模な武士団が「保元の乱」、「平治の乱」で淘汰されたことが平家時代を作り上げるのだが、その第一弾が「保元の乱」

であった。皇位継承、公家貴族の政争が、軍事貴族の動員につながってその過程が後の歴史を作るのである。

七月九日、崇徳院が白河院、鳥羽院の御所で「治天の君」の正統性を示す白河北殿に入ったのが「夜半」（午前零時）、『兵範記』によれば崇徳院の移動は予期せぬもので後白河天皇側は慌てて武士に召集をかけたとあるが、半ば動員状態であったからすぐに集まり十日の「晩頭」（午後七時）には兵が集結したようである。やはり十日の「晩頭」に頼長が白河北殿に駆けつけてきた。こうして「保元の乱」が勃発した。後白河天皇側も頼長には注意していたろうが、崇徳院が最初に動くとは考えていなかったのだろう。

双方の兵力は諸本によって異なり、古活字本や平仮名活字本の『保元物語』では天皇側千七百人に対し上皇側千人とも言われているが、金比羅本『保元物語』では、攻め込んでいったのは天皇側で清盛軍六百騎、義朝軍四百騎、足利義康百騎、源頼政百騎、そして都合四千五百騎という数字も出ている。半井本では天皇側千五百騎である。他に上皇側は五百騎という数字も挙がっている。天皇側が清盛軍五百騎、義朝軍三百騎、足利義康百騎、源頼政数十騎、上皇側五百騎と言うものもあり、『兵範記』では攻め込んでいった天皇側が清盛軍三百騎、義朝軍二百騎、他に源頼政などで、上皇側二百数十騎となっている。清盛が最大の動員力を有していたことと、天皇側が優勢であることでは諸本一致している。『兵範記』には高松殿に集結した軍勢は「雲霞の如し」

と記している。

崇徳院側が摂関家の家人中心なのに対し、後白河側は平清盛や源義朝の家人・郎党だけでなく「朝廷の武官」や「国々の駆武者」も動員できる。「朝廷の武官」は軍事貴族として官庁警護などをしているが、「国々の駆武者」は国衙の出動要請により参陣する地方豪族などである。

近畿地方に限定しても、兵力の供給の視点から清盛がついている後白河天皇側は、ただ対峙しているだけで勝利する状態にあり、唯一の打開策として先制攻撃を考えた崇徳上皇側が奇襲してくるのみに備え、罠などを仕掛けておけば良いことになる。この不利な状況を、奇襲という戦術に頼るよりも、より効果的に打開しようとしていたのは、実は頼長であった。頼長の発想は政治家の発想であったから、バランス・オブ・パワーを優位にするための画策が中心となる。まず大戦略、そして軍事戦略的にどうしたら優位に立てるかを考えたのである。

大戦略、軍事戦略、作戦戦略は相互に対立することがある。有名なのは、第二次世界大戦におけるヒトラーのノルウェー占領である。軍事戦略的には戦争遂行に不可欠な鉄鉱石供給地としてのノルウェー確保、作戦戦略的には電撃戦の成功となったが、大戦略的に見るとフィンランド侵略をしていたスターリンはノルウェーで敵対勢力から遮断されることとなった。英仏連合国はスターリンのフィンランド侵略をやめさせるために、ノルウェー、スウェーデン経由で五万七千人の軍を派遣する予定であったからである。もし英仏がノルウェー経由でフィンランドに入れば第二次世界大戦は独ソ対英仏になった可能性があり、バランス・オブ・パワーは大幅に変わっていたはずである。

頼長は後手に回っていることを自覚していた。軍事能力があるなら作戦戦略での挽回もありえたし、長引かせて新規兵力の到着を待つまでの時間稼ぎもできた。しかし頼長は戦略家ではなかった。頼長が目をつけたのは南都の軍事力である。『平治物語』諸本でもそのことはうかがえるもので「興福寺の信実・玄実等、吉野・十津川の指矢三町・遠矢八町と云者どもを召具して、千余騎にてまいるが、今夜は宇治につき、富家殿の見参に入、暁是へまいるべし」と記載があり、七月十二日に到着するとされている。興福寺の僧兵を束ねていたのは大和源氏の出身で悪僧として名高い信実である。『愚管抄』には「大和国ヒガキノ冠者ト去者アリ。吉野の勢モヨヲシテ、ヤガテイソギ参レト仰テキ」とあり、やはり大和国方面から兵力を供給しようとしていたことが指摘されている。檜垣冠者とは吉野に根拠を持つ大和源氏の源頼盛である。

軍人としての判断はともかく、政治家としては有能な頼長は、信西と同じで乱全体での有利不利を計算していた。どれほどの動員力があるかが戦争全体を左右する。頼長にとって、兵を早く進め、奇襲によって先手をとるよりも、戦争準備状況と動員力による駆け引きこそが重要であった。そして信西が清盛をより高く評価したのと同じ理由で、頼長は南都に期待をかけた。南都にある諸寺、特に藤原氏の氏寺・興福寺は多数の僧兵を抱えていた。たとえ実戦には弱くとも、近畿にあって僧兵という常備兵力を抱える南都が、戦争全体のキャスティングボードを握っているとみなしたのだ。これは政治家の戦争指導としては正しい。

しかし、同じように政治に重心を置いていても信西が頼長より優れていたのは、乱（＝戦争）が小規模であればそこで行われる戦闘の比重はより大きくなることを知っていた点にある。いくつかの見地から、信西は戦闘開始を決意する。

一つには、圧倒的に優位な情勢、それは長期的にも維持できそうであったが、誰かの首級が上げられることになれば、一度の戦闘での敗北が致命的になる可能性が高い。政治的に優位に立っても、戦闘に負ければ元も子もない。

それにもう一つ、長引いているうちになにがしかの情勢変化があるかもしれないし、費用もかかってくる。『孫子』、「作戦篇」は述べている。「兵は拙速を聞くも、いまだ巧の久しきをみざるなり」（戦争は不味くても早くやるということはあっても、うまくて長引くということは聞いたことがない）、「兵は勝つことを貴び、久しきを貴ばず」（戦争は勝利を第一とするが、長引くのはよくない）。

その二つの危惧に現実味を与えていたのが南都の情勢である。後白河天皇側としては清盛が味方した段階で、後白河天皇側の勝利は数の上でも兵力供給の上でも確定したのであるから、長期的に対峙しても負けることはないはずであった。ところがそれを脅かす摂関家の動きにより開戦が急がれてきたのである。南都の軍隊が崇徳院側に合流したら一時的であれ兵数の有利が失われる可能性がでてくる。その時に崇徳院側が開戦に踏み切ったら危険である。

頼長の軍事戦略上の観点は正しかったが、他にも問題はあった。それは作戦戦略と結びついていないことであった。単純に兵数を増やすという立場で頼長は眺めていたが、より戦略的な見地から、白河北殿を要塞化できた場合は後白河天皇側を挟撃する作戦も立てられたろう。ただ城塞として見た時には籠城兵力と守備範囲の広さの相関があり、白河北殿は現有兵力で守り切るのに広すぎた可能性がある。

「可能的戦闘」としてモデルになりうるのは「応永の乱」で大内義弘が立てた「外線作戦」である。義弘は五千人の兵を率いて要塞化した堺に立てこもり、敵の足利義満軍を堺市に引きつけておいて、その間に関東公方・足利満兼と今川了俊を西進させ挟撃する「外線作戦」を考えた。「手取り川合戦」前に織田信長軍が想定した作戦もそれに近く、能登国の七尾城を攻めている謙信に、織田信長の大軍が加賀国を出撃したという知らせが入る。七尾城を攻めている謙信の背後に回り、七尾城軍と挟撃してしまおうという作戦である。白河北殿での籠城、ないしその近辺で野戦陣地での抵抗によって敵を引きつけ、背後から南都の援軍に攻撃させて挟撃する。

しかし「可能的戦闘」として「外線作戦」を立てた場合、いくつかの課題がある。大和方面の南都や吉野から本当に救援に来るのか、来るとしていつ頃到着するか、到着するまでの間まで持ちこたえられるような要塞にすることは可能かという点であった。

一方が「外線作戦」を立てられるとすれば、他方は「内線作戦」が立てられるということで各個撃破にあう可能性も否定できない。「応永の乱」の義弘も、「手取り川合戦」前の織田信長軍も失敗している。義弘の場合は、満兼が一万余騎を率いて武蔵国府中高安寺まで進んだものの関東管領上杉憲定に諌められて兵を止めたため、単独で戦う羽目となっている。織田信長軍の場合は、謙信が速やかに七尾城を陥落させてすばやく前面に布陣したためパニックを起こし、「手取り川合戦」で大敗北をくらっている。

南都からの援軍が来た可能性は高い。実際に「保元の乱」後、頼長に味方し、忠実をかくまった罪を問われて、興福寺の信実、尋範、千覚らの所領が没官されているからである。しかし援軍規模がどの程度のものとなり、いつ頃到着するかはわからない。僧兵が主力となると徒《かち》の兵中心になるから機動力は期待できない。最大の問題はそれまでの間、白河北殿が持ちこたえられるかである。

では本来、軍事の専門家たる武士たちはどう考えたのか。『愚管抄』では為義が三案献策している。「為義ハ新院ニマイリテ中ケルヤウハ。ムゲニ無勢ニ候。郎徒ハ皆義朝ニツキ候テ内裏ニ候。ワヅカニ小男二人候。ナニゴトヲカハシ候ベキ。コノ御所ニテマチイクサニナリ候テハ。少シモ叶候マジ。イソギイソギテタダ宇治ニイラセヲハシマシテ。宇治橋ヲ引候テシバシモヤササヘラレ候べキ。サ候ハズバタダ近江國へ御下向候テ甲賀ノ山ヲウシロニアテ。坂東武士候ナンズ。ヲソクマイリ候ハバ関東へ御幸候テ。足柄ノ山キリフサギ候ナバ。ヤウヤウ京中ハエタタへ候ハジモノヲ。東國ハ頼義。義家ガ時ヨリ為義ニシタガハヌ者候ハズ。京中ハ誰モ誰モコトガラヲコソ伺イ候ラメ。セメテナラバ内裏ニマイリテ一アテシテイカニモ成候ハバヤト申シケル」。

近江国まで下向して甲賀山を背に板東武者を待ち、到着が遅いなら関東への下向を崇徳上皇に勧めているが、これは長期的な戦略と言える。しかし関東に義朝が拠点を築いていることから「諸刃の剣」になる。為義の関東の勢力は義朝よりも小さい。必ずしも関東を背後にすることは味方の救援ばかりでなく、むしろ敵を腹背に抱えて挟撃される危険が高い。また関東で立ち上がるなら、やはり関東に居住しなければ支持は集まりにくい。それに対して先手をとって内裏を奇襲するというのは戦術的な対応である。

しかし『保元物語』諸本では夜襲が為朝の献策として載っている。『保元物語』によれば、為朝は「七尺計なる男の、目角二つ切たるが、かちに色々の糸をもって、師子の丸をぬふたる直垂に、八龍といふ鎧をにせて、しろき唐綾をもってをどしたる大荒目の鎧、同獅子の金物打ったるをきるまゝに、三尺五寸の太刀に、熊の皮の尻ざや入、五人張の弓、長さ八尺五寸にて、つく打ったるに、卅六さしたる黒羽の矢負」とまるで化け物のような姿であるが、『愚管抄』での為義の言葉には「小男」とある。ただ『愚管抄』でも為朝が頼賢とともに奮戦したと記されており、『吾妻鏡』では戦場で射られた大庭景義が為朝を「無双の弓矢の達者」だと言っているのでそれなりの武勇の士であったようだ。

『保元物語』が語る為朝の前半生は「十三のとしより鎮西の方へ追下すに、豊後国に居住し、尾張権守家遠を乳母とし、肥後の阿曾の平四郎忠景が子、三郎忠国が聟に成て、君よりも給らぬ九国の惣追補使と号して、筑紫をしたがへんとしければ、菊地・原田を始として、所々に城をかまへてたてこもれば、『其儀ならば、いでおといて見せん』とて、未勢もつかざるに、忠国計を案内者として、十三の年の三月の末より、十五の年の十月まで、大事の軍をする事廿余度、城をおとす事数十ヶ処也。城をせむるはかりこと、敵をうつ手だて人にすぐれて、三年が間に九国を皆せめおとして、をのづから惣追補使に推成って、悪行おほかりける」となっている。香椎宮の神人が為朝の狼藉を訴えたため、久寿元年（1154）に出頭の宣旨が出される。為朝は従わなかったが、久寿二年（1155）に父・為義が解官されてしまったので九州の兵二十八騎を率いて帰参したとされている。

献策はこうだ。「為朝久しく鎮西に居住仕って、九国の者どもしたがへ候に付て、大小の合戦数をしらず。中にも折角の合戦廿余ヶ度なり。或は敵にかこまれて強陣を破り、あるひは城を責て敵をほろぼすにも、みな利をうる事夜討にしく事侍らず。然れば只今高松殿に押よせ、三方に火をかけ、一方にてさゝへ候はんに、火をのがれん者は矢をまぬかるべからず、矢をおそれむ者は、火をのがるべからず。主上の御方心にくゝも覚候はず。但兄にて候義朝などこそ懸いでんずらめ。それも真中さして射おとし候なん。まして清盛などがへろ〳〵矢、何程の事か候べき。鎧の袖にて払ひ、けちらしてすてなん。行幸他所へならば、御ゆるされを蒙って、御供の者、少々射ふする程ならば、定而駕輿丁も御輿をすてて逃去候はんずらん。其時、為朝参向ひ、行幸を此御所へなし奉り、君を御位につけまいらせん事、掌を返すがごとくに候べし。主上を向へまいらせん事、為朝矢二三をはなたんずる計にて、未天の明ざらむ前に、勝負を決せむ条、何の疑か候べき」。要は夜襲を仕掛け火攻めにせよというのである。

為朝の夜襲火攻案に半井本『保元物語』では鳥羽院の旧臣や都の人々が恐れおののいたとあるが、後白河側の軍議では話題になっていない。双方が拠点につめて臨戦態勢に入っているため情報が漏洩したとしても市中どまりであったのだろう。

しかし頼長は為朝の案を以下のように述べて却下する。「為朝が申様、以外の荒義なり。年のわかきが致す所歟。夜討などいふ事、汝等が同士軍、十騎廿騎の私事也。さすが主上・上皇の御国あらそひに、源平数をつくして、両方に有って勝負を決せんに、むげに然るべからず。其上、南都の衆徒をめさるゝ事あり。興福寺の信実・玄実等、吉野・十津川の指矢三町・遠矢八町と云者どもを召具して、千余騎にてまいるが、今夜は宇治につき、富家殿の見参に入、暁是へまいるべし。かれらを待調て合戦をばいたすべし。又明日、院司の公卿・殿上人を催さんに、参ぜざらん者共をば死罪におこなふべし。首をはぬる事両三人に及ばゞ、残りはなどか参らざるべき」。

為朝の夜襲を頼長が採用しなかったことが勝敗の分かれ目、と主張する人がよくいる。しかし、「可能的戦闘」を考察し、為朝の夜襲案が採用されたらばどうなったろうか。双方が夜襲をかけたならば、途中で遭遇して合戦となり数が多い方が勝ったから、結局は崇徳上皇側は敗北したろう。あるいは、せいぜいうまくいったとして、双方とも敵の留守中の根拠地、白河北殿と高松殿に火をかけたというほどのことだろう。そして、その後も、結局は伊勢国、伊賀国、西国からの平家の増援によって、先細りのする崇徳上皇側が負けたろう。何よりも、この段階では双方対峙中で奇襲の可能性は考えられていたから、仮に奇襲が成功してもそれだけで総崩れとなるような「間接的アプローチ」にはならない。

それよりもこの場合、後白河天皇側で即時戦闘開始が有利と誰かが考え、そして奇襲をかけてくるということを予測し、伏兵など罠をしかけることが戦闘に勝利するチャンスであった。従って、為朝は、夜襲を献策するのではなく、逆に夜襲に備えて準備するべきだった。むしろ、為朝は献策した夜襲が否定されたことにより、数の多い平家軍や、突撃力を誇る関東武者と野戦で戦わずにすみ、篭城状態に近い形で得意の矢を射つことができたのだ。もし為朝が本当に優れた戦術家ならば、敵が夜襲をかけることを見越し、伏兵を置くぐらいしても良いはずであろう。

8――「保元の乱」の戦闘経緯と検証

同じ頃、後白河天皇側でも軍議（作戦会議）が開かれていた。『兵範記』保元元年七月十日条によれば「軍、雲霞の如し」と記されている。『愚管抄』や『保元物語』では多くの公卿も内裏に集結したかのように書かれているが、河内祥輔は『兵範記』の記述通りなら公卿の大半が中立の立場で静観していたとみなしている。

バランス・オブ・パワーの理論を集大成したハンス・モーゲンソーは、戦争においてはバランスが優位な時に仕掛けた方が良いことがある、時間がたつことにより逆転される可能性がある、と示唆している。政治上ばかりか軍事上も優位、そして大量の駆武者も動員している以上、開戦は早いほうが良い。駆武者は一時的な徴収兵だからである。もちろん長期戦になっても清盛がいるだけに優位は揺るがないが、南都や吉野の兵が動いているとなると瞬間的に崇徳院側優勢化の可能性があり、その場合の開戦で忠通、美福門院、信西が討ち取られたり、後白河天皇が捕まってしまえば成果が一気に失われる。よって南都からの援軍が到着する前に、合戦は終わらせなければならない。清盛と義朝は朝餉の間に呼び出され、作戦を奏上した。

『保元物語』によると義朝は「合戦の手だて様々に候へ共、即時に敵をしへたげ、たち所に利をうる事、夜討に過たる事候はず。就中南都より衆徒大勢にて、吉野・十津川の者共めし具して、千余騎にて今夜宇治につく。明朝入洛仕る由きこえ候。敵に勢のつかぬさきに推寄候はん。内裏をば清盛などに守護せさせられ候へ。義朝は罷向って、忽に勝負を決し候はん」と夜襲を主張、『愚管抄』でも「イカニカクイツトモナクテササヘタル御ハカライハ候ニカ。軍ノ道ハカクハ候ハズ。先タダヲシヨセテ蹴チラシ候テノ上ノコトニ候。為義。ヨリカタ。為朝具シテ既ニ参リ候ニケリ。親ニテ候ヘドモ御方ニカクテ候ヘバ。罷向イ候ハバ彼等モヒキ候ナンモノヲ。タダヨセ候ナントカシラヲカキテ申ケル」と奏上したとある。

とはいえ、やはり『愚管抄』では信西・義朝による強硬な先制攻撃の主張を前に忠通は逡巡していたといい、結局、決断したのが十一日未明とされている。もっとも『保元物語』の語るところによると、攻撃を決したのはむしろ信西の方らしく、河内祥輔は決定の遅延で忠通が主導権を失ったとし、元木泰雄はその前から信西主導で展開されていたとみなしている。

ともあれ義朝は相当にはりきっており、次のように喜んでいたと『愚管抄』にはある。「義朝ハ悦テ日出シタリケル紅ノ扇ヲハラハラトツカイテ。義朝軍ニアフ事何ヶ度ニナリ候ヌル。皆朝家ヲオソレテイカナルトガヲカ蒙候ハンズラント。ムネニ先コタヘテヲソレ候キ。ケフ追討ノ宣旨カウブリテ只今敵ニアイ候ヌル心ノスズシサコソ候ハネト」。

戦闘が夜襲となるため『兵範記』では「入夜」(午後九時)に開戦決定、「鶏鳴」(午前二時)に出撃とされているが、一方『愚管抄』中の戦闘開始は「ほのほのによせかけたりける」と記されているから午前四時頃、いわゆる朝駆けで、大軍での夜襲などありえないから当然とも言える。戦闘の終わりは『兵範記』で「辰の刻」（午前八時）、包囲殲滅戦のイメージだが崇徳上皇側の主だった者は武士も含めて皆脱出しているから四時間も経過したことになる。片や『保元物語』では「寅刻に合戦はじまり、辰の時に白河殿やぶれ」とあって開始は『愚管抄』、終了は『兵範記』の通りである。兵力差にもかかわらず長時間戦闘が続いているが、これこそ奇襲の効果が出ていないことの表れで、なにしろ前述したように間接的アプローチにならないのだからむべなるかな、といったところか。

平家が後の「墨俣合戦」や「室山合戦」で見せたように包囲戦が得意なのに対し、義朝、為義、為朝だけでなく、全般的に河内源氏は夜襲、奇襲の類いを好むが、これは大軍の駆け引きに馴れていないことにもよる。『保元物語』で頼長が為朝に投げかけた「夜討などいふ事、汝等が同士軍、十騎廿騎の私事也」は適切な表現であり、義朝に対しても言えることである。義朝、為義、為朝らは作戦戦略を立てられるレベルの指揮官ではなく、彼らには少数の兵で切り込みをかける下士官レベルの能力しかない。

夜襲とは、少数の兵が相手の寝静まった状態を見計らって行う、奇襲の一種である。しかし、攻撃が奇襲になりうるには、相手の油断が必要となる。クラウゼヴィッツは詭計や奇襲についてこう述べる。「実際に奇襲がすばらしい成功を収めた事例の稀れであること、そしてその理由が奇襲という行動の本質に存することもまた疑いのない事実である」。「奇襲が成功するためには、別に有利な情況に恵まれていなければならない」。「だがかかる有利な条件は、そんなにたびたび現れるものではないし、また指揮官が任意に、作り出し得るものでもない」。

『孫子』、「虚実篇」には「進みて禦ぐべからざるは、その虚を衝けばなり」と記されているが、ここで言う「虚」は「思いがけない」と解釈すべきである。互いに臨戦態勢で籠城しているのだから、そして夜襲をかけようが朝駆けをしようが防禦側は防衛体制をとって警戒しているのだから、奇襲にはなりえない。戦闘が四から六時間も続いていること自体、攻撃が奇襲になっていないことの証左となる。これは逆に崇徳院側が行っても同じである。

少数の崇徳院側には確かに夜襲も検討される選択であるが、後白河天皇側では奇襲云々ではなく、早く始めることが肝要であった。従って開始さえ早ければ、昼日中に大軍をもって正々堂々攻めても結果は同じであった。

『兵範記』によれば、七月十一日午前二時、清盛率いる三百余騎が二条大路を、義朝率いる二百余騎が大炊御門大路を、義康率いる百余騎が近衛大路をそれぞれ東に向かい、寅の刻（午前四時頃）に崇徳院側と開戦に至る。およそ六百騎で向かったということは全軍投入ではなく相当の後詰め軍を用意したということになるが、他の兵数についての具体数は源頼盛が数百の兵で周囲を固めたという記述だけである。ちなみに六百騎という数字はかなり中途半端なもので、決戦態勢下での兵力の逐次投入に近い。ともあれ奇襲ならばより少数で行うものであり、攻城ならば大軍で行うものであるから、適切な攻撃とは言えない。どのみち、崇徳院側も防禦態勢を整えているのだから、完全に包囲して崇徳院側の指導者を捕縛することを考えるのが妥当である。不確定要素として南都や吉野からの援軍に対する備えが必要であったが、それは伏兵などにより対応し、ともかく白河北殿の崇徳院側攻略に全力を投入すべきであった。白河北殿を包囲し、脱出路や撤退路を塞ぎ正面攻撃をしながら火攻を併用すれば、短時間で陥落させられた上、逃げてくる指導部を捕縛することもできた。政治的手腕に長けた信西も作戦戦略までは手が回らなかったのだろう。あるいは六百騎であっても少数とみなしたのかもしれない。後白河天皇は神鏡剣璽とともに高松殿の隣にある東三条殿に移る。『兵範記』を見ると第二陣として頼政、源重成、平信兼が出撃しており、さらに守備隊として源頼盛麾下の数百人が投入されていたという。

ただしこの場面、『保元物語』では様子が違って全軍で攻めた形となっている。古態を留める半井本『保元物語』では千五百騎で攻め込んだことになっていて、清盛が率いていたのが六百騎、義朝二百五十騎、頼政百騎、陸奥包含義康百騎、隠岐判官維茂百騎、周防判官李実百騎、平判官実俊七十騎、佐渡式部太夫重成六十騎、和泉右衛門尉信兼七十五騎とある。古活字本『保元物語』では千七百騎とされ清盛が率いていたのが六百騎、義朝三百騎、頼政二百騎、佐渡式部太夫重成百騎、陸奥包含義康百騎、出羽判官光信百騎、周防判官李実百騎、隠岐判官維茂百騎、平判官実俊六十騎、進藤判官助経五十騎、和泉右衛門尉信兼八十騎。また金比羅本『保元物語』では四千五百騎で攻め込んだことになっていて、清盛が率いていたのが六百騎、義朝千騎、頼政百騎、陸奥包含義康百騎、隠岐判官維茂百騎、周防判官李実百騎、平判官実俊七十騎、佐渡式部太夫重成七十騎、和泉右衛門尉信兼七十五騎とある。金比羅本『保元物語』は義朝を清盛よりも兵数的にも多かったように記述しており、義朝の東国支配、武家の棟梁といったイメージを与えようという鎌倉幕府の意向を伺うような作為性を感じられる。

史実としては『兵範記』が正しいのだろうが、戦略的にだけ絞ってみれば『保元物語』の方に妥当性がある。もっとも『保元物語』の記述は第一陣、第二陣を合算させているからかもしれないし、あるいは『兵範記』のように第一陣、第二陣と分けるほどもなく両陣間髪入れずに出撃したのかもしれない。

白河北殿の崇徳院側の配備について見てみると、古活字本や平仮名活字本の『保元物語』には「南の大炊御門面に、東西に門二あり。東の門をば平馬助忠政承って、父子五人、并に多田蔵人太夫頼憲、都合二百余騎にてかためたり。西の門をば六条判官為義承って、父子六人してかためたり。其勢百騎計には過ざりけり。是こそ猛勢なるべきが、嫡子義朝に付て、多分は内裏へ参けり。爰に鎮西の八郎為朝は、『我は親にもつれまじ。兄にも具すまじ。高名不覚もまぎれぬやうに、只一人いかにも強からん方へさしむけ給へ。たとひ千騎もあれ、万騎もあれ、一方は射はらはんずる也』とぞ申ける。よって西川原面の門をぞかためける。北の春日面の門をば、左衛門太夫家弘承って、子共具してかためたり。其勢百五十騎とぞきこえし」とある。金比羅本『保元物語』でも東方の門を平忠政、多田蔵人頼憲が、西方の門を為朝一人が、西かわら面を為義が、北面の門を平家弘が守備することとなっているものの各々の兵力は出ていない。半井本『保元物語』には「東に寄りたる門は前平馬助忠正父子五人、摂津国源氏多田蔵人太夫頼憲承はる。其の都合百余騎」、「西に寄りたる門は為朝一人」、「西面は川原なり。為義父子六人して承る。其の勢も百余騎」、「西門の北面、春日末なり。家弘、子息・舎弟相具して承はる」と書かれている。なお、為朝一人といっても九州から率いていた二十八騎は服属している。

ともあれ金比羅本『保元物語』に重要な一文がある。「凡そ院中の御勢一千騎ありけれ共、御所は広し、方々へわけたりければ、いづくに人にあるともみえざりけれ」。兵力に対して守る面積が広すぎるのである。籠城の場合には四から七メートルに一人の守備兵が必要になるとされている。半井本『保元物語』でも「人数は千余人有けれは共、門門へ分けれは」と書かれている。西方の門を為朝一人が守備するというのは比喩だろうが兵力不足から守備兵が少ない箇所ができているわけで、籠城軍として見ると場所によって守備力に強弱があるという不備が透けてくる。しかし単純な野外での迎撃も難しい。後白河天皇側が大軍を動員できる清盛と、突撃力に優れた義朝がいることを考えれば、野戦よりも野戦陣地の発想が望まれる。門そのものよりも侵入通路前面を塞ぐ形で柵などを置き、後白河天皇側の突撃を遮断して楯に隠れながら矢を射かけ、通路脇などに伏兵を潜ませるなどの罠を仕掛けた方が防禦も効率的である。そして南都や吉野の軍に使いを出して到着を急がせれば挟撃することも可能かもしれない。

戦闘が行われたのが白河北殿の各門だけでなかったらしいことは、『吉記』寿永二年（1183）十二月二十九日条の「今日奉為崇徳院并宇治左府、可被建仁祠事始也」から推測できる。これによると春日河原が合戦場所となっている。春日河原、また『吾妻鏡』建久二年八月一日条では「保元の乱」にも参加した大庭景義が「大炊御門河原に於いて為朝の弓手に逢ふ」と述べている。鴨川の河原での戦闘は『保元物語』にも載っているし、「下野守は、大炊御門河原に、前に馬の懸場を残して、川より西に、東頭にひかへたり」とも書かれている。ただこの戦闘は鴨川を利用してあらかじめ作り上げていた防衛線での攻防ではなかった。

『保元物語』諸本によれば後白河天皇軍が西南の河原で鬨の声を挙げたため、源為義以下の兵士たちはそれぞれが守っていた門より駆け出し、大炊御門の西の方面の河原で崇徳院軍の頼賢が後白河天皇軍の義朝を迎撃し、清盛は二条河原の東岸から進撃したものの、為朝の弓矢での攻撃を受け伊藤五、山田小三郎伊行を失い後退する。今度は義朝が為朝と戦い、義朝配下の鎌田次郎正清が河原を南の方角に二町も「ふるひ〳〵逃たりける」。為朝は深追いは危険と見て門の方向に戻る。義朝は「それは聞ゆる者と思て、おづればこそはさあるらめ。八郎は筑紫そだちにて、船の中にて遠矢を射、歩立などはしらず、馬上の態は、坂東武者には、争か及ばん。馳ならべてくめや、者共」と下知して門に攻めかかった。

戦闘の記述では矢合戦の描写が多い。これは為朝が強弓で活躍したというだけでなく、籠城と攻城の戦闘であったことが大きい。籠城は多少の兵力差も突撃力も殺す。清盛の率いる兵力も義朝の率いる板東武者も有利とは言えなくなる。

『保元物語』諸本では清盛が為朝の弓に恐れをなして西方の門から移動して春日小路面の門に向かったと記されている。これは鎌倉時代に追加された清盛を貶しめすための記述である。というのも平家全盛期に清盛は保元物語の原型を読んでおり、特に怒ることもなく、その本についての咎めもなかったからである。おそらく真相は、守備兵力の絶対数が足りないことから広大な範囲を守り切れない崇徳院側の状態を見て、守りの堅いところは避けて守備の薄い「虚を突く」戦いをしたということであろう。

清盛の代わりに西門を攻めたのが義朝となっている。野戦では強力な関東武者も騎馬の突撃を殺す籠城軍には分が悪い。義朝配下の二十七騎が門の内側まで攻め込み激闘が繰り広げられ、為朝配下の二十八騎中二十三騎が討たれ（金比羅本『保元物語』では二人が討たれ、大事の手負い二人）、義朝の率いる軍でも五十三騎が討たれ七十騎が負傷する（半井本『保元物語』では五十一人が討たれ、大事の手負い八十余人、金比羅本『保元物語』では矢に射らるる者五十三人、疵を蒙る者二百余人）。「敵魚鱗に懸破らんとすれば、御方鶴翼につらなって射しらまかす。御方陽に開きてかこまんとすれ共、敵陰にとぢてかこまれず。黄石公がつたふる所、呉子・孫子が秘する所、互に知ったる道なれば、敵もちらず御方もひかず。されば千騎が十騎に成までも、はてつべき軍とは見えざりけり」という激戦となる。しかし個々人の奮戦は大局に影響を与えない。

東の門では平忠正、多田頼憲と源頼政配下の渡辺党が戦闘を繰り広げる。『兵範記』には頼政の名は第一陣にはなかったことから、いよいよ後詰めが投入されたということだろう。半井本『保元物語』では北の春日面で清盛と家広が死闘を繰り広げていたとある。

義朝は「火を懸ざらん外は利有べし共覚え候はず。但法勝寺なども風下にて候へば、伽藍の滅亡にや及候はんずらん。其段勅定に随べ」と火攻めを献策しながらも懸案事項を述べると、信西は「君のきみにてわたらせ給はゞ、法勝寺程の伽藍をば則時に建立せらるべし。ゆめ〳〵それにおそるべからず。只急速に凶徒誅戮の謀をめぐらすべし」と許可をする。信西の決断は勝敗を第一としたもので、内裏を焼くなという「平治の乱」での制約とは雲泥の差がある。後白河天皇軍は白河北殿の西隣にある藤原家成邸に火を放った。西風が強かったことから辰の刻（午前八時頃）には白河北殿に火が燃え移ったため、崇徳上皇や頼長は脱出する。

『孫子』、「火攻篇」では、もっとも優れた作戦として「火攻め」が推奨される。特に頭も使わず、簡単に事を決することができるからである。「保元の乱」でもそれが実行された。夜襲をかけて、館に火をかけるということは、戦略はもとより戦術などと呼べるしろものではない。それは火つけ強盗の類である。にもかかわらず、日本では多くの場合それで片づいた。そして不思議なことに、この火つけ強盗を優れた軍事行動と絶賛している者が大勢いるのだ。それは後世に悪影響を及ぼすこととなった。たとえば、後白河天皇側の勝利が確定したのは義朝の奇襲の献策を採用した段階であり、逆に前述したように為朝の夜襲案が否決された段階で崇徳上皇側の敗北が決定したとしている者もかなり多いが、勝敗とは無関係で、ただ時間がかかったかどうかの問題でしかない。

後白河天皇側は戦う前から圧倒的に有利であり、めったなことでは負けない状態にあった。崇徳上皇側は防衛線を幾重にも作り、より要塞化して大量の矢を揃えて敵の攻撃を何日でも受け止められるようにして、白河北殿に的主力を引きつけて南都の兵と挟撃すれば一時的に勝利は得られたかもしれないし、その勢いで後白河天皇を捕縛すれば政治的にも勝利できたかもしれない。

午の刻（午後零時頃）には清盛・義朝も帰参する。こうして「保元の乱」は終わった。

9——戦後処理

後白河天皇側は残敵掃討のため法勝寺を捜索するとともに、為義の円覚寺の住居を焼き払う。

頼長の敗北を知った忠実は、宇治から南都へ逃亡した。謹慎という選択はせず、頼長とともに罪人扱いされることを恐れ、南都の有する軍事力で身を守ろうとしたのである。実際に南都や吉野の軍隊は忠実を通して崇徳院側につこうとしたのだから、忠実は叛乱者側の有力者として裁かれる可能性が高かった。

頼長は矢に当たって死去したとされている。『愚管抄』は流れ矢が、頬、もしくは耳に当たったと二説を載せ、『平治物語』では頚に当たったと言う。『兵範記』では負傷したのは十一日だが死去したのは十四日となっている。流れ矢と言われているが、『保元物語』での矢は源重貞が放ったとされ、『愚管抄』も射手は重貞であったことをだいぶ後の本人の言として記している。頼長は死ぬ前に忠実に会いたがったが、当の忠実は苦渋の末に拒絶した。為義は忠正とともに親族を頼って降伏、もしくは重貞によって捕縛されたことになっている。

敵味方に分かれはしたが、頼長と信西がお互いを認め合い、師弟関係にあり友人同士でもあったことは有名である。頼長は信西に易を習い師として接していた。また四天王寺参詣の際、信西が鳥羽法皇に日本の故事を話すのを聞いた頼長は、何も付け加えることがないと感服したという。出自の問題で出世できない信西が三十九歳で出家した時にも、同情して「その才を以って顕官に居らず、すでに以って遁世せんとす。才、世に余り、世、之を尊ばず。これ、天の我国を亡すなり」という内容の書簡を送って慰めたことが『台記』康治二年八月五日（一一四三年九月十五日）条に出ている。さらに『台記』康治二年八月十一日（一一四三年九月二十一日）条によると数日後、信西と頼長は対面し、その頼長に対して信西が「臣、運の拙きを以って一職を帯せず、すでに以って遁世せんとす。人、定めておもへらく、才の高きを以って、天、之を亡す。いよいよ学を廃す。願わくば殿下、廃することなかれ」と述べ、頼長は「ただ敢えて命を忘れず」と答え二人して泣いたという。史学を重んじた信西は、経学と義学を重んじた頼長が答えられなかった鳥羽上皇からの問い、四天王寺の由来を、すらすらと弁じたともされている。『尊卑文脈』では「諸道に達せる才人なり」と記され、『続古事談』には中国語で宋人と話すという逸話が載っている。

頼長が勝者になったらば行ったであろう厳罰主義による戦後処理は、代わりに信西によって実行された。罪人扱いの忠実は忠通に書状を送り、十五日に届いたそれは忠通から朝廷に提出された。忠通は赦免を申請した。だが信西は裁くつもりである。もともと信西は摂関家の力を弱めたいと考えていたから良い機会であった。摂関家の分裂は信西が仕組んだものではないが、うがった見方をすれば摂関家を潰すために乱を画策したとも考えられるほどに戦後処理を活用した。

十七日、諸国司宛て綸旨で忠実は荘園から兵を集めようとしているされ、その所領も頼長同様に没収が命じられており、公卿以外の預所を改易して国司の管理にすることとなる。荘園の管理者として預所の地位にあったのは武士や悪僧であったから、武士、悪僧の預所改易によって摂関家が荘園を利用して有していた軍事力は消滅させられることとなる。摂関家が次の時代に生き残るために進めた軍事組織はかえって摂関家没落に役立ったことになる。十八日の忠通宛て綸旨では、宇治の所領と平等院を忠実から没官することが命じられている。忠実は忠通のおかげで罪名宣下こそ免れたが、洛北知足院に幽閉の身となった。

「保元の乱」によって、白河法皇の院政以来衰退していた摂関家は、さらに力を低下させていた。前任者であった頼長が死去し、忠通は念願の「氏長者」となることができた。しかしここで、本来は藤原氏の私的な地位で正式な官位でもない「氏長者」が、宣旨によって任命されることになった。頼長が罪人になったためである。

しかも敗者となった忠実・頼長が所有していた荘園も、すべて没収されることになった。二十日に忠実から忠通に「本来は忠通領だったが、義絶の際に忠実が取り上げた所領」と「高陽院領」百余所の荘園目録が送られ、摂関家荘園は、忠実から忠通への譲渡という形で没収が回避された。頼長の荘園二十九ヶ所はどうしようもなかったが、かろうじて忠通が摂関家伝来の荘園と忠実の荘園とを継承することとなったのだ。頼長の荘園は後白河法皇の所有となった。

摂関家は依然として富裕であったが盛時に比べれば格段に見劣りするものとなり、特に政治的な影響力としての発言権は小さなものになる。財産を守るためだけでなく、政治に積極的に介入するための必要な軍事力も失った。とはいえ摂関家はおごり高ぶりながら、座して衰退を待っていたわけではない。次の時代に行き残るための改変は進めていたのだ。しかし摂関家の力を回復しようとした忠実、現実に即した形で摂関家の力を維持しようとした忠通、摂関政治復活を夢みた頼長が相争った結果、その力は失われたのである。

二十七日、「太上天皇ならびに前左大臣に同意し、国家を危め奉らんと欲す」として、頼長の子、兼長、師長、隆長、範長、さらに藤原教長、源為義、平忠正・家弘らに罪名の宣旨が下った。武士に対しては死罪が適用されるという異例の果断さをともなう戦後処理となる。

戦後処置の過酷さは信西の果断だけによるものではなかった。後白河、義朝という勝者側の二人の人物の問題も大きい。後白河の異常性はその復讐心と憐憫の情を持たない残酷さに表れている。そして逆恨みも含めての復讐にかける執念は尋常なものではない。永暦元年（1160）正月、「平治の乱」で当初は叛乱側に立ちながら天皇奪還に功があった天皇親政派の経宗と惟方は「世ヲバ院ニ知ラセマイラセジ、内ノ御沙汰ニアルベシ」（院に政治の実権は渡さない、天皇が政務を執るべきだ）と称して、後白河院が八条堀河にあった宿所の藤原顕長邸の桟敷で外を見物していたところに材木の板を打ち付けて視界を遮った。後白河院は清盛に「ワガ世ニアリナシハコノ惟方、経宗ニアリ。コレヲ思フ程イマシメテマイラセヨ」と命じ二月二十日に経宗と惟方は捕縛される。二人は後白河院の面前に引き出されて拷問を受け悲鳴をあげ、後白河はこれを見学した。公卿が拷問を受けるということは通常はありえない。後白河によるリンチである。

二十八日、経宗と惟方は解官され、三月十一日に阿波国に配流された。慈円は「マガマガシケレバ、カキツクベカラズ」と述べている。それでいて後に許されて帰京した経宗に左大臣としたり、頼長の息子・師長を太政大臣にするなど節操がない。後白河は情的な配慮はなく、即物的に行動する。

「もし叡心果たし遂げんと欲する事あらば、あえて人の制法にかかわらず、必ずこれを遂ぐ」（一旦やろうと決めたことは人が制止するのも聞かず、必ずやり遂げる）とは信西が述べた後白河天皇評であるが、後白河は、心で敵と判断した相手は徹底的に滅ぼす傾向がある。これは「治承・寿永の兵乱」のさなか、平家一門を滅ぼすまで敵対者であり続け、孫の安徳天皇も見殺しにしたことからもわかる。後白河にとって木曽義仲も源義経も利用するだけの存在で、不要になれば簡単に捨てた。そしてその酷薄性は、「保元の乱」の戦後処理では敵対者に対する残酷な処罰となって表れる。その刃は兄である崇徳上皇にも向けられた。後白河は自分に敵対した崇徳上皇を決して許そうとせず、異常な執念をもって徹底的に辱め排除した。

讃岐国に流された崇徳上皇は、都への帰還を望み、故・鳥羽法皇の菩提を弔うための書経をして後白河天皇に送ったが突き返される。あまりの仕打ちに激怒した崇徳上皇は「日本国の大魔縁となり、皇を民となし、民を皇となさん」と言って舌を食いちぎり、その血で神仏への誓いの言葉をしたためたと『保元物語』の中では語られている。新たな怪談の登場である。実際に、「平治の乱」という兵乱が起こり、武士による政権が生まれることになったのだ。

崇徳上皇の怨霊は後世まで恐れられ、はるか後となる明治天皇即位の際、讃岐国に祭られていたその神霊が京都に迎え入れられている。しかし三重大学教授の山田雄司（1967–）の研究によると、讃岐国の崇徳院はどちらかというと穏やかな生活であったようで、和歌などから推測すると寂しさはあっても恨みはなかったようだとのことである。崇徳院自身というよりも、当時の人々の崇徳上皇への同情は強く、むしろ人々の思いが本人とは無関係なところで怨霊伝説を生んだようで、平安時代後期の貴族・吉田経房（1142–1200）は日記『吉記』の七月十七日条の中に、寿永二年の木曽義仲上洛直前の混乱状況をして崇徳上皇の怨霊によるものとする逸話を載せている。後白河による崇徳院への残酷な仕打ちは死後も続き、長慶二年（1164）に崇徳院が崩御した時には天皇に対する葬礼である国葬にはせず主宰を讃岐国司に命じたという。人々が不憫に思うのもゆえなしである。

武家に対する戦後処理はさらに過酷なものであり、死刑が復活した。「自力救済」が生き続け、特に地方においては武力で争うという自力救済で行われていた時代であるから、死刑は煩雑であった。戦闘において敵を捕縛した後に斬首することは多々あったし、朝命による追討でも敵を斬首することは見られたが、今回の死刑は国家制度の中で行われるということで「薬子の変」以来である。死刑復活には疑問の声も挙がったようだが、信西はこれを強行した。

10――河内源氏の血の粛清

残酷さという点では義朝も人後に落ちない。義朝は親兄弟を七月三十日に処刑した。父の為義をはじめ、弟の頼賢、頼仲、為成、為宗、為仲らが斬首される。それに対し親子兄弟を重んじるのは西国武者の特色で、親族を助けるのを当然と清盛は考えていたらしい。『保元物語』によると、彼は敵・為義の命乞いまでも中院雅定にしたようであるが、信西の説得で二十八日に叔父の忠正らを切っている。

義朝も為義の命乞いをしたように言われている。しかし義朝はもともとが弟の義賢を、息子の義平に殺させた人物であり、義平は義賢のみならず、その幼子の駒王丸（後の木曽義仲）までも殺そうとしていた。さらに「平治の乱」後、義朝は都落ちに際して娘を斬るよう郎党に命じ、途中で負傷した次男の朝長を殺している。物語がいかに脚色しようとも、要は足手まといになるから実の息子を殺したのだ。一族同士血の抗争を繰り広げ残虐に殺し尽くす。こうした河内源氏の異常性は義朝に始まるわけではない。そもそも義朝の「源」は、「暴悪無双」と言われ「物狂帝」というあだ名を持つ陽成天皇にあった。偉大な帝王である桓武天皇を祖とする平家とは対照的である。

長らく清和源氏と考えられていた義朝一派が陽成源氏とわかったのは近年である。義朝の高祖父・頼信（968–1048）が河内守に在任中の永承元年（1046）に河内国の誉田山陵（大阪府羽曳野市誉田にある応神天皇陵）に「河内守源頼信告文」を奉納した。この古写本が石清水八幡宮に現存しているが、そこには応神天皇が頼信から数えて二十二代前の先祖にあたるとして、任国の安穏と家門の繁栄を祈る内容とともに「曽祖陽成天皇者」、「頼信者彼天皇四世孫也」、「先人新発其先経基其先元平親王其先陽成天皇其先清和天皇」といった文言が書かれており「清和天皇－陽成天皇－元平親王－経基－満仲－頼信」という系譜まで載っているのである。河内源氏につながる臣籍降下は六孫王源経基（？–961）の時である。『尊卑分脈』では清和天皇の第六皇子の貞純親王の子とされていた。実際には清和天皇の第一皇子であった陽成天皇の子・元平親王が経基の親であったのである。「清和天皇－貞純親王－経基－満仲－頼信」ではなかったのだ。

陽成天皇は日頃から粗暴な振る舞いが多い人物で、「悪君の極み」、「乱国の王」である。たとえば、元慶七年十一月十日に宮中で起こった殺人事件の犯人は陽成天皇であるという。これは陽成天皇の乳兄弟であった源益が殿上で天皇に近侍していたところ、突然何者かに殴殺されるという事件の犯人が陽成天皇であったというもので、『日本三代実録』によれば宮中で相撲を取って「格殺」とある。『玉葉』の承安二年（1172）十一月二十日条に、「陽成院暴悪無双にして、二月祈年祭以前、自ら刀を抜きて人を殺害す」とある。また『愚管抄』の巻第三は、「コノ陽成院、九歳ニテ位ニツキテ八年十六マデノアヒダ、昔ノ武烈天皇ノゴトクナノメナラズアサマシクテオハシマシ」と伝えている。武烈天皇とは、人の生爪を剥いだ上で山芋を掘らせた、人の頭髪を抜いて木に登らせ、その木を切り倒して殺し、弓で射落としたりして楽しんだ、人を樋に入れて池に流し、それを矛で刺し殺すのを楽しみとした、胎児がどんなものか見てみようと思って妊婦の腹を割いた等々の逸話に彩られた暴君として悪名高いが、陽成天皇にも、人を木に登らせて落とし、「撃殺」して楽しんでいた、蛙を集めて蛇に呑ませた、猿と犬を闘わせてその様を見て楽しんだ、といった話が伝わっている。

義朝の曾祖父である頼義が安部氏を「前九年の役」に引き込む時の悪辣さもすさまじいが、合戦中もかなりの残虐行為に及び、『古事談』によれば敵や裏切り者に対し「喜ビテソノ頸ヲ斬リッ」、「斬人首事一万五千人」と記され、大江匡房に至っては「人ノ首ヲ梟シ、物ノ命ヲ断チシコト、楚越ノ竹ト雖モ、計ヘ尽クス可カラ不」とまで述べている。さらには捕虜の藤原経清の首をわざと赤錆びた刀で鋸引きのような形で切ってもいるという。

頼義の子、義朝にとっては祖父で、「花も実もある」イメージの源義家も残酷さでは引けを取らない。「後三年の役」で金沢柵に籠もった清原武衡軍を兵糧攻めにした義家は、城より逃れようとする非戦闘員の女子供を城内から見えるところで皆殺しにする（「くだる所の雑女・童部は、城中の兵どもの愛妻・愛子どもなり」、「みなめのまへにころす」）。出れば殺されるとあって逃げ出す者はいなくなり（「かさねてくだるものなし」）、その結果城中の食糧はあっという間に底をついて落城する。それを伝え聞いた京の公家たちはあまりの残忍さに驚愕したという。義家は、実の弟で、その一族としては珍しく情のあった義光を通じて降伏を願い出た武衡を許さず、落城後に水の中に潜んでいたのを見つけ出し、再度の義光の助命嘆願にもかかわらず斬首する。武衡の家来の千住などは舌を切られた上で主君の首の上に吊るされた挙句の果て、その「みしるし」を足で踏むようにしむけられ、泣く泣く踏むのを見た義家は「二年の愁眉今日すでにひらけぬ」と喜び、さらに平安京へ戻る時に家衡と武衡の首を道ばたに投げ捨てたという。平安京と奥羽を往復する時、その道すがらに自分たちを歓待してくれた長者が、富強であるというだけの理由で取り潰されたという伝説も、一つや二つではない。

『平家物語』には平清盛が無間地獄に落ちる夢の話が登場するが、そのオリジナルは『古事談』にある義家の話で、こちらは本当に当時あった噂話らしい。「源義家朝臣は、慙愧の心無きに依て、遂に悪趣に堕し畢んぬ。病悩の時、家の向ひなりける女房の夢に、地獄絵に書たるやうなる鬼形の輩、其の数、彼の家に乱入、家主を捕へ、大札を先に之を持ち、将出たり。札の銘には『無間地獄の罪人源義家』と書たり」、「守殿、此の暁逝去す」、つまりかいつまむとこうだ。平安京の義家の屋敷の近所の者が、ある夜に義家が鬼に引きずられて門を出て行く夢を見た。そこで義家の屋敷を覗うと、屋敷の中では義家が死んだと大騒ぎになっていた。あれは義家が地獄に引きずられていくところだったに違いない云々。『古事談』では続けて父・頼義も殺生の罪人で、本来なら地獄に堕ちるべき人間であると言う。「前九年の役」で切り落とした首は一万八千、その片耳を取り集め、乾して皮古二合に入れて上洛したのだが、後年仏門に入って、その耳を堂(京・六条坊門北の耳納堂）の土壇の下に埋めて弔い、自分の殺生を悔いたために最後は成仏できたらしい。しかし義家の場合は罪も無い人をたくさん殺して、それを悔いるところも無かったため、無限地獄へ堕ちたとされているのである。

義家の同時代人藤原宗忠が、その日記『中右記』に、「故義家朝臣は年来武者の長者として多く無罪の人を殺すと云々。積悪の余り、遂に子孫に及ぶか」と記しているが、この記事は義家の嫡男・義親の「康和の乱」を指している。康和三年（1101）、義親は対馬守でありながら、人民を殺害し略奪を働き、大宰大弐・大江匡房の訴えられる。義家は家臣の藤原資道を遣わすが、資道は義親に従い遂には官吏を殺害する。康和四年（1102）、義親は隠岐国へ配流されることになったが従わず、出雲国で目代を殺害し、官物を奪取した。義家が自ら息子の追討へ赴かねばならない状況になったが、嘉承元年（1106）に義家は死去し、平正盛によって嘉祥三年（1108）正月に征伐された義親は梟首により最期を晒した。

河内源氏の混乱はさらに続き、今度はお家芸ともいうべき内紛が引き起こされる。義親が殺された翌年にあたる天仁二年（1109）、義家の子で義親の異母弟であり家督を継いだ義忠が暗殺された。その嫌疑を受けた義綱（義家の同母弟）は出奔するが為義（義親の子）の追討を受け、一族は滅ぼされ、義綱は佐渡国へ流罪となった。

同族同士の殺し合いとその残虐性とは義朝の二人の子供、頼朝と義経にも受け継がれる。頼朝のきわだった特徴は冷酷さである。頼朝が殺した一族は、元暦年間に従兄弟の義仲、義仲の子である義基（義重、清水義高）、叔父の義憲、従兄弟の義延、一条（武田）忠頼、文治二年に叔父の行家、行家の子である家光、義経の幼子、建久四年には弟の範頼、安田義資、安田義定と十指に余る。『北条九代記』によると、頼朝は非業の死を遂げた安徳天皇らの怨霊によって殺されたという。

頼朝の冷酷さに対し、義経は野蛮で残酷な人間であった。「一ノ谷合戦」での騙し討ちにより、えびらの矢に和歌をさした忠盛、十七歳の敦盛、父の身代わりになった知章、小宰相の後追い自殺を誘った通盛、琵琶の名手経正、それに経俊、業盛、師盛、猛将として名高い越中前司盛俊らが殺されたが、義経はそれらの人々の首を槍の先に貫き、赤い札に名前を書いてつけ平安京中を引き回した上、獄門にかけた。さすがに後白河法皇もそれはやめるようにと指示し、公家たちにしてももともと平家贔屓であったため高位高官にあった人たちへのそうした不敬に眉をひそめた。そして庶民も総じて平家贔屓であった、というのも平家は庶民を苦しめるということは意識的に避けており、火災の時などは私財を投じて復興の手助けをしていたからだ。にもかかわらず義経は強行する。「屋島合戦」で那須与一が扇のまとを射た時、平家方の伊賀家貞が感に堪えず長刀を水車と回して舞うのを射殺させたのも義経であった。殺されるのは戦闘員だけではない。放火も絶えず行っていて木曽義仲との「宇治川合戦」では多くの無辜の民を家ごと焼き殺した。彦島では民間人の殺戮を行っている。元亀二年にパードレ・ガスパル・ビレラがしたためた書簡には牛若丸が「悪魔と契約をなせり。誓は、多数の人の通通過する此の橋にて千人を殺すことにして」九百五十人まで殺したという記載がある。『平家物語』ばかりか『吾妻鏡』までもが義経を「すすどき人」と形容している。「すすどい」には悪賢い、狡猾である、抜け目ない、えげつない、あくどい、こすいといった意味もある。

頼朝死後に頼家、実朝、公卿と殺し合いが続き、その直系子孫は絶える。『保暦間記』にはこうある。「頼朝ノ跡一人モ不残、三代将軍、僅四十余年カ内絶エヌルコト、偏ニ多ノ人ヲ失玉ヒシ、此罪トソ申伝タル」。また頼家の娘の竹御所が死去した時、藤原定家は『明月記』に「故前幕下（頼朝）の孫子今において遺種なきか、平家の遺系嬰児を召し取りことごとく失命す。物皆何の為に報い有らんや」と記している。しかも頼朝の実子は、三男で出家した貞暁が四十六歳まで生きたのが唯一の例外で、長女大姫が二十歳で病死、頼家は二十三歳で修禅寺にて暗殺され、次女の三幡は十四歳で急病死、実朝も二十八歳で暗殺と、皆三十歳前に死んでいる。

頼家の子も、嫡男の一幡がわずか六歳で「比企能員の変」によって殺され、栄実は「和田合戦」後に謀反の咎で幕府方に襲撃され十四歳で自刃、公暁は実朝を暗殺した後、三浦氏により二十歳で謀殺され、禅暁はというと実朝が殺された後に十九歳で二階堂行光により平安京で殺害、一人残った女子の竹御所は四代将軍の座に就いた藤原頼経（九条家）に嫁ぐが三十三歳で男児を死産の後に死亡している。

しかし単に残酷さを発揮した義経と違い、義朝と頼朝には明白な共通点がある。内部か外部かの差異を抜かせば頼義、義家も含めて一貫していたのは権力拡大志向であった。河内源氏には一族団結するよりも、唯一リーダーとなって同族を粛正する傾向が見られる。スターリン型独裁に類似した頼朝の独裁は、基本的にその性行の延長上にあるのだが、既に保元の乱後の戦後処理にそれは見られているように思えるのだ。

一般に清盛が叔父忠正を斬ったため義朝もやむをえず父と弟を斬ったとされている。しかし実のところ義朝はこれを期にライバルとなる弟たちを始末したのだとも取れる。河内源氏の中で血統を伝える者が唯一であれば、誰にも脅かされず全遺産を相続できる。前述したように、処刑などなくとも、義朝の弟の義賢は、義朝の息子義平に殺されている。ある意味で戦後処理は義朝に粛正の最高の口実を与えたとも言える。

実際に為義と義朝の親子仲も悪かった。為義はむしろ義朝よりも弟たちをかわいがり家督を継がせたかったふしがある。義朝は廃嫡されていた可能性が大で、関東も義朝の叔父・義賢に任せられることになりそうであった。為義の所領がどうなったかについての記述は見あたらないが、義朝はこれ以降、平安京に住むこととなっている。要は河内源氏の全財産と、河内源氏の指導者の地位を手に入れるために一族を根絶やしにしようとしたのであろう。河内源氏全体として見れば多くの一族が参加している為義側が勝利した方が、各人に恩賞が与えられたから、義朝一人が勝利するよりも力は増大したろうが、内部対立が激しいから各々が自立していがみ合い、最後には滅ぼし合ったのだろう。

11――恩賞問題

清盛と義朝の恩賞に差があるのは衆人の認めるところである。正四位下・安芸守であった清盛は正四位上・播磨守となった。播磨守は伊予守とともに受領としては最上位で、将来は公卿への昇進が約束されたに等しい。播磨守は内蔵頭に転任する慣例があり、内蔵頭は任期を終えると従三位の位階が与えられることになっていたからである。従三位は公卿である。とはいえ播磨守は安芸守の上だから、ワンランク上がったにすぎない。他に参加した弟たちも昇進し、経盛が安芸守、頼盛が常陸守、教盛が淡路守となっている。十七日には清盛の申請で頼盛、教盛の内昇殿が許可された。平家一門で播磨国をはじめとして四ヶ国を知行国として獲得しているのである。従五位下・下野守の義朝は右馬権頭に任じられて昇殿を許され、更に下野守重任、従五位上への昇進が認められた。清盛同様にワンランク昇格であるが、義朝は右馬権頭が不満であったため文句を言って左馬頭になっている。左馬頭は源経基・源満仲父子が任じられて以来の河内源氏に縁ある官職で宮中の軍馬統括に従事、四十から五十頭の馬を管理する、院近臣の重職でもある。関東武者を率いる義朝にとって恩賞として決して不当なものではなかった。殿上人となり河内源氏で初めて内昇殿が許されたのだから、むしろ破格と言えた。義家でさえ院昇殿どまりであったのだ。頼光と並んでいる。義朝はさらに正五位下になる。

他に足利義康が六位・蔵人頭に任じられ、さらに従五位下大夫尉に任官している。義朝、義康ともに内昇殿を許されたのだから恩賞に感謝すべきという思いが信西などにはあったろう。しかし義朝は左馬頭任官ですらも清盛と平家一門への待遇と比べて相当見劣りすることから大いに不満を持ったとも言われていた。だが、これは既に多くの研究者が指摘していることになるが「保元の乱」勃発前の官位において、清盛と義朝とはかなりの差があった。

清盛の昇進は義朝などとは比較にならないほどに早かった。清盛は既に十二歳で五位、さらに左兵衛佐に任命され、十四歳で従五位下、十八歳では従四位下、十九歳で中務大輔、そして二十歳になった時には肥後守となっている。廃嫡にも等しい身分で無位無冠のままに関東に赴いた義朝とでは身分が違いすぎる。久安二年二月二日、二十九歳の清盛はついに安芸守となっている。もともとが院の優等生として正四位下刑部卿で公卿昇進を目前に病死した平忠盛の子の清盛、しかも内内昇殿が許される正四位下・安芸守の立場に対する恩賞ということで正四位上・播磨守は至極順当である。「保元の乱」がなくても順当にいけば播磨守になったかもしれない。平家全体として見ても、弟たちも参戦しているのだから恩賞をもらうのは当然のことである。

義朝は乱以前、従五位下、国として最下位、亡弊国（疲弊していて様々な負担が免除されていた国）で奥羽との境である下野守にすぎない。義朝が親兄弟と離れて天皇側についたことは評価されるべきという意見が多いが、見方を変えれば父親や弟が謀反人であったということで立場を良くするものではない。少なくとも肩身が狭かったろう。義朝への低い評価は親兄弟を斬ったことよりも、親兄弟が敵側についていたということにあるように思える。崇徳院との関係がありながら一門で天皇側についた平家、特に頼盛さえも天皇側に立った平家とでは人々の見る目も違った。

義朝の恩賞の妥当性と不満については人文系の研究者にも様々な推論があり、法政大学教授の古澤直人（1958–）は恩賞が十分だったという元木泰雄の論を批判し、藤原秀郷への勲功労賞が基準となっているのだから五から八階級昇進も期待できたと述べている。つまり「承平・天慶の乱」鎮圧で秀郷は、六位から四位に越階し、なおかつ下野掾から下野守に昇進したこと、そして「前九年の役」の鎮圧で源頼義が正四位下伊予守に任ぜられただけでなく息子や郎党も任官に与ったといった「先例」から、義朝が過度な期待をした可能性があると見ているのだ。秀郷や頼義と同じように「謀叛の鎮圧」という実績を挙げたにもかかわらず、従五位上の昇進は翌年まで持ち越しとされているのだから義朝にとって期待と現実のギャップがあったのではないか、というわけである。信西から見れば過分とも思える恩賞も、義朝の抱いた期待からすれば過少と受け取られたということになる。

分不相応な期待をしたのは右馬権頭に対する不満の表明からも明らかである。義朝にとって望むべき地位は陽成源氏の頂点である頼光の正四位下左馬権頭、そして頼義、義家の正四位下が念頭にあったのかもしれない。崇徳院と敵対することに少なからず躊躇した清盛に対して、義朝はやる気満々で、放火も提案したのだから忠誠心と戦功は第一の存在と考え、清盛との地位を逆転させるような破格の恩賞を期待したのかもしれない。だが客観的に見れば清盛と同格と云う事はありえない。「先例」通りに五から八階級昇進したとしても「保元の乱」以前の清盛と同じレベルなのだから、恩賞を受けた清盛とはどのみち格差があるのである。それにいかに義朝が秀郷基準を期待しても、清盛の恩賞とのバランスがある。崇徳院との関係にもかかわらず戦争の勝敗を分かつ兵力を動員し一族で加勢した清盛でさえ、正四位上・播磨守というワンランクのみの昇格であったのだから。

恩賞におけるもう一つの側面として、政治理論も大きくクローズアップされていた。実際、信西という優れた政治家にはそれを考慮する力もあったのだ。戦功評価は戦争全体における軍事体制が反映される。清盛が政治的に義朝と比較にならぬほど優れていたこともあるが、近畿での動員力、こと都での「戦争」においては義朝とは格段の差があった。攻撃の際に率いていた兵数そのものも義朝二百人に対して清盛は三百人、清盛が味方した段階で勝敗が決したのであるから、論功行賞の最大の享受者は清盛になる。親兄弟が敵側についた義朝に対して清盛の兄弟のみならず重盛等の子供も皆味方したのだから、各人への恩賞は当然のことである。しかも崇徳院への思いを断ち切っての参陣である。

人間は比較によって自己を相対化し、誰かとの差により不満や優越感を感じたりする。先例と比較しての不満だけではない。もし義朝のみが武人として参加し、義朝のみが恩賞をもらったのであれば満足したのかもしれない。しかし朝廷の視点では義朝に対する過分な恩賞も、清盛と比較すれば見劣りする、清盛は戦功が少ないのにとの思いを義朝には抱かせたであろう。義朝にあったのは個人的武勇のレベルでの考えであって戦争全体を見回す度量はない。やがてこれは「平治の乱」で明らかとなるのだ。義朝と清盛との実力差は明確である。にもかかわらず義朝の不満という形で、次なる争乱の種がこの段階で蒔かれたのだ。

結局、トータルで見れば平家と河内源氏との力は差はさらに開いた。兄弟親子で参加した平家では、清盛は当然のことながら参加した一族に恩賞があったから総計として大変な力の増大を見せた。これは平家一門が団結する一族であったからで、各人の恩賞の高さがさらなる力の結集を生んだのである。義朝の河内源氏内での地位は揺るぎないものになったが、いかに恩賞をもらっても義朝一人では相対的に平家との差は歴然としている。ただ基本的な疑問として、そもそも義朝が清盛にどこまでライバル心を持っていたのかはわからない。武士団として見れば清盛との主従関係を持ちたがる武士は増えるだろう。これは軍事力における義朝の力の相対的な低下をも意味する。義家の流れをくむ義朝にとっては、かなりの焦りも生まれたはずである。

12——過渡期

「保元の乱」は「急性アノミー」に近い現象を引き起こした。「急性アノミー」とは価値規範が急速に崩れることで、一旦これが起きると既存の権威は崩壊し、人々はそれまでの約束事やルールを信じられなくなって既存権威のもとの秩序は通用しなくなる。貴族が力を持っていて、その力に服するという「擬制」が通じなくなったのである。

事態を解決したのは軍事力であった。貴族は擬制の上に成り立つ存在であり、その無力さが明らかとなったわけで、物理的強制力を自ら持たない彼らは武士という存在に頼り切っていた。だが、無力な存在ではあったものの、一方でそれを悟られてもいない。それというのも軍事力によって権力抗争を決することをしてこなかったからである。つまり、使わないことで、古の強大な権力者のイメージを維持し続けていたということだ。摂関政治であれ院政であれ、実態を虚飾の衣に包みこんでいたが、貴族に実力行使の物理的強制力がないこととその実態など、すべては明るみに晒された。もちろん摂関家のように対応を急いでいた存在もあるが、前述したようにそれがかえって仇となった。摂関家の軍事力の源、荘園管理の預所のかなりが国司管理に移管されることとなり、その私的軍隊のみならず荘園支配力もかなりが失われることとなった。

軍事力はまさに窮極手段《ウルティマ・ラティオ》である。この軍事力を掌握するものこそが真の支配者、権力者を決定する。近畿において、最大の軍事力を有する清盛の存在は、「保元の乱」でも、決定的な役割を演じた。伊勢国と伊賀国という都の近接地帯、瀬戸内海の水軍、西国の兵がいるだけではない。都の清盛の館がある六波羅地区そのものが要塞化された上、常時兵力が存在していた。『長門本平家物語』によれば忠盛時代には一町四方ほど、それが清盛の時代を経て二十余町（約九万坪）に及ぶ地区に一族郎党の館が建ち並んだ。清盛の館百七十余宇を囲んで一族郎党の館五千二百余戸にもなったとされるから即時兵力動員が可能であった。南都北嶺も河内源氏も摂津源氏も平家に対抗する軍事力は持っていなかった。

都にいる限り、清盛が支持している以上は安定が得られる。信西は清盛と姻戚関係を結んでいく。信西の子・成憲は、清盛の娘（後の花山院兼雅室）と結婚した。いわゆる「連合」による基板固めに入ったのである。信西は清盛の力を背景に改革を推し進める。

信西の不安定さは、後白河天皇という暗愚な君主の力のもとで権力を発揮しているという点にあり、また自らが武装されていなかったことにも一因は求められる。改革を推し進めるためには、背後に軍事力が必要であった。さもなければ、当てにもならない君主の寵愛が失われた段階で、民衆の支持を失ったサヴォナローラと同様に「自らが作った制度とともに滅びる」運命にあった。そのために信西は、清盛の力をあてにした。

その代わりに、平家一門は厚遇されている。「保元の乱」の戦後行賞でも、経盛が安芸守、教盛が淡路守となり、その後、頼盛が安芸守に転任、経盛が常陸介に転任している。さらに、頼盛と経盛は内昇殿も許されている。保元三年には基盛が大和守となり、その後、教盛が転任し、清盛は大宰大弐に就任する。宋との関係はさらに密接なものとなり、貿易の利も拡充され、土地に頼らない経済力を高めた。

「平治の乱」直前に平家の知行国は四ヶ国になっている。これは信西や藤原信頼とほぼ同格で、院政時代の摂関家にも匹敵する。保元二年に、信西が推進した内裏造営において、清盛が仁寿殿、頼盛が貞観殿、経盛が淑景舎、教盛が陰明門といった主要な殿舎の建設をそれぞれ担当した。これぞ平家の実力である。平家と河内源氏との差は歴然たるもので、あたかも清盛と義朝が対抗関係で拮抗していたようにイメージさせるのは、頼朝の作為であろう。

社会科学的視点で見れば、「保元の乱」そのものは、次の段階に至る過渡期にすぎない。新たな戦雲の高まりが、「保元の乱」と同じく、政界の権力抗争に始まっていた。摂関家は、もはや時代から取り残された脇役と化し、新しい権力者たちが、「平治の乱」の前段となる抗争を開始していた。現状打破勢力が台頭してきたのである。

河内源氏の力が「保元の乱」以降、衰えたわけではない。義朝個人としては絶対的な力は上昇している。しかし平家の力の拡大の前に比較すると、バランス・オブ・ハワー上、相対的には力を低下させていた。畿内における軍事力で見劣りする上、政治力では清盛と義朝では比較のしようもないほどの差があり、経済力もまた格段に劣っていた。内裏造営で、義朝が造営したのはわずかに北廊にすぎず、官位を見れば清盛の子である重盛と同じ従五位下であった。保元元年の十二月には下野守を重任し、保元二年になってようやく義朝は従五位上となっている。

平時においても清盛の政治力により平家の力が上昇していく中、義朝は信西と組むことで力を拡大しようとしたが、義朝と組むことにメリットを感じない当の信西からは拒否されたらしい。『平治物語』などには、学者の家柄だから武家とは縁組みをしないというのがその理由として挙げられている。その一方で清盛とは縁組みしているのだから、義朝にすればそれは単なる失望ではなく、歯噛みするほどの屈辱であったはずである。しかし、そもそも清盛と義朝では身分が違いすぎた。一族の知行国が四ヶ国という清盛の地位は、信西や信頼とほぼ同格になっていたのである。義朝ごときが信西に対等に提携を申し入れられる身分ではない。しかし、それは信西の理屈であって、義朝には通じなかった。

革命を起こす前の民衆の心理とは、期待と現実のギャップにあるとされる。生活水準などの上昇が、次の段階への期待を高め、現実がその期待に答えるレベルでないと、失望からやがて怒りの暴発を生む。「保元の乱」後の恩賞、その後の平家との格差の拡大、信西の態度は、義朝を叛乱に駆り立てる必要条件であった。

後白河天皇樹立を達成した後、政治世界から摂関家は脱落し、代わっていくつかの派閥が形成されていった。目的の実現後に、今度は各々の差異が目立ってきたのである。勝者には権力が与えられる。そのもっとも強力なものが「黒衣の宰相」信西の一派であるが、それを含めて派閥は全部で三派に分かれていた。大きく分けて院政派と天皇親政派で、院政派がさらに二つに割れていたのである。院政派とは後白河上皇派で、その一方の雄が信西であった。

保元三年（1158）、後白河天皇は皇位を守仁親王に譲位する。これが二条天皇である。二条天皇は英主であり、後白河の問題も見抜いていた。『玉葉』嘉応元年四月十日条にはある陰陽師の言葉として「今上他においては賢と謂ふべくも、至孝の義はすでに闕けたり」との文言が見受けられる。もともと後白河天皇は、つなぎの天皇という位置づけであった。『兵範記』保元三年八月四日条によれば、前述したようにこの譲位は美福門院と信西との協議、すなわち「仏と仏との評定」の結果だという。鳥羽上皇の荘園の大部分は、美福門院と暲子内親王に譲られた。後白河上皇には、頼長の荘園に加え、平忠正や正弘の荘園が院領として与えられている。

やはり前述の通り、もともと後白河はつなぎの天皇であったから、早々に引退させて二条天皇親政が開始されるはずであった。しかし、「治天の君」をめざす後白河上皇は権力を手放したくなかった。そのため、後白河院政派と二条親政派の対立がここに始まる。

しかも、後白河院政派内部でも信西と対立する一派が台頭してくる。人間の真性は保守である。改革者が嫌われるのは、既得権益が破壊されるからである。信西もまた危険な立場にあった。しかし、信西ともっとも対立したのは、そうした既得権益所有者たちではなく、後白河上皇の寵臣・藤原信頼だった。

後白河天皇は近衛天皇急死により突然皇位を継いだこともあり、頼れる者が少なく、近臣の育成が急務となった。そのために、信西を重用するとともに、新興勢力として信頼を引き立てたのである。院政派ということで、当初は信西と信頼もうまくやっていたようであったが、これもやがて対立していくことになる。金沢文庫主任学芸員の永井晋（1959−）は、信頼の出世が二条天皇親政派の反発につながると見て信西が押さえにかかった、という見解を述べている。

第３章　「平治の乱」

1――軍記物語の描く「平治の乱」の顛末

「平治の乱」と言えば必ず登場する、それでいて一級史料としては扱われない軍記物語の『平治物語』では、どのように「平治の乱」を描いているのだろうか。金力比羅本『平治物語』を元にすると以下のようになる。

『平治物語』諸本の大方が「いにしへより今に至るまで王者の人臣を賞ずるは、和漢両朝をとぶらふに、文武二道を先とせり。文を以ては万機の政をたすけ、武を以ては四夷の乱れを鎮む。しかれば、天下を保ち国士を治むること、文を左にし、武を右にすとぞ見えたる。たとへば人の二つの手のごとし。一つも欠けてはあるべからず」の書き出しに始まり、まず「信頼・信西不快の事」として後白河の二人の近臣、信西と藤原信頼の不和が記されている。信頼の評価は低く、無能力者でありながらも父親の七光りで地位につき、さらに分不相応な地位として近衛大将への任官を望むが、これを信西が阻止にかかる。信西は後白河院から話があった時も、国を滅ぼす基であると言って反対した。このことを聞いた信頼は、源義朝を見方に引き込み信西を討とうと相談した。義朝は、「保元の乱」の時に敗者となった父、そして兄弟子供の斬首を命じられて実行させられた上、清盛と比べて恩賞が少なかったために信西に恨みを抱いていた。信頼が味方にできたのは越後中将成親、義朝とその子供たちである悪源太義平、朝長、頼朝、また源三位頼政、斉藤別当実盛、新宮十郎義盛（後の行家）、熊谷次郎直実ら河内源氏につながる者ばかりであった。

平治元年十二月、平家一門が、熊野権現へと参詣した隙を狙って、義朝率いる五百騎が挙兵し後白河の三条東殿を急襲、二条天皇や後白河を幽閉する。火をかけられた三条殿は焼け落ち、多くの人間が殺戮される。信西は前夜、都を抜け出して宇治田原まで逃れたが撒き切れないと悟り、穴を掘らせてそこに入り竹筒を地面から出して念仏を唱えていたが、追っ手に見つかり掘り起こされて殺される。

信頼は除目を行い官位・恩賞を濫発する。信頼自身は近衛大将と大臣を兼務、左馬頭義朝は播磨守になり、佐渡式部大夫源重成は信濃守に、多田蔵人大夫源頼範は摂津守に任じられる。さらに源兼経は左衛門尉に、足立四郎遠基は右馬允に、そして鎌田次郎正清は兵衛尉となり政家と改名するが、今度の合戦に勝利を収めたならば上総国を所望すると述べる。乱の勃発を知り駆けつけてきた義朝の嫡子・悪源太義平は官位・恩賞を為朝に倣って辞退し、阿倍野で清盛を待ち伏せする策を提言するが信頼がこれを却下する。藤原伊通に至っては、大勢を殺して官位をもらえるのなら、三条殿にある井戸が一番多くを殺しているのになぜ官位を与えないのだ、と笑ったという。

十日、六波羅の早馬が切部の宿に滞在中の清盛一行のもとに到着、乱勃発を知らせる。清盛に対して重盛がすぐに都に戻ることを進言、筑後守家貞が用意していた五十領の鎧、五十束の矢、五十張の弓で武装を整える。熊野別当湛増が二十騎を寄越し、湯浅権守湯浅宗重が三十余騎で駆けつけ、百余騎になる。悪源太義平が三千余騎にて阿倍野で待ち伏せていると情報が入り、清盛は四国に落ち延びて再起することも考えるが、長引くと院宣・綸旨が出回る可能性があると重盛が述べ上洛することにする。さらに六波羅からの早馬が到着して現地の状況、義平の待ち伏せはないこと、伊勢国の伊藤軍三百余騎が待っていることが知らされる。和泉国大鳥の宮に到着する頃には和泉国、紀伊国、伊賀国、伊勢国の家来が陣に加わり大軍となっていた。信頼側の兵力はそれほど多くなかった。天皇は「黒戸の御所」、上皇は「一本御書所」に押し込められ、「内侍所」（神鏡）は「温明殿」に、「剣璽」（草薙の剣と勾玉）は「夜の御殿」にそれぞれあるという。

十二月二十三日、内裏では六波羅から軍勢が攻め込むと噂になり、六波羅では乱勃発の翌日からほぼ毎日毎晩、内裏から攻めて来るのではと心配し、源平両軍の兵が、京白河周辺を走り回っていた。そんな中、二十六日の深夜、密かに上皇は脱出して仁和寺に移動し、二条天皇は藤原経宗と藤原惟方の手によって女装しての脱出をはかり、伊藤武者景綱が黒糸縅の腹巻の上に小張を着て雑色に扮し、舘の太郎貞康は黒革の腹巻の上に牛飼いの装束を身に着けて御供する。藻壁門で金子家忠と平山季重に見咎められるが美貌のゆえに女性であることを疑われなかった。内侍所の入った御唐櫃も避難させられることとなり、紫宸殿の大床で鎌田正清の家来に見咎められたので伏見中納言源師仲と相談して坊門の局の坊城の建物に移された。天皇は土御門東洞院で待機していた左衛門佐平重盛、三河守平頼盛、常陸守平経盛ら三百余騎に守護されて六波羅に入る。蔵人右少弁藤原成頼の名で六波羅が新しい皇居に定まったことが宣言されると藤原忠通、関白近衛（藤原）基実、太政大臣藤原宗輔、左大臣、内大臣以下公卿、殿上人らが参集し六波羅は大変な賑わいを見せた。清盛はその様を見て、家門の繁盛であり弓箭取る者の名誉であると喜ぶ。

十二月二十七日の明け方、越後中将藤原成親が信頼に天皇が脱出したことを報告、確認すると天皇も上皇もいない。上皇脱出が北面の武士・平左衛門尉康頼の機転によるものであること、二条天皇脱出は警護役の藤原経宗と藤原惟方の手引きであったこと、惟方は信頼の側近であったが惟方の兄・左衛門督光頼の叱責で改心したこと、惟方が小別当と呼ばれていたことの由来などが続いて記されている。

天皇と上皇が脱出した話を聞き、悪源太義平は賀茂への出陣の途中で引き返してくる。義朝からは今もって信頼から連絡がないという返答があるが、内裏に籠もっている人間の名前が一覧化される。

信頼、信頼の子・新侍従信親、信頼の兄・兵部権大輔基家、民部権少輔基通、基通の弟・尾張少将信俊、基通の外伏・見源中納言師仲、越後中将成親、治部卿兼通、伊予前司信員、壱岐守貞知、但馬守有房、兵庫頭頼政、出雲前司光泰、伊賀守光基、河内守季実、季実の子・左衛門尉季盛。源氏一門では左馬頭義朝、義朝の嫡子・鎌倉悪源太義平、義朝の次男・中宮大夫少進朝長、義朝の三男・右兵衛佐頼朝、義朝の伯父・陸奥六郎義隆、義朝の弟・新宮十郎義盛、義朝の従兄弟・佐渡式部大夫重成、平賀四郎義宣。そして源氏の家臣たちとして鎌田兵衛正清、後藤兵衛真基、佐々木源三季善、また義朝の小舅・熱田大宮司太郎は本人こそ来ていないが一門の者や家来を派遣している。三河国の住人の重原兵衛父子、相模国からは波多野次郎義通、荒次郎義澄、山内須藤刑部尉俊通、俊通の子・瀧口俊綱、武蔵国からは長井斉藤別当実盛、岡部六弥太忠澄、猪俣小平六範綱、熊谷次郎真実、平山武者所末重、金子十郎家忠、足立右馬允遠元、上総介八郎弘常、常陸国からは関次郎時貞、上野国からは大胡（赤城山南麓で勢力を持った武士一族）、大室（上野周辺で名前を散見する）、大類太郎（武蔵児玉党の一派）、信濃国からは片切小八郎大夫景重、木曾中太、弥中太、常葉井、榑、強戸次郎、甲斐国からは井澤四郎信景などが名を連ね主だった武士は二百人、それに従う軍兵は二千余騎と記録される。時は平治元年十二月二十七日、辰の刻頃で昨日降った雪もまだ消えずに残っている。

しかし頼政、源光泰、源光基らは義朝から離れる。義朝は彼らを討ち取ることも考えるが大事の前の小事、敵に付け入る隙を与えるのではと思い留まる。義朝は、敗戦したならば東国に下り関東八ヶ国の家人らを呼び集めて再び都に攻め上り、平氏一族を滅ぼすと話すが、頼政、光泰、光基らは、「保元の乱」後に多くの弟たちや父の首まで刎ねた義朝であるから既に命運は尽きているのではと話し合っていた。そして二条天皇の六波羅行幸を聞き、裏切りを決意する。頼政らが平家軍に加わったのを見た義朝は伊勢平氏の軍門に降ったことを避難するも、頼政から信頼という日本一の不覚人に加担し朝敵となったことを逆に非難される。

平家方は二条天皇警護のため清盛が六波羅に留まり、内裏攻略軍は左衛門佐平重盛、三河守平頼盛、淡路守平教盛が大将軍として率いる。筑後守家貞、家貞の子・左衛門尉貞能、主馬判官盛国、盛国の子・右衛門尉盛俊、与三左衛門尉景安、新藤左衛門家泰、難波次郎経遠、同じく三郎経房、妹尾太郎兼安、伊藤武者景綱、舘太郎貞泰、十郎貞景らが付き従う侍として推参し、総勢三千余騎を構成した。平家軍は賀茂川を渡り、西岸の河原に陣取る。重盛の装束などが説明される。重盛は「年号は平治、花の都は平城京、我らは平氏、三つの平が互いに働き合っている。樊噲や張良のような勇気を奮わない者が居るはずが無い」と叫び三千余騎の軍勢を三手に分け、近衛、中御門、大炊御門より大宮方面に駆け出し、陽明門、待賢門、郁芳門に押し寄せた。

内裏では三方の門の守りを強固にし東に面した陽明門、待賢門、郁芳門を開き、承明門、建礼門の脇の小門も開いていた。梅坪、桐坪、竹の坪、籬が坪、紫宸殿の前後、東光殿の脇にある坪庭まで軍勢がひしめき合ってる。これらは源氏であったから白旗が二十余流立ち並んでいる。大宮方面には平家の赤旗三十余流がひらめき三千余騎が鬨の声を上げる。その声に信頼はおののき馬にうまく乗れずに転げ落ち、それを見た義朝は信頼と組んだことの不覚を感じつつ日華門を飛び出し郁芳門に向かう。信頼も何とか待賢門に向かったものの重盛が五百騎を大宮方面に残して五百騎で押し寄せて来るや逃げ出してしまう。

重盛は大庭の椋の木の根元まで攻め寄せたが、義朝の命で義平が鎌田兵衛正清、後藤兵衛、佐々木源三、波多野次郎、三浦荒次郎、須藤刑部、長井斉藤別当、岡部六弥太、猪俣小平六、熊谷次郎、平山武者所、金子十郎、足立右馬允、上総介八郎、関次郎、片切小八郎大夫ら十七騎を率いて迎え撃つ。義平は平家軍五百騎を縦横に追い回し、重盛と一騎打ちせんと紫震殿前の左近の桜、右近の橘に七、八度ほど追いつ追われつを演じた。重盛率いる五百騎は大宮方面に引き上げる。

重盛は新手の五百騎を引き連れて再度来襲し、大庭の椋の木の根元まで攻め寄せ、十七騎を率いた義平がそれに向かって突進する。重盛の周囲は難波次郎経遠、三郎経房、妹尾太郎兼安、伊藤武者景綱ら百余騎が固めた。義平は執拗に重盛を狙い、再び左近の桜、右近の橘に五、六度ほど追いつ追われつを演じた。そして再び重盛率いる五百騎は大宮方面に引き上げる。

平家軍が門を越えて内裏に攻め込むのを見ていた義朝が義平に速やかに追い払うことを命じたため、義平と麾下の十七騎が五百騎に突撃、重盛は大宮を南に下り二条を東に向かって退却する。

郁芳門へは頼盛が攻め込んでいた。迎え撃つ義朝、そして中宮大夫少進源朝長、右兵衛佐源頼朝、新宮十郎源義盛、平賀四郎義宣、佐渡式部大夫源重成らの奮戦で頼盛を大宮通まで退却させたが再度攻め込まれる。

信西の手で新造された皇居が火災にあうのを避けて平家軍は意図的に全員が六波羅に引き上げるそぶりを見せる。河内源氏はそれが謀略であるとも気づかずに内裏を捨てて平家軍を追いかけ小路の内々にまで入り込む。その間に六波羅の官軍は内裏に入り込み、諸門を厳重に固めてしまう。河内源氏軍は内裏に戻れず、六波羅に攻め込んでいく。一方、信頼は六波羅とは逆の上流に逃げていった。

義朝、義平らが河原を下流に向かって進んでいくと源頼政率いる三百余騎が六条河原に待機しているのが見えた。義平は様子を静観していた頼政に腹を立てて襲いかかり蹴散らすが、このために頼政は完全に平家側になってしまう。

義平は屈強の武者五十余騎とともに六波羅に突進し、平家軍は門内に撤退する。喚きながら義平はさらに門内に入りこむ。

清盛は北の台の西の妻戸の間で指揮をとっていたが、妻戸の扉にまで敵の矢が飛んでくる。ついに清盛も出馬し前面に出ると義平がそこに向かう。平家軍では筑後守父子、主馬判官、管親子、難波、妹尾をはじめとした五百余騎が清盛を守らんと奮戦し、囲むに囲めず退いて討とうにも討てず源氏軍は攻めあぐねる。義平たちは朝からの戦闘で疲労困憊していく。平家軍は次々に新手を投入し、六波羅に戻っては交互に休憩してからまた前線に戻っていくため河内源氏の敗色が濃厚になってくる。義平たちは門の外に撤退し、西に向かって退却を開始し、それを見た義朝も観念し、討ち死にを考えるが落ち延びて再起を図るべしと鎌田正清に諭されて河原を上流に向かって逃げ落ちる。

平家軍は敗退する河内源氏軍の追撃を開始し、義朝を逃がそうと佐々木の源三、須藤刑部、井澤四郎らの奮戦が描かれる。

信頼は義朝の後を追うも見放されて都に戻り、上皇に許しを請うが叶えられず、六条河原で処刑される。義朝一行はというと美濃青墓付近で傷付いた次男・朝長が絶命、頼朝ははぐれて頼盛の家人・弥兵衛宗清に捕らえられ、義朝本人も長田庄司忠致に裏切られて風呂場で絶命、義平は信州で兵を集めようとするも兵が集まらず、都に引き返して清盛暗殺を狙うが見つけられて逃亡し、逢坂の関で取り押さえられ六条の河原で処刑される。

越後中将成親は妹婿であった重盛により助命され、頼朝は池の禅尼に助けられて伊豆国蛭が島に流され、義朝の側室・常磐御前は清盛の側室となり、三人の子供・牛若、乙若、今若は出家する条件で助命された。鞍馬寺の牛若は奥州の藤原秀衡を頼って金売り吉次に連れられ平泉へと逃亡する。

「平治の乱」は「保元の乱」よりも一級史料が少ない。『愚管抄』なども触れ方が少ない。だからどうしても『平治物語』に頼らざるをえないし、そのために研究者からは「保元の乱」ほどには分析がなされていない。しかし『平治物語』を読む限りであるが、戦略の視点からは「保元の乱」よりも優れた展開が見られるのである。

2──権力抗争

「保元の乱」後、政治の実権を握った信西は、大規模な荘園整理、摂関家の弱体化といった改革を次々に実施、大内裏の造営をも手がけている。しかしこれに対する反発もまた一方で生まれてくる。「保元の乱」の勝者という新しい権力者たちが、「平治の乱」の前段となる抗争を開始していたのである。「保元の乱」で勝者の地位についた後白河天皇は後醍醐天皇や足利義昭と同様に、指導者として二流であっても、陰謀家としての素質はすさまじいものがあった。権力をひたすら追い求め、めざすは「治天の君」であったが、この姿勢も当初は古い殻を打ち破る方に作用した。

摂関家の力を衰退させる効力はあったのだ。しかし、結局は古き院政の蒸し返しにすぎなかった。

それでも新しい時代に向けてのシステム改変は、様々なレベルでバラバラに進んでいた。保元元年（1156）閏九月、『保元新制七箇条』と呼ばれる新制が発令される。「九州の地は一人の有なり。王命の外、何ぞ私威を施さん」と王土思想を強く宣言し、「公地公民」と「荘園」という矛盾に対し、全国の荘園・公領を天皇の統治下に置くことで「建前」と「実態」を統一し、あわせて鳥羽院政期に形成された全国各地の荘園を整理しようというのである。これを強力に推進したのが、新たな権力者となった信西とその親族であった。

信西は新たに記録所を設置し、荘園領主から提出された文書を審査して採決を下していった。そして長らく放置されていた内裏を再建することとし、保元二年（1157）十月に完成させる。その直後、新制三十ヶ条を出し、公事・行事の整備、官人の綱紀粛正に取り組んだ。摂関家のみならず、寺社も含めて多くの荘園領主との対立は必然である。もちろん信西は己の不安定さをよく理解していた。そのために清盛との提携を進めたのは前述した通りである。

改革者は嫌われる。信西を憎む勢力は多様であった。これらの改革とは無関係であったが、後白河上皇の寵臣、藤原信頼が台頭していた。前述したように、信頼は急激に頭角を現してきた人物で、天養元年（1144）に正六位に叙せられ、保元三年には権中納言にまでなっている。信頼は院政派であるが、信西の強力なライバルである。

政治面での対立は、これも前述したように英主・二条天皇と治天の君・後白河法皇の対立という形でも見られた。信西の改革は院政の強化という側面が強く、摂関家にとってばかりか天皇親政を目指す人たちにとっても脅威ととられていた。保元三年に後白河天皇が譲位して二条天皇即位となる。これはもともとの決めごとであったが、後白河が院政を行おうとしたことから二条天皇親政を考える人たちとの間に軋轢が起きていた。貴族の中でも、二条天皇の母の兄・権大納言藤原経宗、二条天皇の乳母の子・検非違使別当藤原惟方、それに藤原成親らが二条派として、同じ反信西派の信頼と連携をとるようになる。いわば合同反対派が結成されたのである。これに源義朝が加わる。義朝の不満はもっとも単純なもので、「保元の乱」の恩賞への不満、信西に対して縁組みを望んだが拒否されたことに対する怨みなどである。また義朝は自分以上の恩賞を得ていた清盛に対する嫉妬心も強かったとされている。ただ義朝の場合、叛乱に加わった要因としては信頼との結びつきの深さが大きいようであった。

合同反対派の中心は藤原信頼である。信頼については『平治物語』で「文にもあらず武にもあらず、能もなく、また芸もなし。ただ朝恩にのみ誇りて、昇進にかかはらず父祖は諸国の受領をのみ経て、年たけ齢かたぶきてのち、わづかに従三位までこそ至りしに、これは近衛府・蔵人頭・后宮の宮司・宰相の中将・衛府督・検非違使別当、これらをわづか二三か年が間に経上がつて、年二十七、中納言・衛門督に至れり」と手厳しい評価が下されている。それに対して最近では再評価する動きも出ている。元木泰雄などから信頼が無能であったことに疑問を呈する見解が提出されているのだ。確かにまったくの無能ならばクーデターそのものも起こせなかったろう。

信頼は鳥羽院の近臣・藤原忠隆の四男(三男とも言う)である。忠隆はなかなかの人物で、ちょうど頼長が忠盛を評価したように、信西が『本朝世紀』の中、「数国の刺史を経て家富財多し。性、鷹、犬を好む。人がため施しを好み、その報いを望まず。世、その態度に伏す」と絶賛している。信頼も父同様に各地の受領を歴任している。後白河天皇に仕えてからの出世は特にめざましい。もちろんこれには後白河による「あさましき程の寵愛」があったが、昇進そのものは信西が認可していた。

寵愛頼りとはいえ単なる無能ではないというわけである。もっとも、元木による信頼再評価については古澤直人が批判している。古澤は信西の子供たちの昇進に対する信頼の焦りを指摘していて、つまり家と家との関係で見れば信頼のライバルは信西そのものではなく十五人にも及ぶ子供たちであり、彼らがこぞって台頭すれば信頼家との相対的な力の差は歴然たるもの、信頼の子供が信親一人のみとされているのと対称的と考えているのだ。一方において、佐倉由泰は単なる恩寵のみでは信頼の出世状態は説明できるものではなく、そんなに無能とは思えないと指摘しながらも、「王朝体制帰属意識」を明確に打ち出しながら河内源氏を肯定的、同情的に書くために信頼を過度に貶めて記したと推測している。これは確かに一理ある考えで、武勇の誉れ名高い源義朝、悪源太義平がいながら負けたのは信頼のせいだというわけである。反面、『平治物語』諸本には信頼を悪右衛門督と、すなわち「悪」と形容している。この場合の「悪」は頼長や義平にも使われており、激しさや強さを意味する。

信頼の能力は軍事よりも平時に際立っている。父以来の婚姻政策は見事なものであった。清盛の娘と信頼の嫡男・信親との婚姻も成立した。信頼の能力は清盛とも姻戚関係を結ぶなどの平時における泳ぎの見事さにある。「戦争は他国にまかせておけ。汝幸いなりオーストリア、結婚せよ」とはヨーロッパにおける権門盛家であるハプスブルク家の家訓だそうである。同家は希有なる一族でもあった。一寸の領土を争う多くの国々を尻目に果たすその拡大は、戦争による侵略よりも、婚姻関係によるものが大であった。一時はヨーロッパのほとんどがハプスブルク家の領土となっていたほどである。日本でも、戦国時代に政略結婚が行われていたことはよく知られている。いみじくもマルクスは、君主の生殖活動は支配のためとみなしている。姻戚関係のみではないが、信頼の勢力拡大は姻戚関係にも似た相互の人間関係によるものであった。

信頼の場合、軍事的関係とのつながりにまで目を向けていたことにも特徴がある。清盛の娘と信頼の嫡男・信親とを結婚させたのである。信西も清盛と姻戚関係を結び、それを支えとしていたから、これは清盛・信西の関係にくさびを打ち込んだ形となる。各々が親戚ということになれば、信西と信頼が対立した時、清盛は無条件に信西の味方をすることはないのだから。また信頼は、摂関家とも婚姻関係を結び、忠通の嫡子・基実の妻として信頼の姉妹が迎えられる。その子が基通である。この泳ぎの見事さも後白河の寵愛を集めることにつながっていたと考えることは可能だろう。

さらに、信頼は兄である基成を陸奥守に送り込んで藤原秀衡と姻戚関係を結ばせ、自らや弟・信説が武蔵守になるなどして武蔵国国衙を支配、馬、そして矢に必要な鷹の羽を板東武者に供給する陸奥国を押さえていたから関東への勢力扶植に努めていた義朝とも関係を結んでいた。義朝は関東で、他の河内源氏を圧して力を拡大しようとしていたのだが、どうやら信頼はこれに力を貸していたらしい。義朝の長男・義平が義朝の弟である義賢を殺害したのが武蔵国比企郡大蔵館、そして当時の武蔵守がまさにこの信頼で、事件を黙認していたのである。さらに官位においても、保元三年（1158）に信頼が皇后宮権亮を任じられると義朝の三男・頼朝が権大進を、保元四年（1159）に信頼が中宮大夫を任じられると義朝の次男・朝長が大進を、それぞれ拝命しており、何らかの形で信頼が影響力を及ぼしていた可能性があるのだ。陽明本・学習院本『平治物語』には、信頼が常日頃から用意していた鎧五十領を義朝に送ったと書かれているから、単なる公家ではないことがわかる。政変に際して軍事力を使うことも頭の片隅にはあったということだろう。正四位下の位階のままで参議に任命されたことさえ、当時にあって実務官僚としての有能さの証しになってもいた、との指摘もある。このように、後白河上皇に寵愛され、平家とも摂関家とも姻戚関係を結び、兄を通じて奥州藤原氏とも結びつきを持ち、さらに河内源氏とも利害関係を通じて結びついている。これらの諸勢力と関係を持っているのだから、己が保有する力にはさぞや自信を深めていたことだろう。

しかし信頼が平時における遊泳に優れていたこと、実務能力をそれなりに有していたこと、そして軍事貴族であることは確かでも、だからといって軍事能力に秀でているわけでもないし政治家としての能力も優秀だったとは言いがたい。「平治の乱」後の対応を見ていれば無能のそしりは免れないだろう。なぜ信頼は平時の中でさらなる飛躍を考えなかったのか。ここに信西の妨害があった。

ライバルではあっても、信西と信頼はともに院政派であり、途中まで信西は信頼の昇進を認めていた。それが対立関係に至ったのは、信頼が近衛大将任官を希望し、これを信西に阻止された際に深く怨みを抱いたからだという。『平治物語』諸本によれば、後白河上皇から信頼の近衛大将就任の件を尋ねられた信西は、先例を挙げて諫止するとともに、唐の玄宗皇帝と楊貴妃の悲劇を題材とした『長恨歌』の絵巻を作成し、信頼を叛乱者・安禄山にたとえたという。これが史実で、伝説ではなかったことは、『玉葉』建久二年十一月五日条に、この絵巻の逸話が記されていることでわかる。

絵巻を見た九条兼実は「この図、君の心を悟らせんがため、かねて信頼の乱を察して画き彰はす所なり。当時の規模、後代の美談なる者なり。末代の才子、誰か信西に比せんや。褒むべく、感ずべきのみ」と信西の先見性について称賛している。

信西にすれば、信頼の昇進もある程度までなら院政強化策として有効と納得もできたろうが、それも度が過ぎれば問題として顕在化するように思われたはずだ。無能な人間が、寵愛のみで台頭すれば、国は乱れるということであろう。そもそもが基本的には自らの権力を脅かすライバルでもある。それに、信西の改革に反対する者たちが、頭抜けた立場の信頼を利用するかもしれない。信頼が寵愛にのみ頼ったただの無能な人間ならば、排除も楽だったろう。しかし、人間には取り柄がある。平時においてはなかなかしたたかで、人間関係の構築から派閥形成をする力は侮りがたいものがあり、むしろ信西を凌駕していた。結果的に信頼は反信西派を結集していたのである。前述したように、院政派内での信西と信頼の対立に加えて、院政そのものに反対する者たちもいたが、信頼は打倒信西の名の下にそれらをも巻き込もうとしていた。かつて「保元の乱」で、後白河法皇擁立のために尽力した美福門院も、形の上では信西の敵であった。二条天皇は、美福門院の養子であったからだ。経宗や惟方は、二条天皇の義母である美福門院の支援を背景に後白河の政治活動を抑圧する。

もともとが、後白河天皇はつなぎ役にすぎず、二条天皇の親政こそが、「保元の乱」鎮圧の指し示していたあるべき姿のはずと、これらの人々は考えていた。信西も鳥羽上皇の側近であったから美福門院とは強い関係を有していたのだが、院政を支える者として、二条天皇親政派の経宗や惟方は信西を強く憎んでいた。信頼はこれを利用して派閥を形成した。

ここで、信頼が優れた政略家であれば、信西と、そして二条天皇親政派とを両極にして、バランサーの役を演じることもできたはずである。バランサーとは、バランス・オブ・パワーを維持する要の存在のことで、二つの対立勢力が会った時そのどちらにも属せず、両者の力の均衡が崩れそうになるや弱体化した方に肩入れすることで、力の均衡が崩れるのを防止する役割を演ずる者である。両者の力の均衡が維持されていれば、平和は保たれる。つまりバランサーは、バランス・オブ・パワーにおいてキャスティングボードを握る勢力になるのだ。しかし信頼だけでなく、この時の各派閥勢力は、どこもバランサーになろうとはしなかった。信西の力が強すぎたのかもしれない。こうなってくると、一極支配に近づくために、残る勢力が連合する傾向が生まれやすくなる。

暗殺とは権力が一人に集中し、その一人を殺せば変化が起こると信じるからこそ実行に移される。反信西という点だけで、本来は相容れない勢力が大同団結した。義朝、信頼、経宗、惟方は、ともかく信西を倒すことにしたのである。叛乱は、現体制さえ倒せればすべてうまくいくと考えている雑多な諸勢力を、特定目標の攻撃のために糾合することにより成功する。権力を集中して握っていると考えられている特定の人物さえ倒せば、不満が解消され社会が変化すると考えるからである。個人レベルの反信西の信頼、反院政の二条天皇派、反平家の感情を強める義朝らが現状打破の動きを見せ、標的を信西に絞った。具体的には信頼と義朝が手を結び、さらに二条天皇による天皇親政を策していた権大納言藤原経宗、検非違使別当藤原惟方を抱き込んで、反信西のクーデターが勃発したのである。フランス革命では貴族からルンペンまでが反ルイ十六世ということで革命を起こした。鎌倉幕府を倒す時にも「関東の原理」は重んじつつも執権・北条氏の正統性に違和感を感じている関東武者の勢力、武家であっても、「関東の原理」に違和感を感じている西国武士たち、武家支配そのものに対する不満を抱く勢力、現状の社会秩序そのものの変更を求める勢力「悪党」や不満を抱いている民衆が大同団結した。ロシア革命後の権力抗争では、スターリンが本来反目し合っているジノヴィエフとカーメネフを仲間に引き込み、トロツキーと対立した。そして「平治の乱」でも、反信西という一点に絞った合同反対派が形成された。つまるところ、これが「平治の乱」の起こりである。

しかしこの動きは『孫子』に言う「主は怒りを以って師を興す可からず、将は慍みを以って戦いを致す可からず。利に合して動き、利に合せずして止まる」に近いものであった。乱を起こして後に、権力の形態をいかなるものにし、いかなる政策をとるか、どのような形に権力を配分するかさえも未確定であったからである。孫子、クラウゼヴィッツともに目的の明確化を述べており、これら古典を集約して米国ではワインバーガ・ドクトリンの第三項目として目的を明確化することが掲げられ、湾岸戦争の勝利につながったとされている。

クーデターなどで成功の秘訣となるのは、何を掌握するかである。近代においては国家運営のための技術機関の掌握が決め手となるが、かっての日本においては正統性の源としての天皇の掌握が重要であった。クーデターだけでなく暴動レベルのものも含めて、叛乱が社会構造を変え革命にまで発展するか否かは、その社会の成熟度や加速性による。「平治の乱」の場合は社会状態から言って本来的に革命へと発達するものであった。既に「保元の乱」で起こった「急性アノミー」が既存秩序を揺るがしているのだから、ドアを蹴飛ばしさえすれば家は崩壊する。しかし革命になり得た叛乱が未遂のクーデターで止まったのは戦略の不在、特に目的が明確でなかったことによる。革命に至る変革は、叛乱者側の手によるものではなく、仕上げが叛乱の鎮圧者である清盛の手に委ねられることになった。その意味で「平治の乱」は形式がクーデターで、その後に及ぼした変化の方は革命となった。

3──「平治の乱」勃発と黒幕を巡る諸説

平治元年（1159）十二月九日、清盛とその一族がわずかな人数で熊野詣でに出かけて平安京を留守にしている虚をついて、子の刻（午前零時）、信頼・義朝その勢五百余騎が三条烏丸にあった院の御所・三条殿を奇襲、御所に火を放ち、後白河上皇及び上皇の姉である上西門院を内裏の東側にある一本御書所に幽閉した。

同じく丑の刻（午前二時）、信西入道の宿所がある姉小路西洞院へ押し寄せて火を掛ける。十三日、信西は奈良への逃亡中に地中に潜伏している所を発見され首をはねられたとされるが、陽明本・学習院本『平治物語』によると発見段階で自害していたともいう。次いで内裏を占拠した信頼・義朝らは二条天皇を清涼殿の北側にある黒戸の御所に押し込め、そしてお手盛りの除目を開始する。信頼は右近衛大将、義朝は播磨守になり、味方した貴族へも官位を濫発する。この段階までなら叛乱は成功であった。

しかし、欧米における幾多の叛乱を分析した理論家の視点で見れば、ここまでは叛乱の開始段階にすぎず完成はしていないことになる。『軍隊と革命の技術』を著したキャサリン・コーリー（1898–1986）の視点では、軍の動向こそが叛乱の成功要因になる。コーリーは全編を通じて軍隊の動向に注目している。特に第一章で強調しているのは、反対勢力、特に軍事的に対抗できる存在をなくすことこそが最重要課題だということである。それは叛乱開始段階だけに限るのではなく、叛乱成功後も反抗する武装勢力を皆無にした段階で叛乱軍は何者にも阻害されず支配を確立できることを意味するものである。平安京の内部にも周辺にも平家軍がおり、近畿における平家の勢力基盤は伊勢・伊賀であった。叛乱の中心地から離れた所に指揮官の平清盛が存在していることは本格的内戦に突入する可能性を示している。また『クーデターの技術』を著したクルツィオ・マラパルテ（1898–1957）の視点では国家を運営していく技術機関を握ることにより支配機構を確保しなければならないことになっている。マラパルテは近代的現象として技術機関の掌握に注目しているが、同時にクーデターの基本は国家の運営機関を掌握することだと示唆している。天皇を手中に収めながら、その支配機構と伝達手段とにより国家を運営していこうという試みがなされていない。つまりこの段階において、叛乱軍ははなはだ不徹底かつ中途半端な形で行動をやめたことになる。

これは叛乱を起こすに当たって「目的と計画」とが不明確であり、単に不満の爆発と目先の利益のみで動いてしまったためともとれる。「藤原広嗣の乱」、「恵美押勝の乱」、「薬子の変」などと比べても信西を殺す以上の目的がわからない。後世における黒幕論争が起きてくるのもゆえなしと思える。叛乱者側に戦後処理と戦後構想の問題はほとんど検討されていない。平清盛への対処すら見解の一致が見られなかった。従って、むしろ「敗兵は先ず戦いて而る後に勝ちを求む」に近い形になっていく。その結果、官位の濫発は「数々賞する者は、窘しむなり」を実証したことなる。後に悪源太義平が上洛した折にも即時官位を与えようとして固辞されているのだが、総じて一種の混乱状況を呈した観がある。

さらに叛乱軍にとってもっとも必要とされる処置「革命の武装化」も不徹底という形にもなっ

ていく。ニコロ・マキァヴェリは「民衆は熱狂しやすい」のだから、「民衆の支持がある間に自分と自分の組織を守る武装」を進める必要性があると述べ、『君主論』の中で「武装せる予言者は達成し」、「武装せざる予言者は没落する」という対比を提起した。

こうなると、もしかすると信頼らは叛乱を起こしたという自覚がなかったのではないか、という推論すらできる。叛乱軍は戦力増強さえしない。わずかに悪源太義平を関東から呼び寄せたのみである。義平招聘は戦闘を有利に進めるために強力な「武者」を呼び寄せたということなのであろうが、戦略段階になってこれは致命的な過ちとして結実する。

英国の清教徒革命、フランス革命、ロシア革命、中国革命などでは革命軍が叛乱を戦い抜き、やがて革命政権を守るようになる。日本においても建武の新政で護良親王は革命軍を率いて戦い抜き、勝利の後には新政権を守る新国軍を作ろうとして父である後醍醐天皇に裏切られた。「平治の乱」は河内源氏という既存の軍を使ったクーデターであるが、信頼は自らと新体制を守るための、できれば新しい社会構造に符合した軍事力を作り上げて新政権を守らせなければならない。時代の過渡期とばかりに変革を行う絶好のタイミングに起こした叛乱であるのに、そうした革命政権が行うべき諸々は考慮もされていない。自分たちの叛乱が革命につながる変動を引き起こしたことに気がついていないからである。

そこまで高度でなくとも、コーリーが指摘するように叛乱に抗するために立ち塞がる可能性のある軍事力は潰しておくべきだろう。潰すという形で積極的に攻勢にでなくとも、少なくとも近畿に地盤を持つ平家軍が無傷で存在しているのだから、それに対抗できるまでに叛乱軍は戦力増強をしなかったのだろうか。もしかすると「夫れ覇王の兵、大国を伐たば、則ち其の衆を聚るを得ず。威を敵に加うれば、則ち其の交わり合わすを得ず」ということなのかもしれない。というのも「保元の乱」に際して後白河天皇側が平安京に入る「関」を遮断して関東の兵が上洛するのを妨げたという例があるからである。

こうした不可解な点こそが、清盛の熊野参詣そのものが政略の一環で「故に、善く敵を動かす者は、之に形すれば敵必ず之に従い、之に予うれば敵必ず之を取る。利を以て之を動かし、卒を以て之を待つ」ではなかったのかと推測される所以である。しかしここまで推測するのは危険かもしれない。というのも清盛が率いていた従者の少なさは清盛がかなり危険な状況に置かれることを示しているからである。もし熊野参詣が罠であるならば自らの身辺警護を強化し、いざとなれば姿を隠したり離脱できる状態にしておいたであろうし、密かに予備の動員体制を進めていたはずである。清盛はこれらの処置を熊野参詣に出発する前に一切手がけていない、従って清盛の持つ「人の良さ」からしても、これは罠ではなく不意を衝かれたと見るべきであろう。

叛乱側の目的、目標が明確でなく、しかもずさんであったこと、革命に必要な新規の軍隊を作ることはおろか、革命に至らないクーデターレベルでも重要な戦力増強もせず、敵対する可能性のある平家も無傷に残しているということから、清盛黒幕説以外にも、叛乱の主軸が誰か、黒幕が誰か、そして何を意図していたかについては、いくつかの説が出ている。なにがしかの上位者からの命を受けての信頼による信西誅殺もその一つである。以下に、代表的なものを挙げてみたい。

かって元木泰雄はそれを、基本的に院政派内部における、信西と反信西派の私闘ととらえていた。しかし最近では二条天皇こそが黒幕であることを匂わせている。後白河院政派と二条天皇親政派が対立していたわけだが、後白河院政派の中が伝統的院近臣家側と新興院近臣家である信西側とに割れており、二条天皇側近の反信西派が伝統的院近臣家に加わって信西排除に乗り出したとみなしているのだ。信頼が二条天皇側近と組んだのは院政を否定し、二条天皇親政を実現しようとするものだったと解されるのだという。

河内祥輔は、院政派が後白河上皇をつなぎとみなした信西排除に乗り出した、という見解を示している。すなわち、「平治の乱」の黒幕は後白河上皇であり、鳥羽法皇の意向の執行者であった信西が二条天皇の親政を実現させようとしているため、院政の邪魔になるとして信西排除を命じたとするもので、信頼ら院近臣が後白河上皇を「治天の君」とするために行動を起こしたのであったが、院政に反対する三条公教らによって経宗と惟方が信頼から離反し、二条天皇を中心としたグループの反撃が行われたとしている。後白河は守覚法親王を皇位に据えたいと願い、信頼はあくまで内意を受けていたにすぎず、そして十二月二十六日（一一六〇年二月六日）の戦闘は源義朝の暴走によるものだという。それは信西が叛乱勃発を事前に予想し、日本全土に逃げ場がないと自覚していたこと、叛乱が鎮圧された後も信西の子供たちは流罪のままだったこと、信西一派以外の院近臣が皆叛乱に加わったことから明らかだという。いわば上意討ちである。そして義朝の地位上昇が清盛に不満を懐かせて叛乱鎮圧に乗り出させたのだと解す。二条天皇が内裏を脱出した後、後白河が六波羅でなく仁和寺に行ったのも完全に信頼を見限ったのではなく戦火を逃れるためであって立場は中立に近い。信頼が死刑になったのは口封じであったとしている。

学習院大学学長を務めた安田元久（1918–1996）も、天皇親政派説を採用している。また市川市史編纂調査室員だった飯田悠紀子（1943–?）は、首謀格を信頼、主役を義朝ととらえている。東京大学名誉教授の五味文彦（1946–）は、相対的に地位が低下していく信頼が、やはり信西に恨みを持つ義朝と組んで、信西–清盛に対抗して政治の主導権構築を画策したと考えている。

最近では、武蔵大学教授の桃崎有一郎（1978–）が、『玉葉』をもとに二条天皇の命により義朝が起こしたと言う説を提出している。『玉葉』は同時代性が高い一級資料であり、語ったのも義朝の子である頼朝ということで、従来の史学では一番真実に近いということになるのだろうが、この挿話には二つの問題が残っている。一つは、語り手が頼朝ということである。頼朝はあらゆる手を使って、自らの正統性を高めようとした人物である。源太産衣と髭切に留まらず、先祖を悪名名高き陽成天皇から清和天皇に変えた可能性すらある。こんな人物が、自分の父を朝敵の叛乱者にしておくはずはないだろう、ということだ。もう一つは、信頼の役回りが見えにくいと言うこと。多くの識者が指摘するように、信頼と義朝では地位が違い、義朝はあくまでも信頼の従にすぎない。軍事力的には義朝が主役でも、乱そのものにおいての主役は信頼なのである。そうすると、二条天皇が直々に義朝一人に信西を討たせたならば斬新な説も、その部分を取り払えば従来からある二条天皇黒膜説の派生にすぎないことになる。命じられたのが義朝なのに、なぜ信頼が加わり、しかも主導権を握っていたかが説明できない。

叛乱者たちのめざしたのが二条天皇親政なのか院政なのかは、現段階での史料と史実に基づく推測によるしかない。何よりも叛乱成功後になっても、次の構想が出てこないのであるから不明瞭さは否定できない。この不明瞭さは、実際には信頼が二条天皇親政とか院政とかいったレベルのことまで考えていなかったことを示唆するものではないか。信頼以外の参加者たちにも、そしておそらく後白河上皇、二条天皇も含めて、各々に思惑はあったのだろう。後白河上皇との結びつきによって権力を握っている信西が院政を廃止するとも思えないが、反面で後白河上皇の気まぐれに頼っているのも危うく見える。やはり信西に対して形成されていたのは合同反対派であり、意見調整の過程で、各々の派からは悪いのが信西のみと考えられるようになっていったのではないか。暗殺の原理と同じである。その攻撃対象として信西のみが標的として絞られ、信西さえ倒せばすべての問題は解決するという意識になっていたのであろう。そのため最終目的がバラバラな勢力が、当面の目標として信西打倒で団結したとみなせるのではないだろうか。

原点に回帰して、世評通り信頼が無能であり、兼実が見たような『長恨歌』の絵巻があったことを考えると、引き金を引いた動機はいたって単純であろう。おそらく信西がいる限り、これ以上の昇進は不可能と思った信頼が、信西を殺してやりたいと考えたのである。誰かを殺してやりたいと思っても、実際に殺人に走る人間は希である。多くの同調者がいたからこそ、叛乱に踏み切ったのである。ところが叛乱が終わってみると、各々の目的が違っていたため、全体の意見を統一しての、次の一手が出てこなかったのだ。「平治の乱」には信西さえ倒せれば良いという側面が大きく映し出されている。つまり手段が目的化しているのである。だから叛乱後に院政や天皇親政に向けての一貫した動きはなかったのではないか。明智光秀の「本能寺の変」が、何の青写真も示さないままに終わっていったように、「平治の乱」も、計画的に練られた新システムは表面化しなかった。というよりも、何もなかったのだ。

『孫子』、「火攻篇」には、こんな言葉が載っている。「利にあらざれば動かず、得るにあらざれば用いず、危うきにあらざれば戦わず。主は怒りを以って師を興すべからず、将は慍みを以って戦いを致すべからず。利に合して動き、利に合っさざれば止む。怒りは以ってまた喜ぶべく、慍むは以ってまた悦ぶべきも、亡国は以ってまた存ずべからず、死者は以ってまた生くべからず。

故に名君はこれを慎み、良将はこれを警む。これ国を安んじ軍を全うするの道なり」（君主は怒りにまかせて軍を起こすべきではなく、将軍も憤激にまかせて合戦を始めるべきではない。有利な状況であれば行動を起こし、有利な状況であればやめるのである。怒りは解けてまた喜べるようになるし、憤激も愉快になれるが、滅んだ国はもう一度立て直すことは出来ず、死んだ者は生き返ることはできない。だから聡明な君主は戦争について慎重に考えるし、立派な将軍は戒める。これが国家を安泰にし軍隊を保持する方法である）。

信西を討つタイミングとしては「有利な状況」であったが、根本的には「怒り」と「憤激」にまかせての叛乱でしかなかったのだろうか。歴史にはそうしたことが往々にして見られるのである。

不思議なことになぜか事前に叛乱を知っていた信西は逃げ出していた。不穏な空気は感づいていたろうが、直前に知り得ていたのがなぜかは不明である。そして逃げ切れないと悟り、山城国の田原に来た段階で竹筒で空気穴をつけて四方を板で囲い土中に埋まった。しかし追手が郎党を尋問して掘り起こされる。渡邊本『平治物語』や金比羅本『平治物語』では信西は虫の息だがまだ生存していて殺されたとするが、陽明本・学習院本『平治物語』では既に自害していたとされている。

4――頓挫したクーデター

真実は一つである。従って史実も一つである。しかし解釈は無数に分かれる。特に不明瞭なのは前述したように信頼たちが乱後にどのような構想を抱いていたのか、つまりその意図である。黒幕について諸説あるのもそのことと関係がある。とりあえず行われたことのみを見ていくと、信西を殺し、二条天皇と後白河上皇をつかまえた叛乱軍は新体制構築を行うことなく、ただただお手盛りの叙目を行ったのみであった。信頼は近衛大将になった上大臣を兼務しただけで絶対権力者にもトップにもなっていない。義朝は播磨守に、佐渡式部大夫源重成は信濃守に、多田蔵人大夫源頼範は摂津守に任じられている。頼政は伊豆守に叙目された。叛乱に加担した河内源氏一派には恩賞が、少年に過ぎない頼朝や家臣の鎌田正清にまでも与えられ、参加せずに遅れて到着した義平にも恩賞が与えられようとした。この椀飯振舞いについては、誰かの命で信西を殺してその恩賞をいただいたと考えると筋が通りやすい。叛乱成功後の態度、たかが近衛大将や播磨守になるだけのためにこれほど大規模な叛乱を起こしたのかという疑問、そこから確かに黒幕説が生み出されたとしても不思議ではない。ただ歴史には往々にして見られることなのだが、カエサル暗殺やバスティーユ襲撃もそうであったように叛乱動機というものは些細なことなのかも、という可能性も否定し切れない。

興味深いのは義朝が播磨守にしかなっていないことである。清盛が既に大宰少弐になっているのだから播磨守では格下である。しかも清盛の地位を剥奪していないのだから信頼は清盛に対しても配慮があるように見える。清盛は帰参さえすれば大宰少弐のままということになる。なぜ義朝は清盛を現在の地位から引きずり落とすよう主張しなかったのだろうか。それでも己の欲望と軍事的視点から対抗可能な軍事力をなくしたいと義朝は考えていた。だから襲撃を主張したのである。しかし信頼の思惑は違っていた。

義朝の愚かさは信頼に制止されて六波羅を攻めなかったことにも表れている。要塞化された上多数の兵が籠もっているため手が出せなかったとも、平家と敵対することに躊躇したとも、不在の清盛が西国に落ち延びて再起することを恐れたとも考えられるが、平家の勢力を温存しておけば、いかに清盛よりも高い地位についてもすぐに実力で挽回されてしまう。従ってなんのために叛乱を起こしたのかがなおのことわからない。本当に播磨守のためだけに叛乱に加担しただけかもしれない。そうなると義朝の立場というのは、信頼に従属する有力武将の一人というものになる。

一方、信西の五人の子供たちについて見ると、嫡子である新宰相俊憲、次男の播磨中将成憲、さらに権右中弁貞憲、美濃少将長憲、信濃守雅憲らは皆、死罪にはならなかったものの遠流になっている。成憲は清盛の婿であったので六波羅に逃げ込んだが連行される。単なる叛乱なら

「平治の乱」鎮圧後に復職するはずだが、その後も解官されたままであったのは、その方が都合が良かったこと、叛乱ではなく一種の正統性があったこと、二条天皇親政派が「平治の乱」途中で清盛に加担したことなど、いくつかの理由が考えられる。二条天皇親政派にすれば、せっかく排斥した院政の巨頭・信西の一派が再臨すれば元も子もなくなるということだろうから、まだこの点は納得がいく。

前述したように新体制構築以上に急務なのが革命の武装化である。マキァヴェリは『君主論』の中で「武装せる予言者は成就する」と述べた。一般にこれは「革命の武装化」としてとらえられているが、叛乱者が権力奪取後に行わなくてはならない「権力の固定化」の一環である。二条天皇を手中に収めているからとりあえず正統性は手に入れている。しかし信頼、義朝の行ったのはそこまでである。特にこの点で批判されるべきは信頼よりも義朝であろう。平家を討たなかったばかりか、義朝は軍事力強化もしていない。まさか平安京にいる河内源氏の兵力がすべてとは思えない。関東にはもう少しばかり味方する勢力もあったろう。平家と戦うにしろ服属させるにしろ対峙するにしろ兵力が不足していることは否定できないはずだが、そうした様々な可能性すら考慮していない。兵力増強をまったくしていないのである。『愚管抄』にも「東國ノ勢ナドモイマダツカザリケレバニヤ。是ヲバトモカクモサタセデ有ケル程ニ」とある。となるとますます黒幕説の信憑性は高まり信頼と義朝の地位関係は従来のイメージとは違ったものになってくる。

後白河上皇か二条天皇の指示で信西を討ったのだから自らが権力者となって新体制を作る必要はなく、既存秩序の中で望んだ地位を手に入れれば良い、そして義朝は信頼の指示で行動したのみであると思いたくもなる。信頼が就任したのも武官最高位の近衛大将にすぎず律令官制の最高位ではない。しかも『愚管抄』には近衛大将就任すら記されていない。何から何までずさんなのである。ただ前述したようにそれ以上の可能性として信頼、義朝ともに相当に無能だという考え方も成り立つ。信頼は平時の泳ぎがうまいだけの小才の利く男、義朝は一兵卒として優秀なだけ、両者ともに視野は狭く、将来の見通しも計画性も新規の構想も持たない。軍記物語が描くように、ただただ信西が憎く、望む地位が欲しいだけでこんなにも大それた行動をとったのが存外正当なのなのかもしれない。いずれにしても真相は藪の中にある。

叛乱成功後の変化としては、わずかに長男の義平が上洛してくることが渡邊本、古活字本、金比羅本などの『平治物語』に出てくるが、普通は何騎率いて上洛となるのに供の話がまったくない。河内源氏の関東での勢力扶植が遅々として進まず、クーデター成功後に兵力増強が必要になっても兵力供給がままならないことが明確になっている。義平は単騎で上洛したと判断せざるをえない。関東掌握どころの話ではなかったのだろう。それでも阿倍野で清盛を迎撃したいと述べたのは軍事的には正当な判断である。対する信頼の「都へいれて、中に取りこめうたんずる」は、六波羅が要塞化されていなければもっとも有効な方策だが、現実的には政略家としても一流な清盛に通じるものではなかった。

物語では脚色されているが、実際の悪源太義平はどの程度の人物なのだろうか。関東の掌握はできていない、率いていた兵力はなく決定的な合戦での兵力集中の原理を理解していない。個人の武勇も物語の脚色は大きく、『愚管抄』には平重盛の勇姿は載っていても義平の活躍は記されておらず、『平治物語』でも原典に近い古態本（陽明本）などでは義平の逸話が少ない。

「平治の乱」がこの段階で止まらないことは明らかである。やり方がクーデター方式だっただけでなく、社会的には変動要因が整っていながら叛乱後の変化がクーデター以下のレベルで留まっている。叛乱後のシステムは変革度合いがほとんど見られないし、最大の軍事力が清盛の手にある。しかし「保元の乱」でかなり弱まってしまった既存システムが大打撃を受けている以上、もはや既存システムが崩れ落ちて新システムに変更しなければならない状態にあることは明らかである。宮中の権謀術数ではなく、軍事力を掌握した者による軍事力の直接行使で政権が変る時代の到来、「武士の世」という「衛兵政治」が開始されようとしていた。

『平治物語』で信頼は清盛を味方にして信西を倒すことを考えたが、清盛が信西に近いために義朝に切り替えたとある。姻戚関係にある清盛を大宰少弐に留め、上洛を許した背景は清盛が加担してくれるという思惑があったのだろうか。そのためか叛乱成功後には清盛との連合が期待されていた。信頼にはまだバランス感覚による政権運営が暗示されるからましである。義朝に至っては思考経路がもっと低次元であった。本来は自己に対抗する軍事力を消滅させて河内源氏を日本無比なる軍事力掌握者にすることを実現する機会なのに、信頼に反対されればそれを実行せず、「保元の乱」でもらっても良かった地位を得るという葉武者思考に留まっていた。義朝の発想は、「保元の乱」以前の貴族の警護者としての武士と同じレベルであった。

5——不意をつかれた清盛

熊野参詣の途上にあった清盛のもとに叛乱の報告が届いたのは、乱勃発の翌日十日のことである。清盛が連絡を受けたのは『愚管抄』では田辺となっているが、『平治物語』では切部の宿となっている。総勢は息子の重盛（なお、『平治物語』では重要な役割をはたす重盛の名前がなぜか『愚管抄』には見あたらない。もし平安京にて留守を守っていたとすれば当然叛乱軍に殺されたであろうから、やはり清盛に同行していたとみなす方が妥当であろう）、基盛、宗盛などわずか十五騎足らず、『愚管抄』では「子ドモニハ越前守基盛ト。十三ニナル淡路守宗盛ト。侍十五人トヲゾ具シタリケル」とある。

古くからある「平治の乱」黒幕説に、信頼たちは清盛が仕掛けた罠にかかった、という陰謀論があることは前述の通りで、その明細がわざと平安京を留守にして無防備の信西を襲わせ叛乱を誘発させたという説、もう一つは信頼より事前に打診を受けて平安京を留守にしたという説、いずれにしても事前に計画しておいたやり方で信頼たちを葬って覇権を握ったというものである。事前に鎧や弓矢が用意されていたこと、それ以上に清盛の手腕があまりにも見事なことから囁かれてきたのであろう。しかし出かけていたのが十五人では成功の確率が低い。それほどまでにリスクの高い賭けをするとは考えられない。また義朝が兵を率いて加わっている以上、いずれにしても清盛の身は危険になっている。そして何よりも清盛という人物はかなり人の良い人間で悪辣な謀略とは無縁の人である。

不意を突かれた清盛は危機管理能力で事態を分析する。義平が三千人で阿倍野に控えていることを聞き、清盛は一旦西国に落ちて勢力の増大をはかることまで考えた。渡邊本、金比羅本『平治物語』では四国へ、『愚管抄』では筑紫へ待避することが考えられていたことになっている。また陽明本・学習院本『平治物語』では四国に渡り九州の兵を召集すると記されている。これは敵の勢力圏から離脱し、味方の勢力圏において力を回復する方法である。

讃岐国に行くならば、後の平知盛と同様に屋島を起点にして海軍戦略を展開するという軍事的配慮からだろうし、北九州の場合は「遠の朝廷」のように政治的な拮抗を目指すということだろう。選択肢として両方が想定されていたに違いない。しかし着実さよりも「時」を重視した清盛は、西国からの巻き返しでなく現時点での即時反撃に考え方を切り替えた。こうした場合の清盛にはゲームの理論の達人としてのすごみが見えている。この段階での行動は、情報を収集し、可能な限り確実なデータに基づき、複数の目標（西国か平安京か）を持ちながらも各々についてリスク計算をし、最終的な方向性を己の軍事力と敵の軍事力の客観的な差により決定するものであった。ここでは「可能性の技術」としての戦略が「ゲームの理論」的な形で形成されていることがわかる。

清盛は自他の戦力を比較する。近畿地方に限定すれば平家の兵力は優勢である。平安京に入れば六波羅は要塞化されている。だからまず手持ち兵力を高めることから開始された。『平治物語』諸本によれば、清盛の家臣・筑後守家貞は大きな箱五十個を運搬していたが、その中には五十領の鎧、五十束の矢、さらに節を抜いた大きな竹の中に五十張の弓が忍ばせてあったという。一方、在地の武士に呼びかけて兵力を集めだすくだりについては諸本に応じて食い違いがある。

金比羅本『平治物語』では熊野の別当・湛増が兵士二十騎を清盛の元に送り、湯浅の権守湯浅宗重が三十余騎にて駆けつけ、あっというまに百余騎になったとあるが、渡邊本『平治物語』では湯浅権守宗重が百余騎、熊野の別当湛快が二十騎、『愚管抄』では湯浅権守宗重三十七騎、熊野の別当湛快は鎧七領を献上とされている。さらに兵力は暫時拡大していく。渡邊本『平治物語』では義平が阿倍野に三千騎で、陽明本・学習院本『平治物語』では義平が摂津国の四天王寺と阿倍野に布陣して迎撃態勢を整えているという噂があったが、そこにいたのは伊勢国の伊藤武者景綱、館太郎貞保、後平四郎実景など三百騎、さらに伊勢国や伊賀国の兵が参集していて四百から五百騎にもなっていた。金比羅本『平治物語』には十五日夜半に要塞化された六波羅に入ったのは千騎にもなったとされている。

ともあれこうして清盛は在地武士の援助で何とか兵を整え、まず最初に最低限の軍事力を確立した。これは清盛と在地武士の関係が「道」、すなわち「民をして上と意を同じうせしむるなり。故に、以て之と死すべく、以て之と生く可く、而して危うきを畏れざるなり」であったために可能だったことで、いわば平時の関係が有時に生きてきたとみなすべきであろう。と同時に情報の即時入手が可能であったのは「爵禄百金を愛んで、敵の情を知らざる者は、不仁の至りなり。人の将に非ざるなり、主の佐には非ざるなり、勝ちの主に非ずなり。故に、名君賢将の、動いて人に勝ち、成功衆に出づる所以の者は、先知なり」が働いたと解すべきであろう。いみじくもスターリンは「優れた情報は数個師団に匹敵する」と述べている。

軍事的に見て叛乱軍の失敗は、迎撃もせず、伏兵も置かず、清盛を簡単に上洛させてしまったことにある。本来は平安京にあって六波羅をも監視下に置き、しかも内裏を占拠している叛乱軍であればこそ「善く戦う者は、人を致して人に致されず」となるはずであったから、有利な形での迎撃が可能であった。たとえ平安京に留まっていたにしても河内源氏の立場は「先に戦地に処りて、敵を待つ者は佚し、後れて戦地に処りて、戦いに趨く者は労す」となるはずである。『呉子』

にも、トせずしてこれと戦うもの「陳していまだ定まらず」、「敵人遠くより来り新たに至りて、行列いまだ定まらざるは、撃つべし」と書かれている。藤原信頼ばかりか源義朝までもが軍事的に無能であることはこの一件からも判断できる。

総力を比較すれば、劣勢な河内源氏軍はすぐに行動に移さなければならなかった。遅れるよりも一分でも早いほうが良い。クラウゼヴィッツは「小国が攻撃に踏切るのは、国情の甚だしく悪化する時期がまだ始らない事態を解決するか、さもなければ少なくとも一時的な有利を得て急場を凌ぎ、その後はしばらくはこの有利を居食いするひと」と述べている。

叛乱軍側が清盛の上洛に対して何の手も打たず静観した背景には、「無能」以外にもう一つの理由があったように思える。叛乱の政治的指導者・信頼と軍事的指導者・義朝の間での意見の不一致である。軍事力（窮極手段《ウルティマ・ラティオ》）は政権維持のカギである。『平治物語』諸本では信頼が無能なために義朝の献策が無視され清盛の上洛を許したとある。しかし信頼の立場では別の視点が生まれる。信頼は政治的主導権確立のために河内源氏が唯一の武力の保持者になることを内心恐れだしていた。河内源氏のみが唯一武力を保持している状態では義朝がその気になればいつでもクーデターを起こして信頼を排除し政治権力の実権掌握が可能なことになる。義朝という人物は欲得のためなら親兄弟をも殺すような危険な人物である。そのために清盛が信頼に恭順するならば、むしろ清盛を生かして源平の勢力を拮抗させ、信頼自らはバランサーになろうと考えだしたのである。もともと信頼は清盛とは姻戚関係にある。逆に義朝は自らが軍事力の唯一の保持者となるために清盛を完全に抹殺したかった。この叛乱側の不協和音は清盛に「時」を与えることになる。

この叛乱側の状態は、戦う前から「三軍の事を知らずして、三軍の政を同じうすれば、則ち軍士惑う。三軍の権を知らずして、三軍の任を同じうすれば、則ち軍士疑う。三軍既に惑い且つ疑うときは、則ち諸侯の難至る。これを軍を乱し勝を引くと謂う」となっていたと言える。それは同時に政治権力による軍事力制御の問題が、時と場合によってシビリアンコントロールの限界となって露呈すること、さらに政治における最終目的が不明確であることが戦略的視点の不在を導き出すことも示している。

不協和音は政治の理論と軍事の理論の対立だけでなく、最終政治形態のあり方を巡っても起こりつつあった。天皇親政を目指すグループは反院政の立場で現体制に不満を示したのであるが、もともと院の寵臣であった信頼は既存の体制内でしかるべき地位を占めれば良いと考えていた。信頼の叛乱に正統性を与えていたものがあるとすれば、それは二条天皇を中心としたグループである。つまり信頼は政治的正統性に見放されつつ、実効性の源である軍事力の掌握にも失敗していたのである。

清盛の人間像は、クラウゼヴィッツ語るところの「戦争が勃発した場合に我々の子孫の幸福と祖国の名誉ならびに安寧を進んで託せるに足る人物は、創造的であるよりも寧ろ精到な思慮に富む人物、一途に目的を追求するよりも寧ろ大勢を概括的に通観できる人物、また熱し易いよりも寧ろ冷静な人物である」を彷彿させる。政治の延長線上に戦争を位置づけるクラウゼヴィッツは「戦争は政治的交渉の一部であり、従ってまたそれだけで独立に存在するものではない」と述べる。「現実の戦争は、戦争そのものの法則に従うのではなくて、或る全体の一部とみなされねばならない、そしてその全体というのか、とりもなおさず政治なのである」。大方の戦争は政治目的を達成するために行われるものなのである。清盛は叛乱の鎮圧を、単なる軍人としての鎮圧や野心家として取って代わろうというレベル以上の政治変革に結びつけようとしていた。「政治がその目標を誤らなければ、政治の意を体して遂行される戦争に有利な影響を与えずにおかないのである」。清盛は日本において平家以外の軍事力の存在を消滅させることで、誰にも止められないままに改革が実行できる状態を作ろうとしていた。

6——大戦略的対応

六波羅に入ったことは、熊野にいての「戦場の霧」状態を脱し、「彼を知り己を知る」段階への移行も意味する。つまり不確実な状況分析から脱した、情報収集に基づく具体的な戦争計画が立てられるのである。

河内源氏の畿内における兵力供給は実に心許ない。片や伊勢国と伊賀国を有する清盛は、瀬戸内海の海賊討伐などからしても、さらに西国の兵力供給を期待できる。義朝が関東の大兵を首尾よく呼び寄せる可能性は低く、勢力扶植が始まったばかりであったから、参じたのは悪源太義平の率いる小勢くらいのものである。もちろん関東にいて戦いを挑むなら、関東独立の機運を利用できる。しかし平安京の争いに関東の兵が関心を懐くことは少ない。となるとクラウゼヴィッツが言う「決定的地点にできるだけ多くの軍隊を使用する」の観点からしても、平安京における清盛の優位は確立されている。さらに戦略的に「決定的な地点に有利な戦闘力を巧みに投入する」こと、そして「将士がかかる決定的地点を正しく判定する」ことが模索されだす。

義朝には「兵力の絶対的優勢が得られなかった場合にも、兵力を巧みに使用すれば決定的地点に相対的優勢を配置するという手立てが残されていた」にもかかわらず、叛乱勃発段階での有能な兵力さえも清盛によって逆転されていた。義朝にとって、決定的地点は熊野であるべきだったろう。

清盛は『孫子』のセオリー通りに不敗態勢に立って勝利をうかがう形をとる。まずは負けない態勢、すなわち防御から開始された。クラウゼヴィッツは「在るべき防禦」として「第一に、防禦に関する一切の手段を間然するところなく準備すること、第二に、戦争に熟達した軍、第三に、周章狼狽して敵を末ような凡将ではなく、沈着に審思し防禦手段を事由に選択して敵を向かえるような将士、第四に、敵の攻囲を物ともしない強力な要塞、また最後に、精神が強健であって、敵を恐れるよりは、むしろ敵に畏怖せられるような国民」を挙げている。

清盛は、要塞化された六波羅に入っている。平家全盛期に築かれた六波羅にたくさんの館が軒を連ねていたことは、長門本『平家物語』に詳しい。都落ちに際しての記述では「八条より北、坊城より西方に、一町の亭、ありしゆへなり。かの家は、入道のうせられしあかつきにやけにき、大小棟のかす、五十余にをよへり。六はらとてののしりし所は、故形部卿忠盛の世に出し吉所なり。南は六はらが末、賀茂河一町をへたてて、もとは方一町なりしを、故相国の時造作あり。是も家かす百七十余字に及へり。是のみならず、北の鞍馬路よりはしめて、東の大道をへたてて小松殿まで廿余町に及ふまて、造作したりし一そく親類の殿原の、郎党等に至るけむぞくの住所、こまかく是をかそふれは、五千二百余字の家々」とされている。現在の地形と対照すると、北側が五条大路を東に延長した松原通、東側が車大路、南側が六条大路を東に延長した通りとなり、南北はおよそ五〇〇メートル、東西はおよそ六〇〇メートルで、周囲は塀を巡らせ三万人以上もの人々が住んでいた計算になる。

平家全盛期以前にも平家の一族郎党は一町に集結して住んでいた。これは摂関家などそれ以前の貴族、あるいは河内源氏などにも見られなかった特質である。クラウゼヴィッツは「設堡野営を攻撃するには、並々ならぬ攻撃手段を必要とする」と述べ、『孫子』には「十なれば、則ち之を囲む」、「その下は城を攻む。城を攻むるの法は、已むを得ざるが為なり。櫓、ふんおんを修め、機械を具うること、三月にして後に成る。距いん、また三月にして後に已む」と記されており、いずれも籠城の有利さを表しているのだが、六波羅はまさにそれで、戦国武将の城下町が平安京内に存在している観があった。

伊勢国と伊賀国の存在、西国の兵の存在、そして要塞・六波羅と、清盛はまさに用意万端、「一般的に巨大な兵力を、次に決定的な地点において巨大な兵力を保有」し、「将士が彼の兵力を集結しておく」ことに成功していた。しかもこの段階ではまだ、清盛の人徳、扶植しておいた勢力、平家優位の状況などによる兵力参集どまりだが、さらに二条天皇行幸後は、河内源氏側の兵召集の遮断までもが射程に加わってくる。兵力の大小が戦争の有利不利を決定する時、清盛はこれでもかというほどに優位性を強化する。政治家としても戦争の有利化を徹底したのだ。クラウゼヴィッツは「防禦は待ち受けと積極的行動という両つの異質な部分からなる」と指摘しているが、「待ち受け」では完全に優位な状況に入ったわけだ。そして段階は移行し、防御から攻勢に転じるようになっていく。「防禦は攻撃よりも強力な戦争形式であり、その旨とするところは敵をいっそう確実に征服するところにある」。クラウゼヴィッツは「攻撃者が遠大な目的を懐いているにせよ、最初は防御という戦争形式を採用する場合の有り得る」と述べている。清盛はまず防御から着手した。まさにクラウゼヴィッツによる次の言の通りである。「防禦者側の前提、則ちいつかは積極的行動に移行しなければならないという前提は不変である」。防御を完璧にして攻撃をしかけ、好みの戦場に誘致して、最後は防御の立場で河内源氏を殲滅する、というのが清盛の思い描いた戦略である。

クラウゼヴィッツは「攻勢的反撃を伴わないような防禦は、まったく考えられない」と述べ、守備を万端にして攻撃の機会をうかがうという孫子は「善く戦う者は、不敗の地に立ちて、敵の敗を失わざるなり」と語る。万全な防御のもと、清盛は攻勢に転じていく。クラウゼヴィッツは政治から戦争を語っているが、清盛の最初の攻勢も政治からであった。

7――政治的対応

戦略を立てる際には目的を明確化し、目的達成のための目標を定め、その達成のためにもっとも効率の良い方法を体系的に考えていかなければならない。清盛が戦争計画を立てるにあたってはこの戦略の定式に基づきながら、段階を経て戦術に向かう各過程、その時々においての目的と目標を設定しながら、一番上位にある政治的目的を達成する道順とした。クラウゼヴィッツは「全力を挙げて敵のかかる重心に総攻撃を加えなければならない」と述べている。重心とは彼我にとって重要なもので、「力と運動の中心」である。日本の正統性の源、すなわち叛乱軍を正統なものとし、除目を行う源となるもの、それが天皇の存在である。「平治の乱」全体において重心は天皇と言っても良いだろう。

叛乱側は、目的が明確でなく、従って目標も持たない。目的も目標もないのだから戦略もない。目的も目標もないのだから、二条天皇が重心であることはわかっていても、二条天皇を囮にして清盛に罠を仕掛けるという発想もない。ただ無目的のまま内裏に居座っているだけである。

清盛の平安京帰還の情報が伝わると、二条天皇の側近の中で信頼から離反する動きが見え始める。叛乱後のありように不満を高めていた人たちの中に清盛につこうとする動きが現れだしたのである。清盛の上洛に最初に反応した内大臣藤原公教が藤原経宗、藤原惟方ら二条側近派に近づき、信頼からの離反を勧める。『孫子』に言う「五事」の中の「道」の視点から政治的勝利を見てとった清盛は政治的正統性を確立し、叛乱軍に対して政治的に勝利した状態にすることを考える。

ここで諜報が事の正否を決定するほどの重要性を占めてくる。天皇奪還のために内通役「生間」となったのは、惟方の妻の兄弟である藤原尹明であった。「先知なる者は、鬼神に取る可からず、事に象る可からず、度に験す可からず。必ず人に取りて、敵の情を知る者なり」で、清盛は確実な情報から次の一手を考えたのである。

清盛は信頼を油断させるために、従者であることを示す「名簿」を提出した。水面下での諜報とは裏腹に、味方になることを示したのである。「兵は詭道なり。故に能にして之に不能を示し、用いて之に用いざるを示す」、「利にして之を誘い、乱して之を取る」、「卑うして之を驕らしむ」そのものの処置である。これは多くの兵法書で「文伐十二節」（武韜『六韜』）、「剛は必ず辞を以て服す」（図国『呉子』）と様々に強調されている。

清盛が味方になりそうなことに信頼は安心する。単に反対する軍事力が消えたというだけではなく、河内源氏と並んで実効性を持った軍事力が取り込めれば、バランサーとしての地位も安定する。本来は「辞、卑くして備を益す者は、進むなり」と判断すべきであったが、姻戚関係のある清盛をそこまで疑うのは信頼としては難しかったろう。熊野にも阿倍野にも兵を差し向けず、六波羅への帰還を何事もなく黙認したのだから、清盛に対して敵意がないことは伝わっているはずと確信していたに違いない。

その間に清盛は藤原経宗・惟方と通じて天皇と中宮を内裏から脱出させることにしていた。十二月二十五日夜、二条大宮に火を放ち注意を引き付けているうちに、経宗と惟方は後白河上皇と女装させた二条天皇を内裏から脱出させた。なお金比羅本『平治物語』にも陽明本・学習院本『平治物語』にも古活字本『平治物語』にも、小火騒ぎは出ていない。また『愚管抄』によると女車に乗って「サリゲナシニテヤリ出シテケリ」とあり、女装していたかどうかは明記されていない。

二条天皇は六波羅に迎えられ、後白河上皇は美福門院、上西門院とともに仁和寺に入った。油断し切ったところで不意をつくこの作戦は「其の備え無きを攻め、其の意わざるに出づ。此兵家の勝にして、先ず伝う可からざるなり」と見ることができる。

天皇奪還の効果は限りないものがあった。戦略的に見ても「先ず其の愛する所を奪わば、則ち聴かん」で、敵を軍事的に操縦することが可能になる。この後の戦いはすべて清盛主導で遂行することが可能になった。心理的にも政治的にも清盛は「先に戦地に処りて、敵を待つ者は佚し、後れて戦地に処りて、戦いに趨く者は労す」立場を手にしたのである。叛乱側の最大の力の根源たる天皇奪還は「敵に取るの利は貨なり」であり、「戦わずして」政治的に勝利を最初に得たことになる。「敵に勝つ者は、形無きに勝つ。上戦は与に戦う無し」と『六韜』、「龍韜」でも述べられている。

二条天皇がいないと内裏の中は大混乱で、「カカリケル程ニ内裏ニハ信頼。義朝。師仲。南殿ニテアブノ目ヌケタルゴトクニテアリケリ」という有様、何が起きたのかもよく理解できずにただただパニックを起こして善後策もままならない。義朝は八つ当たり気味に信頼を「日本第一の不覚人」と罵倒している。心理的にはいつ攻め寄せても清盛が勝てる状態が作られた。クラウゼヴィッツは極限点に至った段階で「攻撃者の蒙った一般的な損失に因る結果にすぎないにせよ

――行動と会戦の決意とは、まさに防禦者の側にある」と述べているが、二条天皇の行幸こそが河内源氏軍にとっての政治的極限点であり、いまだ軍事的には防禦者であった清盛が攻勢に転じるタイミングでもあった。

この政治的正統性の確立のもたらした意味は、たとえ軍事的に敗北したとしても、政治的に勝利した立場を与え続けるほどに大きい。官軍の立場を奪い、叛乱側の「謀を伐つ」ことにより、信頼も義朝も無目的なまま単に追討を待つ身となってしまった。

こうして清盛は、政治的に「勝兵は先ず勝ちて而る後に戦いを求め」の状態を確立した。後は軍事的に敗北させるという仕上げばかりである。とはいえ政治的視点では「すでに敗るる者に勝てばなり」の状態にあるから、どのみち敗北はない。

純粋に軍事力だけ見ても陽明本・学習院本『平治物語』では街道、関所に六波羅が皇居になったことを知らせたため大勢小勢様々な兵が参集してきたとされる。陽明本・学習院本『平治物語』には東国に逃亡しようとする義朝たちが鈴鹿の関や不和の関などを遮断されてうまく逃亡できないことも書かれているから、河内源氏軍に加わる兵そのものが遮られていたことだろうし、おそらく清盛が官軍であることを東国に知らせていたはずである。平家軍の増強、河内源氏軍の弱体化が進み、時がたてばたつほど優位は拡大するが、清盛は待ってはいなかった。最高の瞬間をとらえ、敵が逃亡する前に殲滅することを考えていた。有利な立場を利用してどれぐらい完璧に叛乱を鎮圧するかに手腕が発揮される段となる。さて、ここから先の最大の問題は関東の存在である。

信頼だけでなく義朝をはじめとした河内源氏一党もまた、朝敵となって意気消沈している。このまま放っておけば立ち枯れするだけであるため、絶望がある段階に至った時に考えが切り替わり、心機一転逃亡して関東で再度叛乱を起こす可能性もある。関東は独立気運が高い上、当時は河内源氏が勢力扶植を試みていたから、もしかすると叛乱が起こせる可能性もあるかもしれない。関東の叛乱となると事は大規模になる。精神的な側面を重視する間接的アプローチでは敵を敗北感やパニックに落とし込むことが最良とされているが、そのピークがきた。相手がパニックを起こして冷静な判断ができない今こそが最高のチャンスである。間接的アプローチの意味でも清盛は軍事的行動を起こし河内源氏ら叛乱者を殲滅する最高のタイミングを、天皇が奪還されて士気低下したこの段階と踏んでいた。清盛という人物の手法には、『孫子』、『戦争論』だけでなく、リデル・ハート『戦略論』さえも整合性を持っていたのである。戦機の到来はまさに、「善く兵を用うる者は、その鋭気を避けて、惰、帰を撃つ。此れ気を治める者なり。治を以て乱を待ち、静を以て譁を待つ。これ心を治める者なり」にあるのだ。

天皇奪還は、敵の「交を伐つ」ことにもつながった。清盛が天皇の六波羅遷幸を平安京中に宣伝すると、関白基実以下、公卿のほとんどが六波羅に集まってくる。古活字本『平治物語』によると、清盛はこれを「家門の繁昌、弓箭の面目」と言って喜んだという。信頼と姻戚関係にある基実も受け入れたことは清盛の度量の広さを物語る。

いよいよ軍事レベルでの鎮圧が開始されることとなる。清盛にとっては、「戦闘こそ［政治的］目的を達成するための唯一の方法」となった。クラウゼヴィッツは「政治的観点が、戦争の開始と共にまったく廃されるということは、戦争が彼我の純然たる敵対感情に基づく必死の闘争であるような場合にしか生じ得ないだろう」と述べるが、政治的な清盛に対する義朝、義平らの河内源氏軍の態度はこれに近い。

ともあれ現状の優位な彼我の力関係、情勢のうちに会戦しなければならない。高度で緻密な戦略を立てる清盛ではあるが、クラウゼヴィッツの警句がその状況を象徴する。「複雑な攻撃準備は時間の許す範囲内にとどめるべきである」。

8――戦略的対応

清盛は、圧倒的劣勢から始まって戦闘開始前には準備万端に諸々を整えた。クラウゼヴィッツは言う。「勝利を得るために万端の準備を講ずることは、会戦において勝利を獲得するよりもいっそう難事であって、これはまさに戦略の隠れた功績である」。清盛の準備完了とは同時に

『孫子』の「勝を知るに五あり。以て戦う可きと、以て戦う可からざるとを知る者は勝つ。衆寡の用を識る者は勝つ。上下、欲を同じうする者は勝つ。虞を以て不虞を待つ者は勝つ。将、能にして、君、御せざる者は勝つ。此の五者は、勝を知るの道なり」のすべてが整ったということも意味するものである。『孫子』に照らし合わせたように清盛は軍事的な基本要素も整える。最終戦場として設定した六波羅の空間、その空間が矢合戦となるとみなしての武装、兵数、その彼我の比較を断じるのである。「兵法は、一に曰く度、二に曰く量、三に曰く数、四に曰く称、五に曰く勝。地は度を生じ、度は量を生じ、量は数を生じ、数は称を生じ、称は勝を生ず」。まさに「形なり」と言えるだろう。

六波羅の大本営にあって清盛は戦略を立てる。大きく地図を睨んでの作戦、これが戦略の立案である。ジョミニの言う「戦略とは、図上で戦争を計画する術であって、作戦地の全体を包含しているものである」、またリデル・ハートの言う「軍の編成、移動ならびに戦場にて運用する術」そのものである。そして清盛の立案した戦略ほどクラウゼヴィッツが述べた次の言、「戦略は戦争計画を立案し、所定の目的に到着するための行動の系列をこの目標に結びつけるのである、則ち戦略は個々の戦役の計画を立て、またこれにの戦役において若干の戦闘を按排するのである」と一致する事例も珍しい。

クラウゼヴィッツはこうも言う。「戦略は、戦闘を使用すべき地点と場所と時間、およびその戦闘に要する戦闘力を規定する」。叛乱者に時間を与えてはならなかった。信頼や義朝が東国に赴いてしまうと厄介である。現時点の優位な状況下があるうちに事を決する必要があった。そして最終的な戦場として考慮されるのは、戦争の結果として何を得るかによる。「戦略は戦闘を規定することによって、その戦闘から生じる結果に影響を与える」、また「戦略は戦闘に対して時間、場所および兵力を規定する」。

『孫子』では「地の利」が「天の利」、「人の和」とともに何度も強調され、「始計篇」には五事の一つとして「地」が挙げられ、さらに「行軍篇」、「九地篇」、「地形篇」などの各々でも地形についてが述べられている。クラウゼヴィッツもまた地形に関して数多くを語り、軍事的天才の有する「地形感覚」にも言及、それは「いかなる地形についても即座に正しく幾何学的要素を構想し、これに基づいて容易にその土地の様子に通じる能力」とされている。より戦場に近い立場をとるクラウゼヴィッツの書では事前情報を不明確にしたままの対応が考えられている。それは本来、これから開始される戦闘で河内源氏に要求される能力であった。しかしそれを持っていたのは清盛の方で、彼の頭には平坦な碁盤の目の通路が作戦想定の前段としてあった。

清盛はこの段階で既に河内源氏軍が騎馬の突撃を得意としていることも考慮している。戦闘の推移そのものも、およそ五、六手ほど先を予測していたように思える。自己の利点と欠点、そして敵の利点と欠点を考慮する姿は、「彼を知り己を知らば、百戦殆うからず」とばかりに五事七計がいかなる形で複合的に実践されるかを示している。つまり河内源氏軍の軍隊としての性格と、その指揮官である源義朝に対して「大凡、戦の要は、必ずまづ其の将を占ひて、その才を察す」をも行っていたのである。そして戦力などの彼我との比較において勝利の可能性が最大限に高まった瞬間に清盛は決断する。「兵を用うるの害は、猶予最も大なり」。

ここで戦略と戦術の区分を再度見てみたい。クラウゼヴィッツによる戦略と戦術の定義によれば、「戦術は、戦闘において戦闘力を使用する方法を指定」、「戦略は、戦争目的を達成するために戦闘を使用する方法を指定する」、そして「狭義の戦争上」と断りながらも「戦術の任務は個々の戦闘にそれぞれ形を与えることであり、また戦略の任務はこれらの戦闘を使用すること」としている。つまり戦略は「戦闘を規定する」のであり、「戦闘そのものはこれを戦術に委ね、戦略は戦闘を巧みに使用する技術［なの］である」。クラウゼヴィッツはまた、こうも言う。「戦略は戦争計画を立案し、所定の目的に到着するための行動の系列をこの目標に結びつけるのである、則ち戦略は個々の戦役の計画を立て、またこれにの戦役において若干の戦闘を按排するのである」。戦略の中の戦術の位置づけは重要である。

『平治物語』が華々しく描いている「平治の乱」で展開されている戦術面における個々の戦闘は、一連の流れに沿って行われる個々の場面に対応したものであり、全体計画の中で位置づけられている。清盛においては戦略という計画も見事ながらも、個々の戦闘がどのような役割を担っているかの認識も見事であり、しかも個々の戦闘でも一切手抜きが見られていない。つまり戦略家としても戦術家としても第一級であった。

実はこの戦略には降りかかっていた難題への対処が含まれていた。平家（官軍）側は戦闘に際し、新造されたばかりの内裏の焼失を防ぐことを要求されたのである。「火攻」はもっとも簡単な戦い方であり、『孫子』、「火攻篇」にも「火を以て攻を佐くる者は明きなり」と記されている。敵の根拠地に夜襲をかけ火攻めを行っただけの「保元の乱」が、いかに安易な戦いであったかわかる。だからこそ信西は「保元の乱」の戦功で義朝を高く評価しなかったのに違いない。「火攻」は禁止された。幕末に大村益次郎は、江戸市中に火災を出さずに上野の彰義隊を攻略するために頭を悩ましていたが、今回の清盛に比べればそれは楽なものであった。清盛の戦略には「知者の慮は、必ず利害を雑う。利を雑えて、務、信ぶ可きなり。客を雑えて、患、解く可きなり」が深く潜行していたのである。『平治物語』諸本では、公卿詮議で、火災が出ないよう、また偽りの撤退をして奪還するよう、頭中将実国が述べたと記されているが、口で言うほど簡単なことではない。

『平治物語』諸本に従えば、叛乱側の主力は義朝の率いる河内源氏であるが、そこには信頼が率いる兵、頼政の率いる兵、土岐光基の率いる兵もいた。しかし足並みが揃っていないことを清盛は熟知していた。

渡邊本『平治物語』や金比羅本『平治物語』では、大将軍には悪右衛門督藤原信頼、その子・新侍従信親、信頼の兄・兵部権大輔基家、民部権少輔基通、その弟・尾張少将信俊、その他に伏見源中納言師仲、越後中将成親、治部卿兼通、伊予前司信員、壱岐守貞知、但馬守有房、兵庫頭頼政、出雲前司光泰、伊賀守光基、河内守季実、その子左衛門尉季盛といった公家や京武者。

河内源氏一門は、左馬頭義朝、その嫡子・鎌倉悪源太義平、次男の中宮大夫少進朝長、三男右兵衛佐頼朝、義朝の伯父陸奥六郎義隆、義朝の弟・新宮十郎義盛、従兄弟の佐渡式部大夫重成、平賀四郎義宣、さらに家臣たちとしては鎌田兵衛正清、後藤兵衛真基、佐々木源三季善、義朝の小舅・熱田大宮司太郎の一門の者や家来たち、三河国の重原兵衛父子、相模国の波多野次郎義通、荒次郎義澄、山内須藤刑部尉俊通とその子・瀧口俊綱、武蔵国の長井斉藤別当実盛、岡部六弥太忠澄、猪俣小平六範綱、熊谷次郎真実、平山武者所末重、金子十郎家忠、足立右馬允遠元、上総介八郎弘常、常陸国の関次郎時貞、上野国の大胡、大室、大類太郎）、信濃国の片切小八郎大夫景重、木曾中太、弥中太、常葉井、榑、強戸次郎、甲斐国の井澤四郎信景をはじめとして、主だった武士は二百騎、それに従う軍兵は二千二百余騎となっている。

ただ陽明本・学習院本『平治物語』では義朝の率いた河内源氏一門は子供である悪源太義平、中宮大夫少進朝長、兵衛佐頼朝、義朝の弟である義範と義盛、叔父の陸奥六郎義隆、信濃源氏の平賀四郎義信、義朝の家臣たちとして鎌田兵衛正清、後藤兵衛真基とその子・新兵衛基清、三浦介二郎義澄、山内須藤刑部尉俊通とその子・瀧口俊綱、長井斉藤別当実盛、信濃国の片切小八郎大夫景重、上総介八郎弘常、近江国住人佐々木源三秀義で兵数わずか二百騎にすぎず、信頼が三百騎を率いて待賢門を守備、出雲前司光保、伊賀守光基、讃岐守末時、豊後守時光らが三百騎を率いて陽明門を守備していたとされ、義朝が郁芳門を守っていた。

義朝傘下として参加しているのは尾張国、三河国、相模国、武蔵国、常陸国、上野国、信濃国、甲斐国、近江国に及んでいるが人数が少ないのは各々の国の一部の武士団しか組織化できていないからであろう。

戦闘開始前、攻め寄せた平家軍三千騎（内裏攻撃軍は待賢門＝千騎、郁方門＝千騎、陽明門＝千騎？）とされている。平家軍は六波羅にも予備の兵力がいた。これが内裏攻撃軍が撤退した後で合流する形を取る。内裏攻撃軍と六波羅籠城軍の兵力配分は不明であるが、参考になりそうなのはクラウゼヴィッツの言葉である。「緒戦の成果を収めるに必要と思われるだけの兵力を使用し、自余の兵力は追って使用するための予め射撃ならびに白兵戦による闘争の外に置く」。「局部戦（部分的戦闘）であれば、初期の成果を収めるに必要な兵力を大まかに規定し、従ってまた差当っての過剰兵力の数を規定することはさして困難でない」。

戦略的には全兵力を一気に投入すべきだが、戦術においては必ずしもそうならない。クラウゼヴィッツは「戦術においては、戦闘力の小出しの（継時的な）使用は、勝利を決定する主決戦を全軍事行動の最終の段階に移すが、これに反して戦略における兵力の同時的使用の法則は、主決戦を（これは必ずしも究極的決戦であることを必要としない）、殆んど常に大規模な軍事行動の最初に置くのである」と述べている。

河内源氏軍ら叛乱軍にとっての利点は内裏に籠もっていることで、これが一種「籠城軍」の強みを有していたが、六波羅もまた要塞への籠城の形をとっていたため双方が籠城してにらみ合っていた。膠着状態を打開するのは相手の陣地への攻撃である。このまま対峙していても清盛の優位はますます強まっていくから、本来は叛乱軍にとって奇襲は必要であったが、冷静な判断ができなくなっていた。もっとも仮に試みたとしても籠城軍による奇襲は効果がなかったろう。一方の平家には奇襲をする必要などはなかった。

十二月二十六日、信頼・義朝追討の宣旨に従い平家軍は内裏に籠もる信頼・義朝らの軍勢を討つべく進軍することになった。平家軍が六波羅を出撃する。いよいよ作戦戦略が始動したのである。『平治物語』諸本にはほぼ同一の記述が出ている。進路は鴨川の六条河原に出て内裏のある西に向かって待機したとある。碁盤のような平安京の道では迂回すら無用である。そして河原を上流に向かい、三千余騎の軍勢を三手に分け、赤旗を掲げて近衛、中御門、大炊御門より大宮方面に駆け出し、陽明、待賢、郁芳門に押し寄せたという。

平氏の赤旗、源氏の白旗は運動会や歌合戦にも使われるほど有名だが、その起源は明らかではない。ただ「平治の乱」で歴史上、初めて平家の赤旗が登場している。金比羅本・古活字本『保元物語』では「平治の乱」のこととして史上初めて赤旗と白旗が出ているが、古態を残している半井本『保元物語』には同じ「新院讃州ニ御遷幸ノ事」に赤旗、白旗の記述はない。『保元物語』のもととなった日記か記録には旗の使用について書かれていなかったこと、後世の付加としてそれが書き加えられたこと、そしてその付加段階でも「保元の乱」ではなく「平治の乱」が平家の赤旗、河内源氏の白旗の始まりであったことが察せられ、『保元物語』と『平治物語』、そして『平家物語』のいずれが最初に成立したかによるため赤旗、白旗の初出年代がいつかは不明ながら、少なくとも『平治物語』の原典の中に登場するとしたら、それが記録としての最初になるだろう。ちなみに武田家に伝わっていた義家の御旗は白ではなく金色であった。朝廷内の争いであった「保元の乱」に対して、「平治の乱」は平家が官軍として戦った合戦である。「錦の御旗」が平家の旗だったのだろうと推測できる。

9——前線の指揮官・平重盛

渡邊本『平治物語』や金比羅本『平治物語』では平家軍のうち内裏攻撃に向かったのは大将軍の左衛門佐平重盛、三河守平頼盛、淡路守平教盛で、侍として筑後守家貞、その子・左衛門尉貞能、主馬判官盛国、その子右・衛門尉盛俊、与三左衛門尉景安、新藤左衛門家泰、難波次郎経遠、三郎経房、妹尾太郎兼安、伊藤武者景綱、舘太郎貞泰、同十郎貞景らが続いたとされている。

ここでも陽明本・学習院本『平治物語』との食い違いが見られており、同書では内裏攻撃の平家軍は左衛門佐平重盛、三河守平頼盛、常陸守経盛となっていて、重盛が信頼の守備する待賢門を、頼盛が義朝の守備する郁芳門を、経盛が光保、光基の守備する陽明門を攻撃することとなっていた。また戦闘開始後の記述によると重盛の家臣として筑後左衛門尉貞能、伊藤武者景綱、舘太郎貞泰、与三左衛門尉景康、後藤四郎実景、同十郎景俊が守護をしたとされている。

『愚管抄』では「平氏ガ方ニハ左衛門佐重盛。清盛嫡男。三河守頼盛。清盛舎弟。コノ二人コソ大将軍」とある。いずれにおいても共通している大将は重盛と頼盛で、それ以外に『平治物語』によって教盛、さらには経盛の名も上がっているのである。

重盛は「アナタコナタ」と評された清盛の調整力、バランサーとしての資質を強く受け継いでいた。ことごとの中での役割をよく心得、全体の骨格をなす「戦略」が機能するために何を行うべきかを知悉し、戦略を理解した上での戦闘指揮は見事であった。この点が、いけると思えば我を忘れて突撃してしまう義平とのレベルの差である。

「平治の乱」を鎮圧した功で、重盛は伊予守に任じられ、さらに年が明けてすぐに従四位下となり、左馬頭も兼任する。社会的にも重盛の地位の上昇は順調であった。なにしろ清盛の嫡男であり、平家の次期棟梁である。清盛が台頭していけば、重盛もまた上昇するが、それは単なる親の七光りではなかった。重盛という人が、能力的にも人格的にも卓越していたためである。応保元年（1161）正月に正四位下、十月に右兵衛督、応保二年（1162）正月には従三位に叙せられ公卿となった。わずか二十六歳である。清盛自身も、「あなたこなたに」（あちらにもこちらにも）と形容されたように、全体のバランスの中で進んでいける人物であったが、重盛は、さらにバランス感覚に富んでいて、後に、清盛と後白河院が対立してからも、両者の調整役となっている。重盛は唐の国で言えば李世民に当たる人物である。

後の平家政権を考える時に重要なのは、仁安二年（1167）、重盛が諸道の海賊追補を行ったことである。それは軍事の大権を任されたということでもあって、政権を維持する要は軍事力であるから、その掌握者こそが、真の支配者である。頼朝が、政権そのものとは無縁な征夷大将軍になったのも、武士という軍事力のみを支配していれば、いつでも権力は掌握できるからであった。仁安二年（1167）五月十日、重盛に対して下された東山、東海、山陽、南海の諸道の山賊・海賊追討宣旨は、国家的軍事・警察権を正式に委任されことを意味するとともに、その地方の諸豪族と主従関係を結ぶことにもなった。承安四年（1174）七月、ついに重盛は右近衛大将に任じられる。この任官を清盛は相当に喜んだようで、七月二十一日の拝賀の儀式には公卿十人、殿上人二十七人が付き従ったとされている。征夷大将軍が「武家の棟梁」と考えられるのは後世の話で、平和時の武官の最高位は左右近衛大将であった。しかも重盛は丹後国と越前国と、二ヶ国を知行国としていたから、一ヶ国しか知行国を持たない他の平家一門に比べて経済的にも優位にあった。

同時代人からの評価も高く、『山槐記』、『愚管抄』、『百錬抄』などでも、その人格が絶賛されている。ただ九条兼実は嫌っていたようである。重盛は父から政治家・戦略家としての資質も受け継いでいた。重盛は体が丈夫ではなかったが、清盛の後継者としての責務を全うしている。仁安三年(1168)二月、清盛が病のため出家し、福原に退隠した後、六波羅に残って一門を指導したのは重盛で、嘉応元年(1169)十一月の八十嶋祭では、重盛の妻・経子が勅使役となって重盛の六波羅邸から出立し、後白河と滋子が七条殿の桟敷で行列を見送るなど、清盛が福原に行っている間は六波羅の代官として事実上政務を司っていた。

温厚篤実な重盛であったが、反面で気性の激しさを抑えていたふしもある。なにしろ「保元の乱」や「平治の乱」の重盛は荒武者であったから、本質がそう簡単に変わるはずはない。「殿下乗合事件」も、そうした重盛の気性の一端を示すものである。嘉応二年(1170)七月三日、法勝寺八講の初日、摂政・松殿基房の従者が参詣途中で、重盛の子・資盛の車の無礼を咎めて恥辱を与えた。その後、重盛の子の車と知った基房は震え上がり、ただちに下手人を重盛のもとに引き渡して謝罪するが、重盛は申し出を拒絶した。基房は報復を恐れて、しばらく外出を止める。

そしてほとぼりも冷めたと思われた十月二十一日、天皇の元服定のため基房が参内する途中、重盛の武者たちが基房の従者を襲い乱暴を働いた。この事件は、『平家物語』では「悪行のはじめ」として、清盛が行わせ重盛が諫めたように書かれているが、実際には重盛が行ったことで、『愚管抄』でも「不可思議ノ事ヲ一ツシタリシナリ」と驚かれている。清盛が、むしろ重盛の行為を咎めたらしい。

しかし、基本的に重盛が清盛の後継者であることは揺るぎなかったように見える。そんな事件があっても、清盛は平家棟梁のみが受け継ぐ家宝、「唐皮」と「小烏丸」を重盛から取り上げることがなかったからである。清盛という偉大な人物は、重盛の能力をきちんと見抜いていた。安定した徳川幕府下のような時代ならば、無能でも凡庸でも後継者は務まるが、これから本格的に開始される政権の二代目ともなれば、「唐初三代の治」ではないが「守成は創業よりも難し」ということになる。

不安があるとすれば、晩年の重盛には厭世感がつきまとったことだろう。『愚管抄』でも重盛が「トク死ナバヤ」(早く死にたいものだ）と述べたことが記されている。荒武者ぶりを見せたり、りりしさが際だった若年期を送り、バランス感覚と政治能力の卓越性、そして人格者といったイメージの強い壮年期の重盛が晩節に現したこの姿には一種の哲学的な雰囲気があり、『平家物語』の作者でなくとも筆を執りたくなるであろう。重盛は病にかかり、治承三年（1179）三月には熊野に参詣して後世のことを祈り、五月二十五日に出家した。病はしだいに悪化し、七月二十九日に四十二歳で亡くなる。

重盛が、清盛とは異なった意味で指導者としての自覚を持っていたことが、その最後の姿に示されている。『平家物語』には、いよいよ病が重くなった重盛に対して、清盛が宋の名医を向かわせた時「異国の医師、都に立ち入れることならず。国の恥辱なり」(外国の医者を都に入れるのは、日本国の恥)と断り、それを聞いた清盛は「是程国の恥を思ふ大臣、上古にもいまだきかず、まして末代にあるべしとも覚えず」(こんなに国の恥を思う大臣は昔もいなかったろうし、これからも出ないだろう)と言って泣いたという逸話が載っている。清盛の実利主義に対し、日本には他に名医がいないと思われては困るという、私人よりも公人、日本国の立場を重んじた人柄であったのである。

もちろん、清盛との意見の相違は多いが、親のやり方に不満を持つのは重盛に限らず、どんな子供も同じである。重盛の能力と人格は、革命家や改革者としてのそれよりも、バランサーとしての役割を担う指導者のもので、より守成に適していたからなおさらだろう。しかし、清盛の意図を理解する後継者がいなくなった段階で、清盛の行動は、横暴で横紙破りとしか世人の目には映らなくなる。『平家物語』の作者が、重盛の死のショックから、清盛が福原遷都を強行したと記しているのは、これを象徴している。結局、先代の偉業も、後継者が不在では「暴挙」とみなされるのだろう。

なお、意外に知られていないことだが、平重盛の墓所は茨城県にある。重盛は、邸宅があった場所にちなんで小松殿と呼ばれるが、それを冠した「小松寺」が茨城県東茨城郡にあるのだ。平家ゆかりの西国ではなく、遠く東国に墓があるのは、河内源氏の一党に遺骸が辱められることを恐れて、重盛の家人・平貞能により、この地まで運ばれ埋葬されたからであるが、その名声とは裏腹の苔むした小さな墓が、山の中腹に大切に祭られている。筆者が母とともにお参りに行ったのは小雨が降っている中であったが、『平家物語』の作者でなくとも、「諸行無常」と感じられるだろう。なお筆者の住む土浦市にある小松という地名もやはり重盛の領地であったことに由来しているそうである。

10――戦術的対応

十二月二十六日、清盛自身は六波羅に留まり総指揮をとることにする。練り上げた戦争計画に従い全体の進捗状況を見極めながら指示を出すためである。清盛の意図としては、戦争の全体計画を立てた上で前線司令官の任命を「能く人を択びて、勢に任ず。勢に任ずる者の、其の人を戦わしむるや、木石を転ずるが如し」の視点で実施し、一方で最終決戦地域を既に想定して自らがその地に留まり、最終決戦の準備をしていたのである。「戦いの地を知り戦いの日を知らば、則ち、千里にして会戦す可し」のもっとも適切な例と言える。

対する河内源氏の状況は「戦いの日を知らず戦いの日を知らざれば、則ち、左は右を救う能わず、右は左を救う能わず、前は後ろを救う能わず、後ろは前を救う能わず。而るを況んや、遠き者は数十里、近き者は数里なるや」の状態で、何の戦略的目的もないままにただ内裏に籠もって敵の来襲を待ち受けるのみであった。

『平治物語』諸本にはほぼ同一の記述が出ている。進路については鴨川の六条河原に出て内裏のある西に向かって待機したとある。碁盤のような平安京の道では迂回すら無用なのである。そして河原を上流に向かい、三千余騎の軍勢を三手に分け、近衛、中御門、大炊御門より大宮方面に駆け出し、陽明、待賢、郁芳門に押し寄せた。平家軍の進路の詳細は既存の文章からは不明であるが、「近衛、中御門、大炊御門より大宮のおもてへうち出て、御所の陽明、待賢、郁芳門へをしよせたり」との記述から直線的な進軍であった可能性が高い。碁盤の目状態の平安京の道路状況からして、へたな小細工は無用と考えていたのであろう。最初は直進めかした行動をとっておいて、後の軍の進退運動により罠をかけようとしたものとおぼしく、すなわち『孫子』に言う「凡そ戦いは、正を以て合い、奇を以て勝つ」の一つの例とみなせる。

一方、内裏の河内源氏軍は防禦の重心を待賢門、郁方門、陽明門として固めることにする。『平治物語』の諸本によれば待賢門、郁方門、陽明門を開き、承明、建礼の脇の小門はともに開いて騎馬百頭ほどが平家軍の攻撃に備えて待機している。防禦側の兵力配置については信頼が三百騎を率い待賢門を、義朝が二百騎を率い郁芳門を、源光泰、源光基、末時、時光らが三百騎を率い陽明門を、それぞれ守るという形をとっていた。

陽明本・学習院本『平治物語』によれば、戦闘開始時間は巳の刻（午前十時）、戦闘時間は二時間とある。寄せ手の大将・平重盛は「年号は平治へいぢなり、花洛くわらくは平安城なり、我らは平氏なれば、三事相応せり。敵を平らげん事、何の疑ひかあるべき。誰かここに樊はんくわい・張良ちやうりやうが勇みをなさざらん」（陽明本・学習院本『平治物語』では「年号は平治也、都も平安城也、われらは平氏也」）と叫んで全軍を鼓舞する。「平」が三つ並んで縁起が良いというわけである。戦争全体で官軍としての正統性により全軍の意識を高めていただけでなく、縁起良さを挙げることで戦術レベルにおいてさえも『六韜』、「龍韜」に言う「戦うに必ず義を以てする」を行って士気を高めたのである。雄弁の伝統があるヨーロッパでは、ギリシアのポリス時代以来、合戦の前に全軍を鼓舞するような演説が実施されてきた。中でも兵士を前にしたナポレオンの演説は名高い。第一次世界大戦のクレマンソーや、第二次世界大戦のヒトラー、チャーチル、ムッソリーニらもまた全国民を鼓舞しているが、この時の重盛の言葉も、見事な名セリフとしてもっと評価されても良いように思える。

重盛の言葉により、兵士たちは、官軍になっているということだけでなく、平家軍であること自体が神仏の加護を受けたものと思ったはずである。『司馬法』などには特に顕著に見られるが、中国の兵書には、戦いは正義のものでなければいけないという一種の聖戦思想があり、これは思想であるとともに、全軍の士気を高めるための方策でもあった。重盛の言葉は、清盛が確立した官軍という政治上の正義だけではなく、戦術においてさえも、『六韜』、「龍韜」に言う「戦うに必ず義を以てす」（戦争では正義を高調し兵を激励して勝利を占める）を行って士気高揚を図ったということである。

内裏攻撃の模様は『愚管抄』には詳しくは載っておらず、詳細は『平治物語』頼りになる。重盛は率いていた千騎のうち五百騎を大宮面に残して、五百騎にて押し寄せ待賢門へと向かう。陽明本・学習院本『平治物語』には、敵を騙して退却する指示が事前に出ていたことを理解した重盛にも、小勢にあっての撤退はさぞ屈辱的だったろうと記されている。待賢門の守備を請け負っていたのは信頼であった。平頼盛は義朝の固める郁芳門へと押し寄せる。一方、源光保・光基らが守備する陽明門に向かった平家軍の指揮官については二説が考えられる。金比羅本・古活字本『平治物語』では平教盛ということになる。これらの諸本では重盛、頼盛、教盛が向かったことになっているが、『愚管抄』では重盛、頼盛の名しか大将として挙げていないので必然的に教盛が陽明門に向かったとみなされるのだ。しかし古態により近い陽明本・学習院本『平治物語』では平経盛が陽明門に向かったとされている。

待賢門での重盛、郁芳門での頼盛の戦闘はいずれの『平治物語』にも詳しく書かれているが、陽明門での戦闘の記述はない。源光保・光基らがもともとやる気がなくて、裏切り逃走する機会をうかがっていたためろくな戦闘もなく、なれ合いであったのかもしれない。この記述不足が陽明門方面に誰が向かってどのような戦闘があったかを不明確なものにしてしまっているのであろう。乱後に恩賞をもらった経盛が戦闘に参加していなかったはずはないので、その後の戦闘経過から見て経盛が陽明門攻撃に向かい、教盛は陽明門付近における伏兵的な予備軍を務めていたように思える。

待賢門、郁芳門、陽明門ともに門は閉ざさずに開け放し、中から騎馬の突撃で攻め手を跳ね返すという算段であった。平家軍の攻撃は一見すると数にまかせた単純な正面突破に見えるが、真の狙いは「我れ戦わんと欲すれば、敵、塁を高くし溝を深くすると雖も、我と戦わざるを得ざる」とするための正面攻撃であった。愚将である悪源太義平に対する直接攻撃の効果とは「勇にして死を軽んずる者は、暴す可きなり。急にして心速かなる者は、久しくす可きなり」を見込んだものである。

清盛たちが、ここで利用しようと考えたのが、敵将の能力と性格であった。自らの武勇に対する過信がある義平は、籠城に苛立つはずである。そこを挑発すれば無謀な戦いをさせることができると見込んだのだ。本来、籠城軍の強みは矢合戦にある。しかし『平治物語』の諸本にある合戦の記述は籠城という有利性を利用して矢を射かけるのではなく、騎馬武者が駆け巡るという戦い方になっている。歩兵である平家軍は騎馬武者の突撃力の前では不利となるが、反面で籠城軍は自己の利点を全く利用していないことになる。あるいはそのように仕向けられたのかもしれない。

待賢門を守ることになっていた大将軍の信頼は「将、弱くして厳ならず、教道明らかならず、吏卒常なく、兵を陳ねるも縦横なるを、乱と言う」の典型であったが、逆にその後陣であった下級将校の悪源太義平は「怒りて服せず、敵に遇えば怨みて自ら戦う。将、其の能を知らざるを、崩と言う」を地で行く者と言えた。

まず重盛が待賢門を破ると、逃げ出した信頼に代わって悪源太義平が防戦、有名な大庭での騎馬戦が繰り広げられる。『平治物語』では「紫宸殿の椋の木を中心に、左近の桜、右近の橘」と名文をもって綴られ、河内源氏軍の勇敢さが誇張されている。全体として平家軍が河内源氏軍に撃退されたことが強調されている文章である。『孫子』的な発想では攻めてくる敵を撃退するだけの闘いほど楽なものはないとされる。ベトナム戦争の名将ボー・グエンザップ将軍は「ベトナム戦争ほど楽な戦いはなかった。攻めてきた敵を撃退していればいいだけであった」と述べたと伝えられている。しかし、河内源氏軍にとって最大の問題は、戦いの末の目的が明確ではなかったことである。対して平家軍はこの小戦闘においてさえ目的は明確であった。戦術的目的は戦略的目的に従属しながらはっきりと定められている。そのために攻めては引き、再び攻めてを繰り返していく。河内源氏軍は「半進半退する者は、誘うなり」と見破らなければならなかったのである。

何度か正面突破を試みるふりをし、重盛は義平と一騎打ちまで行って挑発しながら撃退されてを繰り返す。待賢門攻略の平家軍指揮官・重盛は機を見計らって大幅に退き、義平は内裏を出て大宮にまで駆け出ていく。義平が敵軍五百騎の中に突入したため、当の平家勢は大宮をさらに下り二条を東へと引いていく。

一方の頼盛も郁方門から引いて義朝の軍勢を誘き出す。各平家軍が同時に退くと、思慮浅い河内源氏軍は、こぞって内裏の外に飛び出し、深追いを開始した。内裏が空になった瞬間に、伏兵として控えていた教盛（？）の軍勢が陽明門から入り込み門を固めてしまった。こうしてほとんど無傷で平家軍は内裏を手に入れた。

この段階で陽明本・学習院本『平治物語』では、もともとが二条天皇派の源光保・光基・末時・時光らは陽明門の守りを放棄して平家軍に加わったとされている。なお渡邉本『平治物語』では内裏に入り込んだのが誰の手の者かは書かれておらず、ただ官軍が内裏に入り込み門を閉ざしたと記されている。金比羅本『平治物語』でも単に「官軍大内に入替て門々を防がせければ、源氏内裏に入りかねて」と簡単に記し、古活字本『平治物語』に至っては平家軍による内裏奪還が書かれていない。原典に、新規の情報が入ると次々に付記されていったことがよくわかる。

この時の平家軍の戦い方は前漢屈指の名将・韓信の戦い方に類似している。『史記』、「淮陰侯列伝」、『十八史略』、「西漢・漢太祖高皇帝」に詳しいが、韓信が井陘の隘路を通って趙に侵攻しようとした時、趙王歇と成安君陳余が二十万の大兵を集めて、隘路の出口を制するところの城を固めた。「背水の陣」を布いて自らが囮になった韓信は、敵軍が韓信壊滅のために城から出た瞬間に伏兵を城に入れて占領する。これは「其謀を隠し、其機を密にし、其塁を高くし、其鋭士を伏し、寂として声無きが若くせば、敵、我が備うる所を知らざらん。其西を欲せば、其東を襲え」であり、同時に「伏を詭り奇を設け、遠く張りあざむき誘う」でもあった。「平治の乱」での平家軍は「背水の陣」ではなく「撤退」を使っておびき出したのである。

これで第一目標である内裏奪還が成し遂げられる。この先、まず防止しなければならないのは河内源氏軍による放火である。無傷で内裏を奪還しても自暴自棄になった河内源氏軍が放火しては元も子もない。できるだけ速やかに河内源氏軍を内裏から引き離さなければならない。そして市中放火をも防ぐためには平家にとってもっとも望ましい場所に河内源氏を誘致した上で逃げられないようにして殲滅するのが一番である。そのために六波羅への撤退という「美味しい餌」が河内源氏軍の前に播かれたのである。ここでも総大将・清盛の立てた戦略の中で、重盛ははっきりと自分の役割を位置づけ、戦術家としても申し分のない対応をする。

クラウゼヴィッツは「敗戦は段階的に形成される」と述べている。ここで平家軍は、偽装撤退を開始し、内裏を占拠され帰るところをなくした河内源氏軍の目の前で追撃という美味しい餌を示しつつ「利して之を誘う」ことをしたのである。ところが河内源氏軍はこれを己の力と勘違いした。もともと河内源氏軍の戦闘における力は騎馬武者の突撃にあったから、内裏に籠もっていること自体不本意だったのである。そのため思慮浅い悪源太義平以下、河内源氏軍はこぞって追撃をしてしまう。

平家軍は作戦の第二段階に移っていた。攻撃から撤退を装い、敵を攻撃的な意図で作り上げた防禦の陣に迎え入れようとしていた。防禦の形をとりながら攻勢を行うのである。河内源氏軍は判断ミスによって防禦に失敗した後、撤退ではなく攻勢に転じてしまった。「故に、善く戦う者は、人を致して人に致されず。よく敵人をして自ら至らしむる者は、之を利すればなり」とされるが河内源氏軍は素早い状況判断ができず、六波羅攻略以外に道はなくなったと考える。内裏を失ったことで一種の心理的混乱状態に陥ったのであろう。追撃は楽な戦いであり、逃げる相手は「美味しい餌」である。これは敵の状態を確認せず、つまり「彼を知らず」に進撃し始めたともみなせる。「いつわりて北ぐるに従うなかれ。鋭卒は攻むるなかれ、餌兵は食らなかれ」とされているが、平家軍が脆弱を装い撤退することは「其の将愚にして人を信ずれば詐りて誘ふべし」

であったのである。河内源氏軍が行おうとしている六波羅攻めは「其の下は城を攻む。城を攻むるの法は、已むを得ざるが為なり」に直結する内容であった。

清盛の優秀なる息子・重盛は戦略の中での自軍の位置をよく心得、撤退経路も計算していた。対する愚かな義平は、平家軍撤退路に仕組まれた罠にまでかかった。内裏から六波羅までの撤退経路はいくつもあるが、重盛はわざわざ摂津源氏である源頼政の陣所近くを通過する道を選んだ。頼政の陣所が義平らによく見えるようにしたのだ。

兵庫頭源頼政は叛乱に加わりながらも戦いに加わらず内裏から出て三百余騎にて六波羅の北側（金比羅本・古活字本『平治物語』では六条河原、陽明本・学習院本『平治物語』では五条河原西）に控えていた。天皇が奪還されたために形勢不利と見て戦いの成り行きを静観することにしたのであろう。この段階における頼政の行動と意図はまだ明確ではなかったが、頼政のような世慣れた京武者は有利不利を静観しつつ日和見を決め込み、裏切る時には最良のタイミングをとらえようとするはずである。陽明本・学習院本『平治物語』では頼政とともに陽明門の守りを放棄した土岐光基や光保が六波羅に向かうため通過したらあいさつをしようとしていたという。

「変を軽んじ謀なければ、労して困らすべし」とされるが、頼政の中立に逆上した義平が「にくい振舞かな。我らはうちまけば平家にくみせんと、時宜をはかるとおぼゆるぞ。いざけちらしてすてん」、そして「御辺は兵庫頭か。源氏勝たらば、一門なれば内裏へ参らん、平家かたば、主上おはしませば、六波羅へまいらんと、軍の勝負うかゞふと見るはいかに。凡武士は二心有を恥とす。ことに源氏のならひはさはさうず。よれや、くんで勝負を見せん」と叫び頼政軍に向かって突入していく。

さすがの『平治物語』の作者も弁護のしようもない暴挙である。クラウゼヴィッツは勝利に向かって前進する場合に攻撃者の力が増加する原因の一つとして「敵の同盟者達が彼から離反し、これに反して攻撃者が新たに同盟者を獲得する」ことを挙げているが、河内源氏軍の前進は敗北に向けての行動であった。陽成源氏同士の死闘が繰り広げられ頼政軍は一時混乱して敗退したが、実際は義平にとっての「崩」そのものとなる。頼政にとっては願ってもない裏切りのための格好の口実が与えられた。河内源氏軍と摂津源氏軍の死闘がここに展開する。陽明本・学習院本『平治物語』では義朝も引きずられるように参加、騎馬武者の多い河内源氏軍により頼政は一時的に蹴散らされる。

こうして本来は無用な戦いによる戦力消耗と疲弊、しかも頼政という新たなる敵をも創出することになった。平家軍はこうして河内源氏軍の戦力消耗とともに、頼政軍をして「戦い合て走り、金を撃ちて止まり、三里にして還り、伏兵乃ち起こり、或は其両方を陥れ、或は其の先後を撃ち」の部隊とすることに成功した。実際に頼政は六波羅の清盛とともに河内源氏軍を挟撃体制に入り、河内源氏軍撤退を背後で遮断する形となる。陽明本・学習院本『平治物語』では頼政は重盛とともに戦いに加わったとさえ書かれている。

明らかに『孫子』を熟知していたと思われる『平治物語』の作者は、「天の時は地の利に優る事は無い。地の利は人の和を超える事は無い」と述べる。この「人の和」を失った河内源氏軍に対し「地の利」を得た平家軍が待ちかまえる。清盛による河内源氏軍殲滅は完璧なものとなり結実に向かう。クラウゼヴィッツは退却するか否かの決め手として「退路を遮断される危険と、迫り来る夜」を挙げているが、そのどちらも無視して河内源氏軍はただただ六波羅に突撃していった。

六波羅の大本営にて清盛は、罠に手負いの猛獣が飛び込むのを待ち受ける。パニックを起こし冷静さを失い、ただただ頭に血を上らせている河内源氏軍とは対照的に清盛は戦略に沿って一手一手を打っている。「軍に将たるの事は静にして以って幽なり」とは『孫子』の言葉であるが、ロシア帝国のステパン・マカロフは『海軍戦術論』の中、レール将軍の言葉を引用して司令官の資質として剛毅、知力、判断力の「此三者ヲ兼備スル者則チ大軍才ナルモノ」と喝破する。

クラウゼヴィッツは述べる「攻撃者が前進の一途を辿ったあげく、その戦闘力はみずからの困苦によってすでに半ば破滅に瀕しているとすれば、これによって防禦者の戦闘力には、武力とはまったく別種の力が加わるのである。すると、防禦者の戦闘力は、確かに決戦の究極の要因であるとは言え、しかしもはや唯一の要因ではない。それだから前進する敵戦闘力のかかる衰退は、すでに決戦における勝敗を予示している」。

前面に賀茂川を控えた六波羅は天然の堀を持っているに等しい。『孫子』であれ『呉子』であれ、古典兵法に従うならば河内源氏軍の半分が川を渡ったところを攻めれば良いことになる。クラウゼヴィッツは述べる。「河川は攻撃者にとって極めて厄介なものとなる。攻撃者が渡河を終えた場合には、主たる渡河点は一点に限られるのが通例であり、彼が河川のすぐそばに駐止するのでない限り、行動が著しく束縛されるからである。攻撃者が、河川の彼方で、換言すれば渡河したうえで敵に決定的戦闘を挑もうなどと考えたり、或いは防御側が戦闘を求めて攻撃者を邀撃しようという気配を示す場合には、彼は非常な危険に陥る」。だから「防御者は河川を防御する」のだ。

しかし「河の半渡」の攻撃も「河川の防御」も単なる撃退にすぎない。『孫子』では小国の防衛を基本に考え、それゆえ最小限の費用と損失での撃退を最良のものとどらえる。清盛はここで『孫子』的でない意図を初めて見せた。「敵戦闘力の撃滅は、戦争の主要原理」、そして「敵戦闘力の撃滅は、もっぱら戦闘によってのみ達成される」という言が実行されようとしていた。六波羅におびき寄せて包囲しようと清盛は考えていたのである。クラウゼヴィッツは敵の完全な敗北につながる「勝利を得るには包囲攻撃か、或は変換した正面をもってする会戦が必要である」と述べている。

河内源氏の指導部を逃せば関東で再度叛乱が勃発する危険が高い。義朝は無能でありその能力は恐るるに足らぬが関東の力は侮りがたいものがある。関東全体の軍事力は強大なものである。

しかも関東の叛乱は、もともと平安京からの独立を求める土着性に訴えるため鎮圧は容易ではなくなる。

もう一つ、殲滅を実行するべき理由があった。河内源氏がここで掃討されれば日本国内における武門の長は平家のみとなり、もはや平家に対して対抗できる勢力はなくなってくる。最大の軍事力を有した平家は何者も恐れずに政権を担当することができる。衛兵政治において、唯一の軍事力を持つのだから必然的に平家の政権が開始されることになる。この二つの理由から、清盛にとって河内源氏軍は殲滅しなければならなかったのである。

陽明本・学習院本『平治物語』には重要な内容が載っている。諸方の道や関所に人を派遣し、六波羅が皇居になったことを伝達していたため、諸国の兵がさらに参集していたというのである。河内源氏軍の東国からの援軍は無論のこと、撤退すらもままならない状況が作り上げられていたのだ。

六波羅には無傷の平家軍が残っていた。これが河内源氏軍を誘致した内裏攻撃軍と合流する。クラウゼヴィッツは「勝敗を究極的に決定する主要な根拠は、まだ会戦に参加せずに残されている彼我の新鋭な予備の比率である」と看破する。六波羅に置かれた本営での清盛「将軍の事は、静を以て幽、正を以て治む」で、戦局の報告を受けつつ準備万端で待ちかまえていた。橋桁を残したままで河内源氏軍を六波羅内にまで誘致する。何も気がつかないままに河内源氏軍は六波羅に突入する。河内源氏軍は、胃の中に入り込んだ。後は消化するだけである。

クラウゼヴィッツは述べている。「陣地を占めている防禦軍が、攻撃者側における会戦の決意を待ち受けるばかりでなく、換言すれば攻撃者が我が方の陣地の全面に進出するのを待ち受けるばかりでなく、敵が実際に攻撃を仕掛けるのを待ち受ける」、「防禦者が、攻撃者に加える抵抗を自国の内地に移すという方法である。この退却の目的は、攻撃者の戦闘力を次第に弱体化させて、彼が前進をみずから中止せざるを得ない時点を待ち受けるか、さもなければ彼が前進の頂点に達した際に、少なくとも防禦者の抵抗をもはや排除できないような時点で待ち受けるか」。平家軍の状況は、クラウゼヴィッツの言葉通り「戦術が兵力を浪費しなければ、損失は止むを得ず失われた兵力だけに限られ、戦略的に敵兵力と対峙した兵力には係わりない」状況にあった。

河内源氏軍を殲滅するために六波羅にて防禦という強力な形をとりながら「待ち受ける」。「防禦の目的に適うように築城された設堡陣地を以てすれば、いっそう強力な抵抗が可能であるし、そのうえ敵兵力がかかる抵抗に出会って半ば消耗すれば、防禦者はいっそう効力のある反撃を加えることができる」。クラウゼヴィッツ言うところの防禦の二要素、そして『李衛公問対』の「攻むるはこれ守るの機、守るはこれ攻むるの策、同じく勝に帰するのみ」、「攻守は一法なり。敵、我と分かれて二事となる。もし我が事得ば、即ち敵の事敗れ、敵の事得ば、即ち我が事敗れん。得失成敗、彼我の事分る。攻守は一のみ。一を得るものは百戦して百勝す。ゆえに曰く、彼を知り己を知れば百戦して危うからずとは、それ一を知るの謂か」が想起される。

「一に曰く度」が既になされていたため六波羅地区は河内源氏軍にとって「絶澗、天井、天牢、天羅、天陥、天隙」となっていた。これは「隘形」にも「囲地」にも似ている。平家軍にとっては「険道狭路なるは、撃つべし」である。優れた名将は地形そのものに頼らずとも、応用によって地形に等しい効果を創り上げることができる。清盛は「剛柔、皆得るは、地の理なり」を六波羅という平安京市中で達成していたのである。すなわち、もともと辻塀に囲まれた六波羅に、さらに五条の橋を取り壊して騎馬の突撃力を殺す形にして、自らは要塞に立てこもり上から矢を浴びせかける戦いにするつもりだったのである。この状態はたとえて言えば「兵の加うる所、たんを以て卵に投ずるが如き者は、虚実、之なり」であった。野戦では力を発揮する騎馬武者も攻城戦では力の出しようがない。六波羅地区では自由に駆け回ることすら難しい。

一連の戦闘が帰結に近づいていた。全戦役においても、この最終戦闘においても、どちらの範囲で眺めても「勝つ可からざるは己に在り、勝つ可きは敵に在り。故に、善く戦う者は、能く勝つ可からざるを為す」を整えて「不敗の地」に立った清盛は、河内源氏軍を「自ら至らしむる」ことにより「孫子曰く、凡そ、先に戦地に処りて、敵を待つ者は佚し、後れて戦地に処りて、闘いに趨る者は労す」という状態にしたのである。

河内源氏軍が六波羅に来たのは「善く敵を動かす者は、之に形すれば敵必ず之に従い、之に予うれば敵必ず之を取る」ためである。つまり意識せず自然に、それでいて強い意志をもって河内源氏軍は六波羅に突入したのだから、清盛にとっては「昔の善く戦う者は、先ず勝つ可からざるを為して、以て敵の勝つ可きを待つ。勝つ可からざるは己に在り、勝つ可きは敵に在り。故に、善く戦う者は、能く勝つ可からざるを為すも、敵をして必ず勝つ可からしむるに能わず」となり、「古の所謂善く戦う者は、勝ち易きに勝つ者なり」の結果になったのにすぎない。

河内源氏軍にとって内裏を失った段階で「少なければ、則ち能く之を逃る。若からざれば、則ち能く之れを避く。故に、小敵の堅は大敵の擒なり」の判断が必要であった。いみじくも毛沢東が「戦争は商売と同じで損すると思ったら元手を失わないうちに逃げるべき」と述べているが、戦略的な無能さを抜きにしても圧倒的に不利であるという戦力判断程度はできるはずであったのに、源義朝以下の河内源氏軍は勢力圏の関東に戻って力を回復しようとせず、「軍の以て進む可からざる知らずして、之に進めと謂い、軍の以て退く可からざるを知らずして、之に退けと謂う。之をび軍と謂う」となる指揮をとったことになった。

河内源氏は包囲された上、退路も遮断されていた。平家側についた頼政は河内源氏軍を背後を遮断するように挟撃体制で攻撃する。陽明本・学習院本『平治物語』では義朝が頼政の裏切りをののしると、頼政からは天皇に尽くすのは当然のこと、義朝の方こそ信頼に味方した当家の恥と反論されて沈黙する場面が描かれている。義朝はひどく惨めな気持ちとなり河内源氏軍の意気消沈はさらに激しいものになったに違いない。頼政だけではない。陽明本・学習院本『平治物語』には平家軍の伊藤景綱、筑後守家貞の率いる五百騎が鴨川の東の川端を迂回していることが描かれている。

河内源氏軍は突入した六波羅地区で包囲されただけでなく、さらに大きく包囲され二重に包囲殲滅体制の中にあった。念には念を入れ完璧なる体制に平家軍は変化していく。六波羅地区から義平が追い払われた後は、川向こうの六波羅からの矢を射かけられ、そして後方の頼政、側面の景綱、家貞と四方から責め立てられていた。陽明本・学習院本『平治物語』には六波羅から「我等内裏より引き退き心は、ただ今、思い知れ」との声が浴びせられることが記されている。河内源氏軍は、包囲される形で、文字通り殲滅される。史上類を見ないほど完璧な勝利が、清盛の戦略と、その実行者・重盛たちによって成し遂げられたのだ。

なお『愚管抄』では義朝が都の中に駆け込み小路で郎党と散り散りになったと書かれていて、内裏での攻防もほとんどなく、簡単に打ち破られてそれほどの激戦がなかったようにも受け取れる。また古態本『平治物語』には六波羅襲撃を行った時点での義朝軍は二十騎ほどとなっており、こちらでは六波羅合戦前にほぼ勝敗は見えていたと推測できる。

クラウゼヴィッツは語る。「会戦に敗れると、軍の戦力は目立って衰退する。その場合に精神力の挫折は物理力の損耗よりも甚だしい。かかる軍が再び会戦を開始したところで、有力な事情が新たに生じない限り、完全な敗北に終わり、それどころか恐らく軍の没落を免れないだろう」。コーリーもまた敗北した軍を戦場に残す愚を述べている。しかし一方において敗走する軍は極めて危険な状態に置かれる。クラウゼヴィッツが述べたように「勝利の成果は追撃によって初めて得られる」し、「攻撃的会戦において［は］追撃が攻撃者の行動の主要部分を成す」ものなのだ。「平治の乱」は日本の古戦史史上でも希に見るほどの河内源氏軍大敗北で終わった。数多ある戦の中でも、これほどの敗北は希である。圧倒的に有利な状況に立ち、内裏の攻防段階で二千二百騎であったのが、逃亡も含めて兵は激減して、敗残の源義朝はかろうじて戦場より逃げ出した。敗残の信頼に従うのは五十騎、義朝に従うのはさらに少なく三十余騎とも（金刀比羅本、語り本）あるいは二十八騎とも（古活字本、渡邉本）いうが、一門を抜かすと二十騎にしかならない。尾張国に着く頃には四騎とされている。

内裏の攻防前に頼政は離脱していたし、内裏に平家軍が入り込む段階で源光保・光基・末時・時光らが裏切り、六波羅攻撃前に信頼が離脱して順次兵力は減っており、通常は全軍の一％が戦死すると敗北と言われているのだが、古態本『平治物語』のように六波羅で二十騎とすれば、最終的にはほぼ全滅に近い惨状であるから空前の大敗北である。『愚管抄』にも「義朝ハ又馬ニモエノラズ。カチハダシニテ尾張國マデ落行テ」と記されている。

清盛は対抗軍事力をなくし、唯一の実効性を有する存在となる。これ以降、全国の兵権は平家が握り、全国の兵乱はすべて手ずから鎮圧されることになる。清盛は個人的に武士を家人としたのみならず国衙に組み込む形でも武士を組織化した。こうして天下における唯一の正統性と実効性をもった軍事力を確立したのである。政治から戦術まで、戦争におけるあらゆる面を一人の人間が計画し、指揮したもので、これほど完璧なものは他に見あたらない。

クラウゼヴィッツは「戦争は異なった手段で行う政治の延長」とした上で「戦略は戦争計画を立案し、所定の目的に到着するための行動の系列をこの目標に結びつけるのである、則ち戦略は個々の戦役の計画を立て、またこれにの戦役において若干の戦闘を按排するのである」とみなしている。政治的勝利（天皇を奪還し）―戦略的勝利（内裏より敵を六波羅にまで誘致し）―戦術的勝利（六波羅で殲滅）―勝利の活用法（唯一無比の軍事権掌握）という流れができあがっているが、これはそのまま清盛のとった手順である。

それは同時に『孫子』にも当てはまる。「軍形篇」にある通り「不敗の地に立ちて」（すなわち勢力圏下にあった伊勢国、伊賀国をおさえ六波羅に入り）、「詭道」（名簿の提出）をしかけ、「敵の敗を失わざるなり」（天皇を奪還し）、続いて「謀攻篇」にある通りに「上兵は謀を伐つ」（戦争目的を失わせる）、「その次は交を伐つ」（二条天皇派、頼政らを離反させる）、「その次は兵を伐つ」（六波羅での殲滅戦）、「城を伐つ」（内裏を攻略）が並ぶ。前後するところはあっても大方の流れは「上兵は謀を伐つ」→「その次は交を伐つ」→「その次は兵を伐つ」にもなっていて、

『孫子』通りでもある。

　平治の乱鎮圧の各局面には『戦争論』と『孫子』の文言がちりばめられている。そして「政治の延長」として政治目的を達するために行われた戦闘は、「費留」とはならずに成果を最大限に活用させた。平清盛こそはその前後数世紀の誰よりも偉大な政治家であり戦略家であったのだ。この時の清盛に比べれば、他の名将たちも見劣りは避けられない。

　対して義朝はあまりにも見劣りのする人物、都落ちに際して娘を斬るよう郎党に命じ、途中で負傷した次男朝長を殺している。物語がいかに脚色しようとも、要は足手まといになるから実の息子を殺したのである。義朝は同族同士の殺し合いの歴史を持った河内源氏の棟梁にふさわしい人柄であった。その最期も長田氏の裏切りによるもので、人品に見合った死に方と言えよう。

　この「平治の乱」における平清盛ほどにあらゆる分野において勝利した完璧な名将と呼べる人物はいないであろう。しかしこれは物語の脚色によって消されがちな部分である。鎌倉時代に成立した軍記物語は、原典を脚色し、河内源氏の活躍に脚光があたるようにしたのである。

11――平家政権への道

義朝は東国に逃げ逃れることとする。負けて初めて八ヶ国の力をもって対抗することを考えたようで、都落ちの途中で愚痴っている。陽明本・学習院本『平治物語』では八ヶ国を糾合して再戦することを述べ、さらに金比羅本『平治物語』では義平に北国にくだって越前国など北国の兵を集い攻め寄せること、朝長に甲斐国と信濃国の兵を集めることをそれぞれ指示しているが、あいにくと「絵に描いた餅」にもならない。『平治物語』の中で既に否定されている。義朝の勢力圏など関東のごく一部程度なのである。

金比羅本『平治物語』では続けて朝長が義平に「抑甲斐・信濃と申は、どなたにて候やらん」と尋ねると、義平はそれに具体的には答えず、ただ「あなたに向て落ちよ」と述べたとある。朝長はもちろん義平にも甲斐国や信濃国に与力する味方がいないことは容易に想像できたのだろう。義平は越前国には行ったものの何もできずに都に戻っている。東国に勢力圏が築かれているなど空想にもなりえぬ夢のまた夢である。仮に義朝が関東に行っても敗残の身となった以上は積極的に味方する者はいなかった。「平治の乱」成功直後でさえ関東から上洛してきたのは義平だけだったのである。まして甲信や北陸道になどは追捕する者しかいない。これが後の平家都落ちとの差である。

一方、義平は東国にて再起を図るという発想すら持たず（北陸での再起を図ったという説もあるが）、個人の武勇にのみ頼る思慮浅い者らしく都に潜伏し、清盛暗殺を企てて結局は逮捕されて処刑されており、これもその人物にふさわしい行動の上の末路であった。

信西の息子たちは配流のままであった。信西を憎む二条天皇親政派が勝者側に加わっていたからである。帰京が許されたのは経宗と惟方が追捕された後である。

「保元の乱」を経てしまった以上、「平治の乱」は誰が勝者になっても「武者の世」をもたらしたろう。基本的には衛兵政治となる。しかしどのような形態の武家政権になるのかは勝者次第である。数世紀、いや現在までをも見通すような万能の巨人・清盛による武家政権が開始される。

清盛がその気になれば幕府政治はすぐにでも行えた。頼朝の鎌倉幕府とは清盛が治承五年（1181）に臨時に撮った有事態勢の焼き直しである。軍事権を主軸にした支配は、既に天平三年（731）に新田部親王が実施している。もちろん荘園の多い近畿と、開拓地主の併存する関東の差もある。清盛はあくまでアブノーマルな態勢としてそれをとったのは、清盛にとっての関心事が平和時代の日本全国に及んでいたからである。頼朝は関東の武家支配のみから出発し、それを全国展開させた。関東のみの支配、武家のみの支配、その拡大版として関東武家による全国支配につながっていった。それはアブノーマルな支配の拡大である。アブノーマルな態勢をノーマルな時代に適応させるのに令外官である征夷大将軍が臨時に行う軍政を常時行うという形式をとったにすぎない。それゆえに朝廷の律令体制と並列した。統一された日本の唯一の政権とは言いがたい。

平家政権は京武者と西国武士の政権である。軍事力を掌握した者により政権のあり方は変わる。

清盛の時代は、唯一の政治的指導者により、日本の国家改造が進んだ時代である。単に権力を握っていれば良いという頼朝の思想とは根元から違う。清盛にとっては、どのような形態の権力構造なのかよりも、日本がどのような形態になるかの方が問題であった。銭の流通による貨幣経済による単一経済システムが地方自立型経済と複合し、太宰府から瀬戸内海を通って畿内に至る海外貿易がさらに陸路奥羽にまでつながる、巨大な流通経路の成立。福原遷都は本格的な日本再編の仕上げとなるはずであったが、河内源氏の叛乱が相次いで勃発したため一時的に頓挫する。

代わって治承五年（1181）、清盛のもとでの有事体制の確立が見られることとなった。南都を鎮圧し、畿内の反対勢力を抑えた清盛は、いよいよ近畿を完全に支配し、その総力を結集する手立てを打つ。養和元年（治承五年）一月、畿内五ヶ国と近江、伊賀、伊勢、丹波の計九ヶ国に「武勇之国宰」を任じ、それを統括する「総管」として宗盛を任じたのだ。特に丹波については「諸荘園総下司」なる職を新設し、侍大将越中前司平盛俊を任命して丹波の全荘園から年貢米を徴収することとした。丹波国は比較的平家の浸透力が弱いため特別に職種が設定されたのかもしれない。そして、この体制こそが鎌倉幕府のひな形であった。

同時に、この治承五年（1181）の一連の処置は、平時に行おうとしていた新体制とパラレルな有事下の体制であり、政治家が戦争を意識して行う軍事的支配と財政的対応の複合形態である。頼朝が有事体制を平時にも維持したのに対し、清盛は平時と有事では体制を変えていた。征夷大将軍は令外官として有事にのみ存在するものであり、平時は律令制のもとで改革を進める。歴史家が絶賛する鎌倉幕府とは、清盛にとって有事のイレギュラーな体制、アブノーマルな支配にすぎなかった。征西大将軍でも征夷大将軍でも、欲しいと思えば理屈をつけてなることができた。清盛のもとでは、いつ何時でも近畿幕府は開けたが、開く必要がなかったから開かなかったのであり、必要となれば令外官の大将軍として軍政を布くことが可能であったことを治承五年に示したのである。近畿における清盛の支配は、この時点では関東における頼朝の支配よりも強力であったし、何よりも政治的正統性がある。

長らく誤解されてきた「最初の武家政権」鎌倉幕府とは、清盛の示したひな形を元に有事体制が平時に持ち越されただけの存在である。そして平家政権という権門体制から鎌倉幕府という東国政権へ移行しても基本的にそれは衛兵政治内の話に過ぎず、そもそも鎌倉幕府にしても「承久の変」以前は権門体制なのである。ただ独立志向の強かった関東を基盤とした鎌倉幕府は、当初から東国政権を志向していた。征夷大将軍の軍政を幕府と呼ぶなら平家政権は幕府ではないが、軍事政権を幕府と呼ぶなら紛れもなく幕府であった。

なお幕府については高橋昌明と上横手政敬の間で興味深い論争が起きている。これは高橋が六波羅幕府論を『平清盛 福原の夢』で提示したことに起因する。「幕府」という言葉は現代日本史で取り決められた約束事にすぎないもので、本来は武家政権は幕府と呼んでも差し障りないというのである。これに対して上横手は「鎌倉幕府を幕府たらしめる差分」は「半独立の東国地域政権的な面」、「東国の独立的な地域的軍事政権という面」にあって平氏政権には当てはまらないという反論を出したのである。しかし高橋は、上横手が「幕府たらしめる差分」として挙げたものは、「鎌倉幕府たらしめる差分」であって、「独立的な地域的軍事政権という面」を欠いていても「幕府」たりえるのであり、それは「幕府たらしめる差分」ではないと指摘する。高橋は「幕府たらしめる差分」は「国家の軍事警察担当権力」であることを示唆する。両者の論争は、「幕府」の定義を巡るものとなっている。

「令外官」としての征夷大将軍が軍政を布く権利を利用し、関東独立と全国の武家支配をしたのが鎌倉幕府当初の姿で在り、律令官体制のもとで本格的政権を樹立した清盛の政権を幕府と呼ぶには抵抗があるが、反面で単なる衛兵政治ではなく新機軸の政権構想を抱き、鎌倉幕府のモデルを提示した清盛の政権は最初の武家支配にふさわしい名称を有するべきとも考えられる。征夷大将軍という官位からの幕府の定義とは別に、何らかの名称が必要と考えられるのではないだろうか。少なくとも鎌倉幕府を基準にして、それに該当するかどうかで幕府かどうかを決めるのは疑問に思える。

いずれにせよ、治承五年段階で、清盛は頼朝を関東に封じ込め、倒す自信を持っていた。清盛が生きていれば、頼朝の叛乱は「承平・天慶の乱」ほどにも成功しなかったはずである。政治的対策を終えた清盛は、ここで戦略レベルへと対策を移行したが、そのさなかに死去する。これが平家の運命だけでなく、その後の歴史、そして歴史解釈を大きく左右することとなった。平家都落ち後、上洛してきた木曽義仲がやりたい放題を行ったことは、軍事力こそがすべてであり規則は無力であること、いざとなれば朝廷の権威さえも否定されることを明確にした。これが「保元の乱」、「平治の乱」を境にできあがった変化なのである。

12――結論

「保元の乱」、「平治の乱」、そして平家政権などに関する近年の研究成果はめざましい。これは同じ合戦でも近年停滞気味の「川中島合戦」とは対照的である。「川中島合戦」は明治時代の田中義成をはじめとして、北村健信、布施秀治、栗岩英治、渡辺世祐などによる大きな業績が戦前に出され、近年は浅野祐伍や河野収の軍事的分析と二、三の集大成的な書籍ぐらいしか見るべきものがないのに対して、「保元の乱」、「平治の乱」は日新月歩の勢いで優れた研究成果が世に出ていき、平清盛、平家一門への再評価も進み、清盛については「悪人ではなかった」などという程度の評価は既に昭和の時代に出そろい、今やその評価は揺るぎないものになりつつある。

また平家政権については、単に貴族の代替として平家が権力中枢を占めながら貴族化して滅んだという昭和までの評価は消え去り、教科書にまで武家政権が平氏に始まるとされていて、問題は平家政権を幕府体制と呼ぶべきではないかと、前述した高橋昌明の六波羅幕府論が提唱されるに至っている。本書においても、人間関係、社会情勢などについては今日の研究に依拠する部分が大であった。

しかし、「保元の乱」、「平治の乱」の軍事面、特に戦略と戦術については、人文史学の学問の性質上からか、ほとんど触れられることがなく今日に至っている。「保元の乱」については大戦略以外はあまり見るべきものがないが、こと「平治の乱」の鎮圧についてはほとんど完璧な形で行われており、もし戦略の教科書というものがあれば、模範的事例として載せても良いレベルのものである。それは、東西におけるもっとも普遍的な戦略書である『孫子』と『戦争論』が逐一当てはまるものであり、往々にして対立する文言が存在する『孫子』と『戦争論』の整合性さえ示すものであった。この平清盛の偉業である「平治の乱」の鎮圧は、世の多くの人に知らしめす必要があるように思われる。

平清盛こそは、彼の前後数世紀にわたり、もっとも偉大な政治家にして名将、まさに「万能の巨人」だったのである。そして、あまりにも偉大なために、清盛が残した「負の遺産」は「理解し切れない構想」として、彼の後継者たちを混乱させ悩ませたのみならず、「消化し切れない偉大さ」として後世の人たちをも惑わし続け、かなり滑稽な評価まで生み出したのである。

〈参考文献〉

■分析用ツール

浅野裕一『孫子』(講談社、1997)
阿多俊介『孫子の新研究』(六合館、1930)
アダムズ、ジェイムズ『21世紀の戦争』(伊佐木圭訳、日経新聞社、1999)
大橋武夫『クラウゼヴィッツ「戦争論」解説』(日本工業新聞社、1982)
岡村誠之『孫子研究 岡村誠之遺稿』(岡村マスヱ、1974)
『尉繚子』(公田蓮太郎訳、中央公論社、1934)
郭化若『孫子 訳注』(東方書店、1989)
ギルピン、ロバート『世界システムの政治経済学 国際関係の新段階』(大蔵省世界システム研究会訳、東洋経済新報社、1990)
ギルピン、ロバート『覇権国の交代 戦争と変動の国際政治学』(納家政嗣訳、勁草書房、2022)
クラウゼヴィッツ、カール・フォン『クラウゼヴィッツ』(戦略論大系2、川村康之編訳、芙蓉書房出版、2001)
クラウゼヴィッツ、カール・フォン『戦争論』上中下(篠田英雄訳、岩波書店、1968)
クラウゼヴィッツ、カール・フォン『戦争論 レクラム版』(日本クラウゼヴィッツ学会訳、芙蓉書房出版、

2001)
グリフィス、サミュエル・B『孫子 戦争の技術』（漆嶋稔訳、日経BP、2014）
グレイ、コリン『現代の戦略』（奥山真司訳、中央公論新社、2015）
『呉子の兵法』（公田蓮太郎訳、中央公論社、1934）
コーリー、キャサリン『軍隊と革命の技術』（神川信彦・池田清訳、岩波書店、1961）
『三略』（公田蓮太郎訳、中央公論社、1935）
『司馬法』（公田蓮太郎訳、中央公論社、1935）
ジョミニ、アントワーヌ・アンリ『戦争概論』（佐藤徳太郎訳、原書房、1979）
曹操『魏武注孫子』（渡邉義浩訳、講談社、2023）
曹操『曹操注解 孫子の兵法』（中島悟史訳、朝日新聞社年、1998）
『孫子』（金谷治訳注、岩波書店、2000）
『孫子』（戦略論大系①、杉之尾宜生編、芙蓉書房出版、2001）
『孫子』（戦略論大系2、杉之尾孝生編著、芙蓉書房出版、2019）
『孫子』（町田三郎訳、中央公論、1980）
『孫子の兵法』（公田蓮太郎訳、中央公論社、1934）
ティリー、チャールズ『政治変動論』（小林良彰訳、芦書房、1984）
ドイッチャー、アイザック『武装せる予言者・トロツキー』（田中西二郎・橋本福夫・山西英一訳、新

潮社、1964）
パレット、ピーター『クラウゼヴィッツ 戦争論の誕生』（白須英子訳、中央公論社、1988）
ハンティントン、サミュエル・フィリップス『軍人と国家』上下（市川良一訳、原書房、2008）
ハンティントン、サミュエル・フィリップス『変革期社会の政治秩序』上下（内山秀夫訳、サイマル出版社、1968）
ハンデル、マイケル『戦争の達人達 孫子・クラウゼヴィッツ・ジョミニ』（防衛研究所翻訳グループ訳、原書房、1994）
『兵法尉繚子』（北村佳逸訳、立命館出版部、1943）
『兵法呉子付司馬法』（北村佳逸訳、立命館出版部、1943）
『兵法孫子』（北村佳逸訳、立命館出版部、1943）
『兵法問對』（北村佳逸訳、立命館出版部、1943）
『兵法六韜三略』（北村佳逸訳、立命館出版部、1943）
マキァヴェリ、ニコロ『君主論』（池田廉訳、中央公論、1975）
毛沢東『毛沢東軍事論文選』（外文出版社、1971）
毛沢東『わが持久戦』（大和出版社、1952）
モデルスキー、ジョージ『世界システムの動態 世界政治の長期サイクル』（浦野起央・信夫隆司訳、晃洋書房、1991）

『李衛公門対』(公田蓮太郎訳、中央公論社、1935)
『六韜』(公田蓮太郎訳、中央公論社、1935)
リデル・ハート、ベイジル『戦略論』上下(森沢亀鶴訳、原書房、1971)
ワイリー、J・C『戦略論の原点』(奥山真司訳、芙蓉書房出版、2010)
ワン、フランシス『孫子』(小野繁訳、葦書房、1991)
GURR, Ted Robert, *Why Men Rebel* (Center for International Studies, Princeton University Press, 1969)

■軍記物語、日記、史料

安部元雄『軍記物の原像とその展開』(おうふう、1976)
『大鏡・増鏡新解』(大原誠訳注、新塔社、1989)
佐倉由泰『軍記物語の機構』(汲古書院、2011)
佐々木八郎『軍記物とその周辺』(早稲田大学出版部、1969)
慈円『愚管抄』(岩波書店、1986)
『将門記 陸奥話記 保元物語 平治物語』(新編 日本古典文学全集41、松林靖明・信太周・犬井善寿訳、小学館、2002)
『長門本平家物語』三(藤原美子・小井土守・佐藤智広編、勉誠出版、2006)
中山忠親『山槐記』全三冊(増補史料大成26－28、臨川書店、1981)

原水民樹『『台記』注釈 久安六年』（日本史研究叢刊40、和泉書院、2021）
原水民樹『『保元物語』系統・伝本考』（和泉書院、2016）
『百錬抄』（黒板勝美・国史大系編修会編集、吉川弘文館、1984）
『兵範記』一－三（京都大学史料叢書1－3、京都大学文学部国史研究室編、思文閣出版、1988・1989）
『兵範記』四（『範国記』・『知信記』を併載、京都大学史料叢書4、京都大学文学部日本史研究室編、思文閣出版、2020）
『兵範記』一－五（増補史料大成、史料大成刊行会編、臨川書店、1965）
『兵範記人名索引 増補改訂』（兵範記輪読会編、思文閣出版、2013）
藤原宗忠『中右記』（アイノア、1995）
藤原宗忠『中右記』1－4（陽明叢書18－21、思文閣出版、1988・1989）
藤原頼長『台記』（尊経閣善本影印集成66、前田育徳会尊経閣文庫編、八木書店、2017）
藤原頼長『台記』（増補史料大成、臨川書店、1966）
『平治物語』（岸谷誠一校訂、岩波書店、1934）
『平治物語』（中村晃訳、勉誠出版、2004）
『平治物語』（山下宏明校注、三弥井書店、2010）
『平治物語 現代語訳付き』（日下力訳注、KADOKAWA、2016）

『平治物語 全訳注』(谷口耕一・小番達訳、講談社、2019)
『平治物語・明徳記』(思文閣出版、1977)
『保元物語』(岸谷誠一校訂、岩波書店、1934)
『保元物語』(早川厚一・弓削繁・原水民樹編、和泉書院、1982)
『保元物語 現代語訳付き』(日下力訳注、KADOKAWA、2016)
『保元物語 半井本 本文・校異・訓釈編』(坂詰力治他編、笠間書院、2010)
『保元物語 平治物語』(永積安明・島田勇雄注、岩波書店、1971)
『保元物語・平治物語』(水原一・犬井善壽編、中道館、1976)
『保元物語 平治物語 承久記』(新日本古典文学大系43、栃木孝惟・日下力・益田宗・久保田淳編、岩波書店、1992)
『増鏡』(木藤才蔵校注、明治書院、2002)
『増鏡』(和田英松校訂、岩波書店、1931)
『増鏡』上中下(井上宗雄訳注、講談社、1979・1983)
源師時『長秋記』(臨川書店、2001)
源師時『長秋記』全二冊(増補史料大成16・17、臨川書店、1981)
桃崎有一郎『山槐記・三長記人名索引』(日本史史料研究会研究叢書14、日本史史料研究会、2014)
『流布本 保元物語 平治物語』(小井土守敏・滝澤みか編、武蔵野書院、2019)

■伝記、研究書

飯田悠紀子『保元・平治の乱』(教育社、1979)
海上知明『戦略で読み解く日本合戦史』(PHP出版、2019)
海上知明『地政学で読み解く日本合戦史』(PHP出版、2022)
海上知明『「義経」愚将論 源平合戦に見る失敗の本質』(徳間書店、2021)
上横手雅敬『院政と平氏、鎌倉政権』(中央公論新社、2009)
上横手雅敬『源平騒乱と平家物語』(角川書店、2001)
『危機管理学会』第14号(日本危機管理学会、2007)
倉山満『国民が知らない上皇の日本史』(祥伝社、2018)
河内祥輔『保元の乱・平治の乱』(吉川弘文館、2002)
『史学雑誌』78編12号(史学会編、山川出版社、1969)
高橋昌明『平清盛 福原の夢』(講談社、2007)
高橋昌明『武士の成立 武士像の創出』(東京大学出版会、1999)
高橋昌明『武士の日本史』(岩波書店、2018)
高橋昌明『平家と六波羅幕府』(東京大学出版会、2013)
高橋昌明『平家の群像 物語から史実へ』(岩波書店、2009)
角田文衛『王朝の残像』(平安時代史の研究第3冊、東京堂出版、1992)

角田文衛『待賢門院璋子の生涯』（朝日新聞出版、1985）
角田文衛『平安人物誌』（角田文衛著作集第6巻、法藏館、1985）
戸田芳実『初期中世社会史の研究』（東京大学出版会、1991）
永井晋『平氏が語る源平争乱』（吉川弘文館、2018）
日本史研究会『中世の権力と民衆』（創元社、1970）
『日本歴史』469号（日本歴史学会編、吉川弘文館、1987）
橋本義彦『藤原頼長』（吉川弘文館、1988）
樋口健太郎『藤原頼長・師長 よく王事を勤め以て我が恩に報いよ』（ミネルヴァ書房、2024）
古澤直人『中世初期の〈謀反〉と平治の乱』（吉川弘文館、2019）
美川圭『増補版 院政 もうひとつの天皇制』（中央公論新社、2021）
宮田敬三『源平合戦と京都軍制』（戎光祥出版、2020）
元木泰雄『河内源氏 頼朝を生んだ武士本流』（中央公論新社、2011）
元木泰雄『平清盛と後白河院』（KADOKAWA、2012）
元木泰雄『平清盛の闘い 幻の中世国家』（KADOKAWA、2011）
元木泰雄『治承・寿永の内乱と平氏』（吉川弘文館、2013）
元木泰雄『保元・平治の乱 平清盛 勝利への道』（角川学芸出版、2012）
元木泰雄『保元・平治の乱を読みなおす』（日本放送出版協会、2004）

元木泰雄編『保元・平治の乱と平氏の栄華』（清文堂、2014）
桃崎有一郎『平治の乱の謎を解く 頼朝が暴いた「完全犯罪」』（文藝春秋、2023）
森俊男『合戦絵巻 武士の世界』「弓矢の威力」2（毎日新聞出版、1990）
柳川響『藤原頼長「悪左府」の学問と言説』（早稲田大学出版部、2018）
『歴史読本』第30巻第7号（新人物往来社、1985）

あとがき

「保元の乱」、「平治の乱」の舞台となった京都に、初めて連れて行ってもらったのは昭和四十五年（1970）の大阪万博の時だから、まだ小学校四年生であった。宿泊先が京都の嵐山であった。両親は、普段は質素で、つつましやかな生活をおくっていたが、いざという時には子どもに、思い切ったことをしてくれる人たちであった。特に母は、私の生涯で「月旅行」なみにすごいことを二度体験させてくれた。一つ目は、有楽町の不二家に連れていってくれたこと。今聞いても、「なんだ、そんなこと」と思われるだろうが、昭和三十八年（1963）、その当時住んでいたのは、土浦市でもかなりへんぴな場所で、市街地に出るにもバスに揺られていかなくてはならない場所であった。だから駅前に連れていってもらっただけでも、都会に行ったような気分になり、近所の子どもに自慢できたのである。それが市街地を遙かに超えて、東京の不二家と日比谷公園に行ったのだから、今の「月旅行」以上であったのだ。当時、不二家は人気漫画「ポパイ」のスポンサーであったから、ポパイの世界への訪問である。まさに「夢の世界」か「おとぎの国」への探訪に匹敵したのである。不二家で買ってもらったポパイのバックは、今でも大切な宝物として大事にしている。もう一つが大阪万博で、そろそろ周囲も都内に出かけることが見られだした頃である。新幹線に乗って関西に行き、まさに夢の祭典を見てきたのだ。四十人のクラスで、私一人だけであった。万博に行っただけで、勲章をつけたようなものである。「その時代だったから」という但し書きではあるが、これからどれぐらい生きるかはわからないが、おそらくこれほどのイベントへの参加は二度とないだろう。生涯に残るイベントであった。まだ生きている間に母に、このことのお礼を言っておけたのは、本当に幸いなことであった。ちなみに、母が最後に出かけた旅行は、亡くなる十ヶ月前の下関と神戸、ともに平家ゆかりの地であった。

大阪万博から二年後、今度は奈良京都の見学に連れていってもらうが、そこいらへんから京都は身近になっていき、大学生時代にかけて頻繁に行くようになった。きっかけはNHK大河ドラマで放映された「新平家物語」である。平清盛びいきであった、母方の祖母の影響もあり、自分の心の中での京都は、平家という要素が色濃く影を落としだす。祖母は、よく「平清盛は善人だ」と言っていたが、自分もその影響を受けていった。京都での宿泊地は六波羅となっていき、観光で訪れるのも平家ゆかりの地になっていく。史実の中でも、京都は、まず何よりも「平治の乱」を鎮圧して平清盛が天下人になった地であることが第一となる。

観光から研究への転換というか、「保元の乱」、「平治の乱」を初めて文章化したのは、父が亡くなった平成七年（1995）、いつまでも落ち込んでいる私を立ち直らせようと、弟が、当時編集をしていたアルバトロス倶楽部の機関誌に、「平家とシーパワー」について書かないかと誘ってくれた時である。「シーパワーとしての平家」という題で書いた文章の前半に、「平治の乱」を書いたことに始まっている。

この「平治の乱」が一気に身近になたのは、孫子経営塾（現・NPO法人孫子経営塾）の現地研修で「平治の乱」を担当したからである。平家軍の動きを調べるにあたって、まず当時の内裏の場所を確定しようとしたのであるが、現在では繁華街になっていて驚いた記憶がある。考えてみれば、現在の京都は、平安時代末期の平安京よりも巨大であるから当然なのかもしれない。何人かの識者に、今の京都の地図を見せて、平安時代末期の内裏の場所を推定してもらったところ、皆が皆、今の京都に正方形を当てはめて上賀茂あたりと考えていた。現地においても、当時の内裏付近に住んでいた人に、かっての内裏のあったところに住んでいると告げると、これもまた驚いていた。

また、平家軍の六波羅からの進撃ルートも明らかではない。そこで孫子経営塾代表であった杉之尾孝生先生と相談し、図上演習的に推測した。「川中島合戦」の時もそうだったが、実際に現地で、当時の軍と同じルートを、徒歩で移動してみると、字面だけでは理解できないことが実感できる。清盛の立てた完璧な作戦計画が、参加している兵隊たちにはどのように伝わったのかよくわかった気がした。

平家の、清盛の知識が増える度にそれを聞かされたのは母である。もともとが国語の教師で、古典が大好きであり、しかも謡を習っていた母は、平家の盛衰にまつわる様々なことをよく知っており、私の話を喜んで聞いてくれた。母・澄子はその名のように澄んだよくとおる声をしていた。母の謡を聞くのは疲れた自分にとって癒しであったし楽しみでもあった。もともと母の実家は「平家」の流れである。だんだんと、京都に限らない平家ゆかりの地の訪問も増えていき、可能であれば母も誘うようにした。そんな場所の一つが、茨城県城里町にあった平重盛のお墓である。

重盛は「平治の乱」の、もう一人の主役である。京都からも西国からも遠く離れた東国にあったということも意外であったが、小雨がけぶる中、訪れた墓はその名声とは裏腹に小さくて驚いた。大きな霊廟や神社、少なくとも五輪塔があってもおかしくないのだがしばらく対座していると、なんとも慎ましやかであった人柄に相応しいようにも思えた。この人が長命ならば平家は滅ぶこともなかったのだろう。少なくとも歴史は大きく変わっていたはずである。

重盛に清盛の持っていた革新性は見られない。父のもっていた覇気も新しい時代を作る先見性も受け継がなかった。しかしバランサーとして秀でていた。継承者は大方は偉大な父に比して見劣りするとみなされがちであり、そのハンデとコンプレックスから家を滅ぼすことが多い。しかし重盛は逆に多くの人から期待されていて、それだけでも特筆に値する。「創業」と「守勢」の差そのもので重盛はバランス感覚に富み、清盛とは違って見えるがトータルコントロールを行うことはできた。指導者の資質とは各人の能力を見極め適材適所に配置してそれを総合的に指導することである。個々に優れた資質を持った者が多々いながらも平家が滅んでいったのはトータルコントロールできる統帥がいなかったからである。小雨の中を傘をさして、母と二人で重盛の墓を見入っていたのは記憶に新しい。重盛のゆかりの場所は、さらに身近にもあり、土浦市小松は、重盛の領地があったことから、小松という地名がついたそうである。

令和三年（2021）八月に母が亡くなったとき、私は様々な後悔と自己嫌悪とに苛まれた。いつの時点に何をすれば助けられたのだろうかという後悔と、なんとか助けたいと飲みにくい漢方茶や免疫ジュースを飲ませ、食事制限をし、無理に歩行練習をさせ、叱責し続け、結果的にストレスと苦しみを与えただけ、酷い仕打ちになったことへの懺悔、そして約束の地・下関と神戸にもう一度つれていけなかったことへの後悔、これらはこれからいつまで生きていくのかわからないが一生、死ぬまで続くのだろう。

そして、この本の出版は、母の力によるものと言える。というのも、母が死去した後、『愚将義経論』や『地政学で読み解く日本合戦史』の「あとがき」を読まれた原書房の成瀬社長から連絡を受けた。原書房は、『戦略で分析する古戦史 川中島合戦』を出版し、その後も日本の古戦史について書きたいと思っていた出版社である。もともと戦略の勉強は、原書房が出版していた本を読むことに始まっている。偶然のことだが、成瀬社長もお母様の看病をし、そして亡くされていた。それゆえに私の「あとがき」に共感してくださったのである。私もまた、成瀬社長の心が痛いほどわかった。こうして最初に思い立ってから、ひたすら構想を膨らまし続け、新たな知識を増やし、その度に母に話し、準備し続けてきた本が、ようやく日の目を見ることになったのである。当然ながら、まず第一に母に捧げる本である。

幸い、資料には苦労しなかった。というのも、「上杉謙信」、「川中島合戦」とともに、「平清盛」、「平家」、「源平合戦」はライフワークとも位置づけ、それこそ小学校の高学年の頃から関連本を収拾してきたため、書庫の中の一角が、ほぼその資料で埋まっており、しかもやはり書庫の一室が戦略関係の間となっていたから、ほとんどの書籍がそこで事足りたからである。しかも、知己の古書店から、資料が入荷したときには連絡がもらえるようになっていた。

なお、母が亡くなった後、多くの人たちに支えてもらったことも付記したい。親しいようでも、そうしたときには知らんぷりの人もいる。逆に、こちらが何もしていないのに助けてくれる人もいる。私の教え子たち、長谷川裕一君、江面博信君、丸山洋一郎君、遠藤玲一君、王琪君、袴田智也君、稲葉智洋君、黒須俊太君、石戸谷隆輔君、鈴木創一朗君、関拓君、仲佐涼太君、村松陽介君、関本敦仁君、谷平武玄君、上地雄貴君、高木（小坂）佑輔君、佐野涼太郎君、盛博之、渡黒祐一君には支えてもらった。弟・英治にも、また夏輝、晴香、紗慧の三人の姪たち、吉川正治・みゆき夫妻も寄り添ってくれた。旧友の井上泰男君、加藤勝之君、関郷君、佐藤重昭君、田邊禎治君、丹羽利之君にも感謝している。小松美彦先生、藤岡信勝先生、高池勝彦会長、越後俊太郎事務局長、宮脇淳子会長、倉山満先生、松井みかさん、杉之尾孝生先生、HSUの皆さんが様々に御配慮くださったことにも感謝している。母と親しくしてくれた西多恵子コーチ、門脇スエ様、中山ゆき子様はじめとしたスイミングスクールの皆様、石井秀夫様、金田静子様、平野由紀雄様はじめとした羽衣会の皆様、佐川永子様、佐軒勝男様、地下富安様、篠崎房子様、古賀佐知子様、柴沼隆様、宇野康史様らに話していただいた母との思い出は生きている限り大切にしていきたい。それは自分にとって何よりも大切な歴史である。なお、この本をまとめるにあたっては、パソコンに関しては関拓君、長谷川裕一君にお世話になった。他に猪熊泰成君、豊福高弘君、吉田涼君、市川真幹君、石川琉斗君の力を借りている。

私は母にお礼を書きたかった。しかし恥ずかしがりやで謙虚な母から「いいよ、やめてよ」と断られ続けていた。しかしこれまでの本すべての分も含めて改めて母にお礼を言うと共に、私を支え続け、今なお支えてくれている母にこの本を捧げたいと考えている。まもなく母が生まれた十一月八日になる。秋の澄んだ空のもと生まれたから澄子という名を祖父（私にとっては曾祖父）が付けたそうである。この本が世に出たら、かって母がそうしてくれたように、私は、母が行きたかったところに、母を連れていくつもりである。小さな位牌と遺影になってしまった母を連れて。

二〇二四年十二月　海上知明

海上知明（うなかみ・ともあき）
NPO法人孫子経営塾理事、昭和12年学会理事、戦略研究学会古戦史研究部会代表、日本経済大学大学院政策科学研究所特任教授、東京海洋大学・HSU講師。著書：『戦略で分析する古戦史 川中島合戦』（原書房）、『地政学で読み解く日本合戦史』（PHP新書）、『「義経」愚将論 源平合戦に見る失敗の本質』（徳間書店）、『孫子の盲点 信玄はなぜ敗れたか？』（ワニ文庫）など。

戦略《せんりゃく》で分析《ぶんせき》する古戦史《こせんし》2 保元《ほうげん》の乱《らん》・平治《へいじ》の乱《らん》

2025年2月28日　第1刷

著　者
海上知明

装丁者
清岡秀哉

発行者
成瀬雅人

発行所
株式会社 原書房
〒160-0022 東京都新宿区新宿1-25-13
電話・代表 03-3354-0685
http://www.harashobo.co.jp
振替・00150-6-151594

印刷・製本
シナノ印刷

ISBN978-4-562-07508-9